作者簡介

張齊顯，台灣省嘉義縣人，東海大學歷史系畢業，國立中興大學歷史研究所碩士，並於中國文化大學史學研究所獲取博士學位。現任教於臺中科技大學、亞洲大學、南開科技大學、弘光科技大學等校；曾參與南投縣文化局委任南開科大通識中心辦理「南投縣傳統聚落調查報告」主持人工作，撰寫「竹山鎮」、「埔里鎮」兩鎮報告，以及南投縣政府委託之臺中科技大學「續修南投縣志（1985～2015）」協同主持人，並負責撰寫《教育志‧體育運動篇》；著有《北京政府外交部組織與人事之研究（1912～1928）》一書，及〈1949年經合署中國分署工作之轉移〉、〈外交部駐台公署成立與首任特派員探討研究〉、〈中國「職業外交家的崛起與確立 北京政府外交部人事之研究」〉、〈戰後美國經濟合作總署對臺物資援助工作（1949～1951）〉、〈北京政府外交部對廣州政府外交部之影響〉、〈外交的後勤補給 廣源輪案的外交部工作（1937～1939）〉、〈美援與臺灣護理教育的建立〉、〈從中國、中華民國到中華臺北 談「奧運模式」的建立〉……等文。

提　要

　　本文主要分成兩大部分。由於二戰所造成的巨大破壞，戰後將面臨飢餓、流行疾病及家園重建等問題。早在二戰期間，盟國就成立了聯合國善後救濟總署（United Nations Relief and Rehabilitation Administration，往後簡稱『聯總』，英文簡稱 "UNRRA"），希望能結合各國的物資和人力來辦理遭戰禍區域的善後救濟工作。而爲了延續聯總在華的援助工作，美國於1948年設立美國經濟合作總署（Economic Cooperation Administration, 簡稱 ECA）。實際上，ECA 爲美國國會通過馬歇爾計畫（The Marshall Plan）的〈1948年援外法案〉所設的執行機構，其單位負責人位階等同於各部會首長，直接隸屬於美國總統。1948年4月2日美國參眾兩院達成共識，在聯席會議上通過〈1948年援華法案〉（The China Aid Act），爲〈1948年援外法案〉的一部份，最後援華金額總數爲4億美元，其中包含1.25億元爲「特別贈款」，及2.75億美元爲經援部分。此項援助分「食品及日用品」、「工業重建」及「農村復興」三方面。第一部分將重點放在1949年前，美國對於中華民國政府的援助情形及內戰時期的實施困境。

　　1949年中共軍隊渡過長江，中國內戰情是急遽反轉，國民政府逐漸往南撤離，最後於12月撤遷至臺灣。美國經濟合作總署中國分署，在面臨中國內戰不已的狀況下，其經濟援華工作的進行可說是十分艱鉅，1949年的情勢反轉，更使經合署陷入持續救援與否的兩難境界。經合署成立的目的乃在於援助「反共」勢力經濟復興，用以遏止共產勢力的擴張。然而基於人道立場，中國共產黨佔領區的難民亦需要美國的經濟援助。加上美國始終不放棄與中國共產黨政權接觸，因此使得經合署中國分署在面臨如此狀況下，其該選擇何種的援助方式，就顯得相當困難。在經過一連串的接觸與交涉後，美國最後終於瞭解到中共其「反美、反帝」的一邊倒立場，因此決定將經合署的援華工作加以中止而轉移至民主中國——臺灣。第二部分將從美國國務院及經合署的意見溝通、中華民國政府對延長經濟援助的要求，及美國對臺灣立場的看法等三方面加以觀察，來說明經合署如何將經濟援華的工作轉移至臺灣的經過，並透過在臺灣援助工作的實際工作情形，來說明美國經援中華民國政府在1949年之後的決定及轉折。

臺灣歷史與文化研究輯刊

十 三 編

第 2 冊

戰後美國對華經濟之援助——
經濟合作總署中國分署之研究（1948～1952）

張 齊 顯 著

花木蘭文化事業有限公司

國家圖書館出版品預行編目資料

戰後美國對華經濟之援助──經濟合作總署中國分署之研究
（1948～1952）／張齊顯 著 — 初版 — 新北市：花木蘭文化事
業有限公司，2018〔民 107〕
目 2+192 面：19×26 公分
（臺灣歷史與文化研究輯刊十三編；第 2 冊）
ISBN 978-986-485-294-9（精裝）
1. 美援 2. 經濟合作 3. 中美關係
733.08   107001573

ISBN-978-986-485-294-9

9 789864 852949

戰後美國對華經濟之援助
經濟合作總署中國分署之研究（1948～

張齊

臺灣歷史與文化研究輯刊
十三編　第　二　冊   ISBN：978-986-485-294-9

戰後美國對華經濟之援助──
經濟合作總署中國分署之研究（1948～1952）

作　　　者　張齊顯
總 編 輯　杜潔祥
副總編輯　楊嘉樂
編　　　輯　許郁翎、王筑　美術編輯　陳逸婷
出　　　版　花木蘭文化事業有限公司
發 行 人　高小娟
聯絡地址　235 新北市中和區中安街七二號十三樓
　　　　　　電話：02-2923-1455／傳眞：02-2923-1452
網　　　址　http://www.huamulan.tw 信箱 hml810518@gmail.com
印　　　刷　普羅文化出版廣告事業
初　　　版　2018 年 3 月
全書字數　188731 字
定　　　價　十三編 24 冊（精裝）台幣 60,000 元

目

次

第一章　緒　論

　　1947 年 3 月 12 日，美國總統杜魯門在一份國情咨文中，提出「遏止共產主義」作為國家政治意識型態和對外政策的指導方針，並要求美國國會撥款 4 億美元援助希臘和土耳其政府，幫助他們防止共產革命的蔓延。6 月 5 日，美國國務卿馬歇爾在哈佛大學演講中提出了「美國援助歐洲復興方案」，由美國提供經濟援助，並提出「歐洲一體化」的概念，為西歐戰後瀕臨崩潰的經濟復興提供方向。藉由經濟復興穩定西歐各國，削弱西歐共產黨的影響，以達到杜魯門主義遏止共產革命的目的。雖然說馬歇爾計畫為戰後歐洲危機所制訂的一種戰略性回應，但其範圍並不僅限於歐洲，對於戰後亞洲所面臨的問題，亦是美國所關心的地區。從 1948 年 4 月至 1952 年 6 月，美國通過馬歇爾計畫，而這當中包括 1948 年通過的援華法案。

　　經濟合作總署（Economic Cooperation Administration, ECA），為美國國會通過馬歇爾計畫的〈1948 年援外法案〉所設的執行機構，其單位負責人位階等同於各部會首長，直接隸屬於美國總統。[註1] 根據「援外法案」的規定，西歐國家必須與美國簽訂多邊與雙邊協定，才能取得援助；受援國輸出的主要商品和經濟計畫，都必須由經濟合作總署（ECA）同意始能進行。在馬歇爾計畫進行的短短四年間，美國共耗資 131.5 億美元，其中 90% 是贈款，10% 為

〔註 1〕「美國國會通過的 1948 年援外法案的執行機構是新設的經濟合作總署，其單位負責人位階等同於各會部長，可直接向總統報告，為了避免重複監督，負責人要向國務卿報告，若涉及全面外交計畫，也要徵求國務卿的意見，遇有二人合力仍不能解決的問題，則呈報總統做最後決定。」參自於王綱領，〈1948 年的美國「援華法案」〉，《抗戰前後中美外交的幾個側面》（臺北市：樂學出版社，2008.01），頁 132。

貸款，英、法、義、西德四國獲得全部援助的近 60％。馬歇爾計畫的實施確實幫了歐洲國家的復興，使西歐各國迅速地擺脫嚴重的經濟困境，恢復了元氣。對此，歐洲經濟合作總署在一份報告中對馬歇爾計畫的報告給予了肯定：「馬歇爾計畫的作用是輸血，它維持了軟弱的西歐經濟，並使歐洲經濟具有促進其本身復興的力量」。〔註2〕

　　1948 年 4 月 2 日美國參眾兩院達成共識，在聯席會議上通過〈1948 年援華法案〉（The China Aid Act），為〈1948 年援外法案〉的一部份，最後援華金額總數為 4 億美元，其中包含 1.25 億元為「特別贈款」，及 2.75 億美元為經援部分。並規定以不超過總撥款的 1/10 用於「中國農村復興計畫」，成立「中國農村復興（中美）聯合委員會」，在美國經濟合作總署署長指導和管理下進行工作，因此國民政府在財政、金融、貿易以及所管轄區域的各方面經濟生活都在美國的監督之下進行。此項援助包含「食物及日用品」、「工業重建」、「農業復興」三方面。

　　過去有關美國援華法案及經濟合作總署中國分署的論述，隨著對美援與國民政府失去中國大陸的因果論斷不同而主要分成兩派：

　　一派主要是依據美國發佈的「中國白皮書」（China White Paper），站在美國立場，為美國的援華政策提出辯護。他們認為美援來華是美國利他主義的表現，美國對中國的援助主要是為了促進中國的統一，保全中國主權及領土的完整性，用以保持美國所主導的「中國門戶開放」，並無干涉中國內政的企圖。然而，由於國民政府的貪污、無能，無法有效利用美國給予的各項援助，因而喪失中國大陸的主權。這些並非美國的援助太少，實在是國民政府本身腐敗的問題，論者認為美國事實上對中國已經「仁至義盡」了，並不需要對中國大陸的赤化負任何責任。〔註3〕

　　另一派則深受民族主義立場以及黨派觀點的影響，大都認為美國在 1948 年法案下的對華經濟援助，還是採用「重歐輕亞」的主張，因此對華援助過於短少，並且美國還藉此對國民政府的政治與軍事加以干涉。加上戰後中國市場的潛力不似戰爭時期吸引美國的注意，而中國內戰也使得美國對國民政

〔註2〕轉引自朱庭光主編，《外國歷史名人傳‧現代部分》下冊，（北京：中國社會科學院出版，1984），頁 264。

〔註3〕有些學者將之分成「白皮書派」（the China Whte Paper School）及「反白皮書派」，參自李文志，《「外援」的政治經濟分析——重構「美援來華」的歷史圖像（1946～1948）》（台北市：憬藝企業，2003），頁 18～19。

府產生信心危機，故在戰後中國最需要經濟援助之際，對華援助一再遲疑裁減，迫使最後國民政府只好撤遷台灣，因而此派論者皆認為美國對華援助「為德不卒」，更是中國大陸赤化的一大關鍵因素。〔註4〕

　　事實上，第一派說法是為辯護美國對華政策所提出，也因此規避了許多事實而難以回答，尤其在對以美援威脅國民政府遵循美國所謂的「和談」主張，這似乎與其所謂的「利他主義」精神有所違背。事實上，美國給予援助，還是會依自己本身利益打算，並非毫無條件的援助；〔註5〕反之，另一派說法則又有過於強烈的「民族主義」，尤其在國民政府當時極需要援助的狀態下，卻一味地以自己的立場，而忽略美方的要求。加上當時中國政權的不穩定狀態，也使得美國瞭解到對中國的投資似乎是面對一「無底洞」，難免對援助中國這方面產生遲疑。而國民政府若不願意受到美國的掣肘，為何在美援決定於1949年撤出後，還積極尋求美國介入中國內戰。〔註6〕

　　以上兩派說法都有所偏頗而不甚公允。首先，雖然美國對外援助有其全球戰略佈局考量，因此不可能是毫無條件的「利他主義」援助。然而經歷八年艱苦抗戰以及內戰不已籠罩下的中國，數以百萬計的難民面臨斷絕生計及中國經濟趨向垮台的慘況下，戰後美國對於中國的援助，實有其無可抹滅的貢獻。其次，在1949年國民政府撤遷台灣後，美援的持續運作，也給台灣的經濟發展帶來相當的助益。過去對這議題的研究多把重點放在政策或軍事上面作為探討，對於美國經濟援華實際實施狀況，都僅是簡單帶過，並未有較多的篇章討論，若要瞭解馬歇爾計畫於中國實施狀況，除了從美國對華政策面的檢討外，勢必要以計畫實際施行狀況檢驗之，故選擇「經濟合作總署中國分署」做為研究對象，如此才能給予此階段在華美援較為公允的評斷。而在時間斷限上，過去的研究都將「經濟合作總署中國分署」分割成兩個時期——1948～1949在大陸時期及1949年之後撤遷來台時期。尤其研究經濟合作總署大多侷限於1948～1949年間，而忽略爾後對台灣的援助，這似乎過於侷限在「大陸赤化」責任的探討，因此將此研究範疇擴及整個馬歇爾計畫實施年限，也就是對經濟合作總署在台灣的部分納入探討，如此才能完整看出美

〔註4〕梁敬錞，《史迪威事件》（增定二版）（台北市：台灣商務印書館，1988）。
〔註5〕李文志，《「外援」的政治經濟分析——重構「美援來華」的歷史圖像（1946～1948）》，頁19。
〔註6〕王綱領，〈1948年的美國「援華法案」〉，頁143～144。

國援華的實質幫助。

有關美援在中國的活動，在國外方面，大多是討論馬歇爾歐洲復興計畫時，順便對美援中國作簡略描述，例如：Wilson D. Miscamble 的 *George F. Kennan and Making of American Foreign Policy, 1947～1950*、William Adams Broen, Jr.和 Redvers Opie 的著作 *American Foreign Assistance* 等書；另外有些在探討 1940 至 50 年代中美關係時，亦有部分提及美援的部分。如 William W. Stueck, Jr.的 *The Road to Confrontation——American Policy toward China and Korea, 1947～1950*、Ernest R. May 出版的 *The Truman Administration and China, 1945～1949* 等文。〔註 7〕這些文章主要是針對 1940 年代至 1950 年代中美關係進行研究，形成「失去中國」、「失去機會」兩大主要理論，而在探討杜魯門對國民政府的援助方面，主要有兩種說法，有些學者認為因為國府的貪污無能，使得美國在打算放棄它，然而杜魯門政府持續「有限度」的援助中國，其主要原因是因為美國國內有一群所謂親國府的「中國遊說團」的掣肘；而另一種說法則從美蘇冷戰的角度、海外信用的強調，與中國於美國國際地位的上升，來詮釋美國持續援助國府的做法。〔註 8〕然而這些論述大多著重於美國對華政策的決議過程，或對華政策的成功與失敗的探討，對於美援實際對華的助益有哪些，反而較少著墨。以下則針對幾本美國所做的研究著作加以簡述：

Ernest R. May 在 *The Truman Administration and China, 1945～1949* 一書利用了杜魯門檔案、國務院及參謀首長聯席會議等大量的史料做為史料基礎外，更運用到國會外交委員會聽證會記錄甚至蓋洛普調查報告做為佐證資料，在史料運用方面可以相當多元且觀察層面甚廣。此文主要論及參謀首長聯席會議及美國國務院在美國對華政策的制訂所扮演的角色，作者認為參謀首長聯席會議具有其相當的影響力，在 1947 年 6 月 9 日，參謀首長聯席會議提出一項報告，參謀首長聯席會議認為中共是蘇聯的工具，而如果中國落入

〔註 7〕關於美國學界如何詮釋 20 世紀 40 年代的中美關係，可參考孫同勛，*"some treads in Interpretations of Sino-American Relation of the Late 1940's by American Historians"*（Taipei: *Sino-American Relations*），24:4, 1998, PP.15～49；孫同勛撰、王綱領譯〈近年來美國學者對 1940 年代後期中美關係的新解釋〉，《世界華學季刊》4：3，民國 71 年 09 月，頁 41～54。

〔註 8〕莊榮輝，〈美國學者對中美關係發展（1949～1958）的看法〉（台北：中國文化大學史學研究所，博士論文，2000），頁 7～119。

共黨之手，韓國及日本亦將不保，這嚴重威脅美國在遠東的軍事安全。所以參謀首長聯席會議議建議美國應該放棄不干預中國的政策，並對國民政府政府進行可能的援助，尤其是直接的軍事援助，那怕是極少的援助，都將鼓舞國府士氣，並相對可以弱化中共的氣焰。然而美國國務院則基於不干預中國內戰的原則，以及深怕過度的干預會引起中共往蘇聯靠攏，並引起中國人民的反感，因此對於中國的軍援或經援猶豫不決。在經過魏德邁使華及多方考量後，決定不干預中國內戰，而採取有限度的援助中國，因而通過了1948年援華法案。〔註9〕然而本文將重點放置在美國1948年援華法案決策過程的探討，對於美國協助中國實際狀況及當中的轉變並未有太深入的討論，而時間斷限也僅止於1949年。

而 William W. Stueck, Jr.的 *The Road to Confrontation──American Policy toward China and Korea, 1947～1950*。文中作者提及1947年6月參謀首長聯席會議將中國放在美國的全球戰略中思考，曾力主美國應該對國民政府進行軍援。然而這樣的建議卻為美國國務院反對，其理由為美國國務院質疑美國是否有足夠的能力去介入中國內戰，以及蔣介石政府尚不願進行改革用以充分使用美援。此外，還對美國軍方本身對台政策上意見的分歧進行分析，作者認為由於陸軍與空軍的援華主張，加上國會已通過軍援台灣法案，導致稍後參謀首長聯席會議在1949年12月23日向國家安全會議提出一份令艾奇遜不滿的軍援台灣建議報告書。作者還表示國防部及參謀首長聯席會議之所以會強調對台軍援，並不是希望把台灣建構成一個勞不可攻的基地，其主要目的是著眼於中共軍力的擴大，必將危及中南半島，因此為了牽制中共向南擴張，唯一途徑即為利用台灣來牽制中共。〔註10〕此文對於美國對台政策的轉變過程有著詳細而精闢的見解，然而此文重點多於「軍援」台灣與否的政策辯證，對於「經援」的描述，尤其在台經援的政策甚少描述，是令人覺得較為可惜之處。

而專以「馬歇爾計畫」時期（1948～1952）的援華法案或以經濟合作總署中國分署做為研究對象的文章主要有 Grace M. Hawes 的 *The Marshall Plan*

〔註9〕Ernest R. May, *The Truman Administration and China, 1945～1949*, New York: J. B. Lippincott Company, 1975, pp.24～28.

〔註10〕William W. Stueck, Jr., *The Roadto Confrontation──American Policy toward China and Korea, 1947～1950*, Univ. of North Carolina Press, 1981, p.150.

for China, Economic Cooperation Administration, 1948～1949。作者認爲美國在戰後被賦予和平及穩定維持者的主要角色，然而中國的內戰，在馬歇爾調停失敗後，美國決定不再將援助投入中國這一無底洞，而決定將重心放在援助歐洲上面。但在國會中國集團的努力下，美國通過了《1948 年援華法案》給予中國 4 億美元的援助，而其執行機構爲「經濟合作總署中國分署」。作者從馬歇爾計畫到「援華法案」的通過，並從而探討當時中國的局勢而進入整個「經濟合作總署中國分署」的研究，從人員組織、物資的援助、工業重建及經濟合作總署的政策建議等方面探討馬歇爾計畫在中國的成效及發展。作者最後認爲，雖然只計畫僅在中國實施一年即因國民政府的挫敗而結束在中國的經營而遷移至台灣，但實際上仍有些立即的幫助，比如物資即時的送到許多急需幫助的平民手中，而許多工廠也因此獲得生產必須的原料。可是，不管是駐華大使司徒雷登（Leighton Stuart）或經合署駐華分署署長賴普翰（Roger D. Lapham）對美國當局不斷的提出對中國局勢以及「援華」政策的建議，但都未獲得相對的重視。並且對華援助是那麼的微小，而對中國未能有太大的影響，尤其對國民政府在內戰方面的幫助，因此注定國民政府的失敗。〔註 11〕這是一本以經濟合作總署中國分署最爲研究主題的論文，文中對於分署的整個組織、人員、實際工作情形皆有描述，然可惜其實間斷限僅於 1949 年之前，對於撤遷至台後的工作並未加以著墨。並且對於中國方面的檔案資料，及中國方面對於經合署在華工作的看法爲何，皆未有任何描述，因此容易流於美國一方說詞之嫌。

另外，C. X. George Wei 於 Pacific Historical Review 所發表的「The Economic Cooperation Administration, the State Department, and the American Presencein China, 1948～1949」一文，從「最後的橋樑」及「失去機會」角度去觀察美國於 1948～1949 年對華援助此非政治性的中國政策。尤其針對 1949 年後，國共內戰情勢加劇後，美國國務院與經合署中國分署對於援助計畫是否繼續，在各方考量下所產生彼此間意見的衝突，甚至舉「上海電力公司」作爲觀察對象，說明當時美國不管在私人企業、教育、醫學及傳教士皆有持續在中國進行工作的希望。並且希望透過他們的努力，能夠搭起美國與中國新政府——共產政權的「第一座橋樑」。然而美國國務院就其反共的立場以及

〔註 11〕Grace M. Hawes, *The Marshall Plan for China, Economic Cooperation Administration, 1948～1949*, Mass., Schenkman Publishing Co., Inc., 1977.

隔離中蘇關係的關係日趨失利的狀況下，因而選擇中止在中國的經援計畫。故雖然經合署的工作多為非政治性的援助工作，但仍無法祛除其政治性的另一面性質。〔註 12〕然而，此文的重心依舊擺在政策面的探討，對於經濟援助的實施面亦甚少著墨，仍較人稍嫌可惜之處。

近年來，由於檔案資料的公開，加上學術研究風氣的開放，因此台灣及大陸對於戰後美國與中國關係的研究有著比較多元的觀點出現。其中專對馬歇爾計畫時期在華美援及經濟合作總署中國分署的專文研究並不多見，大多是探討戰後美國對華政策或中美關係時附帶討論美援問題，〔註 13〕或者針對整個對華美援或台灣美援時提及此段時期。〔註 14〕一般而言，歷年來的研究有以下三個觀點：（一）認為美國的援助對台灣之影響正面大於負面；（二）強調美援下的台灣軍經政策受到制約；（三）反對「依賴情結」的說法。〔註 15〕這些研究大多環繞在美國的援助方式與國府制定經濟政策的方向，而國民政府與華府之間的主從性以及日後是否形成依賴關係的辯論，更成為學者們致力研究的主題。

在大陸方面，近年來在戰後中美關係的研究，不管在質及量上都具有相當的成果，不過對於馬歇爾計畫在中國或經濟合作總署中國分署的研究，尚屬少見。在戰後美援的研究，主要重點擺在「聯合國救濟總署（UNRRA）」的研究上面，王德春的博士論文《聯合國善後救濟總署與中國（1945～1947）》更是其中翹楚。〔註 16〕除了聯總的研究之外，關於 1948 年援華法案及經濟合

〔註 12〕C. X. George Wei, "The Economic Cooperation Administration, the State Department, and the American Presence in China, 1948～1949, "*Pacific Historical Review*, Vol.70, No.1, pp.21～53.

〔註 13〕簡復聰，《美國對華政策的演變和研究》（台北市：大中國圖書公司，1985）；邵玉銘〈一九四五至一九四九年美國、蘇聯與國共四角關係之研究〉收錄於邵玉銘，《中美關係研究論文集》（台北市：傳記文學出版社，1980），頁 43～109；

〔註 14〕趙既昌，《美援的運用》（台北：聯經出版社，1985）；段承璞，《台灣戰後經濟》（台北：人間出版社，1992）；劉進慶《台灣戰後經濟分析》（台北：人間出版社，1992）；陳玉璽，《台灣依附型發展──依附型發展及社會政治後果：台灣個案研究》（台北：人間出版社，1992）；文馨瑩，〈美援與台灣的依賴發展（一九五一～六五）〉（台北：自立晚報社文化出版部，1990）。

〔註 15〕安後暐，《美援與台灣職業教育（1950～1965）》（台北市：國史館，2010），頁 2～5。

〔註 16〕王德春，《聯合國善後救濟總署與中國（1945～1947）》（北京：人民出版社，2004）。

作總署在中國的研究，並不多見。其中資中筠在其《美國對華政策的緣起和
發展（1945～1950）》一書中，作者運用大批美國檔案資料，包括 FRUS 及 *China
White Paper* 及一些相關檔案文獻等，對美國於戰後對華政策上的研究有其詳
細的說明，尤其在美國、國民政府及中國共產黨三方面關於美國對華關係的
演變及交涉有著相當精采的論述，尤其在美國對華援助的交涉過程及演變，
以及美國對於國民政府的支持與放棄的政策糾葛，更是有著相當深入的描
述。〔註17〕而在對 1948 年美國援華法案的通過，本書也有其完整的介紹及其
獨到的見解，然本文的重點仍是擺在美國對華政策上的演變，而對於「經濟
合作總署」在中國的經濟援助的工作情形並未多述。

　　台灣方面，李文志《「外援」的政治經濟分析——重構「美援來華」的歷
史圖像（1946～1948）》一文對戰後對華美援運用，作者提出三個論點：（一）
政治——經濟的整合性觀點，（二）國內社會——國家機關——國際體系的整
體性觀點，（三）歷史結構的觀點；並配以利益目標——資源汲取、配置——
權力大小——自主性高低——利益實踐、相關態度的分析邏輯，架構起繁瑣
的史料以適確地還原美援來華的史實，突破白皮書派與反白皮書派的自衛
性、利己性的史觀。從以上三個論點得知，美國對華援助是其全球政治（抗
蘇）、經濟（市場）利益下的一環，依美國全球利益之變動而有不同的評價，
當然其間亦受美國國內相關因素之影響，導致美國援華政策的相對轉變；反
之，國民政府之需要美援亦有其歷史結構上的制約，使得國民政府既要減低
美國的利益滲透，又不得不尋求美國的介入，於是國民政府的相關政策便很
吊詭地呈現出一方面是美援來華的內在障礙，另方面也是美援得以發揮最大
功能的所在。從此，作者得到 1946 年到 1948 年美國援華的相關政策，就在
前述兩大結構性關係的限制中，動態地開展起來，並顯示如下特色：（一）1946
年的工具性援華政策，（二）1947 年的觀望性援華政策，（三）1948 年的妥協
性援華政策，構成大陸淪陷前美援來華的主要內涵。〔註18〕此文運用經濟學
觀察的角度，從美方及中方兩邊去探索中國美援所展現的歷史意義。這種不
同角度的觀察方式，實給予探討戰後中國美援有著一種新的面貌。然而此文

〔註17〕資中筠，《美國對華政策的緣起和發展（1945～1950）》（重慶：重慶出版社，
　　　　1987）。
〔註18〕李文志，《「外援」的政治經濟分析——重構「美援來華」的歷史圖像（1946
　　　　～1948）》。

的斷限僅止於 1948 年，因此對於共軍渡江後，甚至國民政府撤退來台後的美援，絲毫未有著墨，因此未能窺見國共內戰時期美國經援的完整面貌，此爲令人深感不足之處。

王綱領〈1948 年的美國「援華法案」〉一文，運用大量的美國外交關係史料 *Foreign Relations of the Unite States*（以下稱之爲 FRUS），作者從馬歇爾的對華政策、魏德邁的使華考察、1948 年援華法案的修改及通過及在援華法案下對華經濟援助這幾個方面探討 1948 年後美國對華援助。儘管美國糧食日用品之救濟未普及於全國，工業重建未眞正展開，當年國民黨員一再地責怪美國爲德不卒。然而，當時中國並沒有足夠的資金及人才，卻又拒絕美國官方出面稍有優惠的投資，並大肆攻擊美國對日本的貿易優惠。甚至在法案的「工業重建」項目進行中，再三聲明「不可有侵犯中國主權」以圖逃避監督，拒絕銻及桐油等稀有物資出售，並拒絕使用日本機器，更提出「不惜投靠蘇聯」這些舉動出現。作者認爲部分原因是國民黨人過於執著民族主義的立場，因而往往忽略自己是在「有求於人」的情況，也因此錯失了很多良好的時機，而中國的種種舉動也引起美國對第三世界的民族主義感到厭惡。因此，1948 年美國的「援華法案」之受限性已在通過前就幾乎「命定」了，能得到 4 億美元援助純靠「中國集團」（China Bloc）奮鬥的結果。〔註 19〕此文重點在於「1948 年援華法案」通過的過程，尤其對國務院及國會之間對於援華與否的辯證過程有著精彩分析。然而對於經合署中國分署在華經援實際狀況著墨不多，爲筆者認爲需以補充之處。

本文的史料運用方面，由於進行中美關係的研究，涉及層面甚廣，研究者若僅侷促於本國檔案的研究，而不去了解美國對於對華政策的制訂或部會的看法，其研究將無法以客觀立場呈現。因此本文所採用的文獻資料，除了引用中央研究院近代史研究所檔案館以及國史館笈藏的外交、經濟檔案中有關「一九四八年援華法案」及「經濟合作總署中國分署」等相關檔案外，並採用相關的政府出版品，如國史館出版的《台灣光復後美援史料》、《戰後外交部工作報告：民國 39 年到民國 42 年》等。而在外文史料上，除了中國白皮書 *The China White Paper* 及美國國務院出版的 *Foreign Relations of the United States*（FRUS）外，還加上笈藏於美國史丹佛大學「胡佛研究所」有關經濟合作總署中國分署重要成員葛里芬（Robert Allen Griffin）所收藏之「葛

〔註 19〕王綱領，〈1948 年的美國「援華法案」〉。

里芬文書」（Griffin Papers），〔註20〕以達到多元檔案互證的研究取向。並配合當時的報章、雜誌等，加上當時美國駐華機構人員的回憶錄、傳記，以及中國外交官員、美援運用委員會官員的口述歷史，作爲史料的基礎，如此應該可以看出此對時期較爲完整對華美援運用及經濟合作總署中國分署的運作情形。

本研究主要分成兩大部分，第一部份爲 1948 至 1949 年國民政府撤遷來台之前，本時期主要探討美援經濟合作總署在中國內戰狀況及美國有意停止對華援助下，如何實施對華援助，並且中國分署對美國援華建設的看法及建議有哪些；第二部份則針對國民政府撤遷來台之後，經濟合作總署如何將整的援華政策延長至台灣來，而其援助又對當時財政狀況十分危急的台灣帶來哪些助益。本研究主要分成七章，首章爲緒論，主要說明研究動機、前人研究情形與筆者本身所運用的研究理論、方法及史料作一說明；第二章以經濟合作總署成立前的美國對華經援做一概略描述，從馬歇爾使華前後美國的援華概況，以及戰後援助單位「聯合國善後救濟總署」的援華情形做一簡略介紹；第三章則是針對 1948 年美國援華法案的通過及經合署中國分署的成立做分析，從美國國會本身政策的決議、中國的內戰情形及遊說團體的奔走等方面到經濟合作總署中國分署的成立，組織及人事背景的介紹作爲本章主要討論的架構；第四章則以中國分署在中國的實際工作情形，本章首先探討「食物及日用品項目」，針對經合署在救濟類物資的實際工作情形加以分析；第五章爲復興計畫，本章主要分成工業復興及農村復興兩個方面討論之，針對經合署在「善後類」物資的使用及其實施成效加以論述；第六章則探討 1949 年美國如何決議將整個馬歇爾援華計畫延長至台灣，而 1950 年韓戰的爆發又帶來如何關鍵性的轉變；第七章則探討經濟合作總署中國分署轉移至台灣後，對於台灣的經濟援助有什麼助益，並且針對美國對臺援助的物資的援助部份做一描述，從中瞭解其援助計畫及臺灣產業的復興狀況；第八章爲針對美援對臺灣重建的幫助加以探討，從其計畫制訂到其實施狀況，並對農復會遷台後的復興計畫做一概略描述；第九章爲結論。

〔註20〕關於「萬里芬文書」的資料，感謝「臺灣電力株式會社」林炳炎先生提供諮詢。

第二章　經合署成立前的經濟援華

第一節　馬歇爾使華前及期間的美援

　　二戰期間，美國的經濟和軍事實力在戰爭中獲得空前的發展，隨著戰爭一步一步走向勝利之時，如何重建一個新的國際秩序，成為各大國尤其美國所關注的主要問題。然而，隨著戰爭結束，蘇聯也確立了軍事大國的地位，美國決策者因而面臨了極大的挑戰。如同戰爭中美國需要盟友，戰後謀求勢力範圍的競爭中，美國也需要盟國。而親美的國府統治下的中國，自然而然就成為美國在亞洲主要的盟國了。

　　美國對於中國的態度，主要建立於戰爭期間，由於中國國府於戰爭中表現出不屈服的精神，因而成為當時美國總統羅斯福眼中相當重要的戰友。1942年7月，羅斯福在給蔣介石的電報中表示：「美國和我們的盟國確實把中國當作我們共同作戰努力中的一個必不可分的部分，而且把維持中國戰區看做擊敗我們共同敵人的一種必須完成的急迫事務。」〔註1〕美國對中國的遠期目標是：戰後建立一個相對穩定而親美的中國，以發揮多種作用，包括取代日本成為美國在亞洲的主要據點，抵制蘇聯的影響，為美國提供巨大的市場和原料基地，以及在國際事務中提供堅定的、支持美國的一票。〔註2〕當然，美國也瞭解到，中國距離一個大國的目標尚有一段差距，為了提高中國的國際地

〔註1〕　舍伍德（Robert E. Sherwood）原著、福建師範大學外語系編譯室譯，《羅斯福與霍普金斯》（北京市：商務印書館，1980），頁198。
〔註2〕　資中筠，《美國對華政策的緣起和發展（1945～1950）》，頁20。

位，而使蔣介石成爲中國戰區總司令，美國政府確實做了許多努力。太平洋戰爭爆發後，做爲英美盟國的中國參加了幾次決定未來世界秩序的大國會議。在 1945 年，中國還列爲世界四強之一簽署了《聯合國宣言》，羅斯福更在「開羅會議」上告訴蔣介石：「中國應成爲四強之一」。中國之所以在這些國際場合備受禮遇，除了自己在戰爭期間的努力外，事實上也深受美國的協助。因此，蔣介石對羅斯福和美國在此段期間十分感恩，多次表示戰後將會站在美國的一邊。

美國最初曾設想以中國做爲對日作戰的主要基地，但由於遠東戰場進展緩慢，爲使戰爭早日結束，因而戰爭末期有了蘇聯的加入。而蘇聯的加入，卻也使美國對戰後遠東情勢感到極度的不安。由於這種矛盾心理，使得美國更加寄望於中國，希望中國不僅在對日作戰能夠發揮較大的作用，而且在戰後也能夠取代日本成爲抗衡蘇聯的力量。因此，若要使中國成爲親美、與蘇聯相抗衡的國家，它就不能是一個由共產黨執政的國家。然而美國人一般的觀念卻認爲國民政府〔以下簡稱爲『國府』〕在民主、社會及政治各方面的目標及措施，不如美國政府所期盼，必須立即予以有效的改革，否則國府必難獲取大眾一致之擁護。此外，許多美國政論家，認爲勢力日益擴大的共產黨爲平民所囑望的土地改革者，共產黨較國民黨有希望，因而有支持共產黨的聲浪出現。因此，欲使中國成爲維持遠東安全的任務恐怕更加難以達成。

爲了達到美國扶持中國盟友的目的，二次大戰結束後中國立即接受聯合國經援，供救濟戰亂區域人民之用。此項援款大部分係經由「聯合國善後救濟總署」（UNRRA）撥付，聯總供給中國的物資，數量空前。中國在聯總預算中佔第一位，共達 6.475 億美元（包括 1.125 億美元的海洋運費）。然而根據美國白皮書所統計，聯總對中國的實質援助，總數達 6.584 億美元，「爲此一時期外國對華援助中最大的一筆，也是聯總對所有國家援助中最大的一筆」，其中美國承擔了 72% 的額度，即 4.74 億美元。〔註3〕當 1946 年國共和談破裂時，聯合國善後救濟總署中國分署仍維持國共兩邊善後救援的任務，直至 1947 年 12 月 31 日。然而，戰後中國國內戰火未熄，龐大的軍費支出始終佔國府財政支出的一半以上，〔註4〕內戰加劇了財政赤字，〔註5〕導致惡性

〔註 3〕 趙慶寺,〈合作與衝突：聯合國善後救濟總署對華物資禁運述評〉,《安徽史學》
　　　　 2010 年第 2 期,頁 45。
〔註 4〕 國府在 1946 年至 1949 年國家經費支出運用比例如下表：

的通貨膨脹。國府不僅很難撥出款項用於善後救濟事務上，而且經常挪用善後救濟工作的政府撥款。即使在這種狀況下，仍有 2 百萬至 3 百萬貧苦人民因聯總的救濟免於餓死，此外尚有 8 百萬至 1 千萬人民獲得援助，而復原計畫亦有多項，尤以交通方面為最多，均經順利完成。

　　除了善後救濟總署的幫助外，美國在軍事方面，對華亦有所援助。依照美國總統杜魯門於 1945 年 9 月 5 日批准參謀首長聯席會議議提出的「日本無條件投降」之後的軍事「租借」政策，延長美國於二戰時期的《租借法》於中國，繼續提供國府於戰後的軍事協助。〔註6〕美國戰後延長的租借物資主要用於以下諸項軍事協助：首先是「佔領區」的重新收復，租借法案之援助約有半數約3.35 億美元用於收復被佔領區，並且花費將近 3 百萬美元於遣送 140 萬日本戰俘回日本。1946 年間，美國軍援的主要任務是將國府軍隊 40 餘萬人分別由水、空兩陸運達東北戰略地區，並同時撥出一部份物資以備隨後在華北採取行動；此外，美國還提出「中國建軍計畫」，訓練與擴充適當數量之國軍，惟此軍隊不得供國內戰事或支持非民主政府之用。此計畫經由「租借」的方式，繼續戰時羅斯福答應為蔣介石裝備 100 個師的軍隊，戰後協商繼續裝備陸軍 39 個師，並擴充空軍 8 又 3 分之 1 隊。〔註7〕此外美國在海軍援助上還單獨通過法案，以轉讓剩餘物資形式，將約值 1 千 8 百萬美援的海軍裝備移交給國軍，〔註8〕藉以交換中美合作組織協定項下的應由中國政府供給的勞務。

年　份	軍　費	行政及一般費用	財政赤字
1946	59.9	28.5	11.6
1947	54.8	29.7	14.3
1948	68.5	23.7	5.2
1949	85.0	15.0	0（％）

資料來源：李文志：《「外援」的政治經濟分析——重構「美援來華」的歷史圖像》，頁 121。

〔註5〕國府在 1945 至 1947 年財政支出、財政收入及財政赤字數如下表：

年　份	政府支出數	政府收入數	財政赤字數
1945	2348085	1241389	1106696
1946	7574790	2876988	4697802
1947	43393895	14064383	29329512

資料來源：趙慶寺，〈合作與衝突：聯合國善後救濟總署對華物資禁運述評〉，頁 45。

〔註6〕資中筠，《美國對華政策的緣起和發展（1945～1950）》，頁 113。
〔註7〕William Adams Brown Jr. & Redvers Opie, *American Foreign Assistance*, p.319.
〔註8〕資中筠，《美國對華政策的緣起和發展（1945～1950）》，頁 114。

在日軍撤退之前，美軍的主要任務是幫助中國政府復員，因為美方擔心中國由於長年抗戰，國力耗損至鉅，恢復國力及維持秩序需要美國的援助。美國擔心過份的參與會有捲入國共內戰之險，但卻又害怕許多重要戰略中心及交通幹線落入共軍之手。美軍在華總司令魏德邁將軍乃建議美國政府，在國軍從西南進入華北之前，派海軍陸戰隊進駐華北，並主張只有美軍及中國國軍有權繳日軍之械，參謀首長聯席會議同意之。〔註9〕美國先於 1945 年 9 月派遣第七艦隊駛入大連、秦皇島和青島保護美國軍民，海軍陸戰隊的第三兩棲作戰部隊進駐北京、天津及附近地區。在美海軍陸戰隊登陸華北後，美國開始運送在華南及西南的國軍進入有爭執的華北。10 月中，運輸艦隊 50 艘運送國軍進入秦皇島，該部隊迅速進入準備對抗共軍的位置。11 月，美艦隊登陸葫蘆島，並於 12 月由杜魯門下令海軍陪同若干中國及日本軍官運送另外 6 個軍至東北戰略地區。〔註10〕至此，美軍的行動避免華北及東北戰略要地均落入共軍控制之中，但也因此引起中共的憤怒。

由於中國國共爭執情勢日趨嚴重，加上美國人民殷望對華政策的宣布，杜魯門總統不得不於 12 月 15 日發表聲明，申述堅強統一之民主中國對於世界和平安寧的重要性，但仍勸告中國人民由各大政黨代表組織統一的政府，並將所有武裝部隊一律改編為國軍是必須採行的步驟。也再度聲敘協助中國排除日本勢力後，美國絕不以軍事武力干涉中國國內的任何鬥爭。然而中國人民既傾向於和平與安寧，美國願以各種合理的方法，協助國府重建中國，改進農工業經濟並建立堅強的軍事組織，俾可履行維持國內秩序及國際間和平安寧的責任。〔註11〕

由上述可知，從戰爭結束後，美國在中國就面臨進退維谷的困境，既想要扶持中國蔣介石政權戰後取代日本成為維持遠東秩序的盟友，但卻又對國府的「民主」與「領導地位」充滿懷疑。甚至某些學者還認為中共的改革努力，尤其土地改革一項，可獲得民眾的支持，因此不斷的要求國府必須組織由各黨代表組成的聯合政府。但美國又以反對「世界共產主義」為己任，美國始終認為中共是蘇聯於中國的代理人，十分擔心東北華北落入中共的手

〔註 9〕王綱領，〈國共內戰時期美國對華軍事援助的幾個側面〉，《抗戰前後中美外交的幾個側面》，頁 146。
〔註 10〕王綱領，〈國共內戰時期美國對華軍事援助的幾個側面〉，頁 146～147。
〔註 11〕 William Adams Brown Jr. & Redvers Opie, *American Foreign Assistance*, pp.320～321.

中，因此不斷給予國軍援助以接管東北華北地區。然而由於美國戰後復員主要採「重歐輕亞」原則，而對中國的援助就有如面臨一個「無底洞」，也因此它要與蘇聯爭取中國，又怕與蘇聯直接衝突，自己想要干涉，又怕激怒蘇聯直接干涉中國，因此又必須標榜「不干涉政策」，在這種矛盾的心理狀態之下，美國政府無法提出一個明確的、助其走出困境的對華政策，唯一的方式就是設法讓中國停止內戰。赫爾利與魏德邁回美國述職時，杜魯門即明白的告訴他們：「我們的政策就是要支持蔣介石，但是我們不會捲入中國內戰中為蔣介石而戰。」魏、赫兩人也告訴杜魯門，中國儘管有種種問題，但是和平發展的前景還是很樂觀的。〔註12〕所以當原定於 11 月 20 日要召開的政治協商會議停止召開，25 日中共代表周恩來返回延安，中國情況變的相當緊張，而赫爾利又於 27 日宣布辭職的狀況下，杜魯門急需派人到中國穩住情勢，因此馬歇爾使華就此成行。

正如大家所知，馬歇爾調停的結果並未成功，國共兩黨之間並沒能達成妥協。在調停過程中，建立聯合政府一直是馬歇爾的主要使命，這一建議在美國大使赫爾利於 1945 年 11 月 7 日訪問延安時，即與毛澤東討論過，並在從延安回到重慶時，將問題清單交給了蔣介石，而蔣並未接受。〔註13〕馬歇爾來到中國之後，繼續延續赫爾利推動聯合政府的構想。由於抗戰結束後，國府向美國提出 20 億美元的貸款，三年為期，第一期要求 5 億 6 千萬，馬歇爾企圖利用這筆貸款作為他在調處中對國府施加影響的槓桿。〔註14〕鑑於調停初期有許多國民黨代表對於改革問題表示熱誠，馬歇爾於 1946 年 3 月返美期間，建議對於國府做實質上的援助，以供復興之用。4 月，美國進出口銀行經參議院之核准，指撥五億美元以備於 1947 年 6 月 30 日之前按照計畫個別貸給國府與私人企業個別信用貸款之用。〔註15〕但此時中國內戰又因故爆發，美國於 7 月起對國府實施軍火禁運，同時間中國又無法提出還款保證，因此截至期限之時，美國進出口銀行始終未實行貸款。〔註16〕

〔註12〕杜魯門（Harry S. Truman）撰、天鐸譯，《杜魯門回憶錄》（臺北：民族晚報社，1956），頁 75。

〔註13〕A. M.列多夫斯基著、徐元宮譯，〈馬歇爾出使中國與戰後中、美、蘇關係〉，《縱橫》1999 年第七期，頁 35。

〔註14〕資中筠，《美國對華政策的緣起和發展（1945～1950）》，頁 119～120

〔註15〕李文志，《「外援」的政治經濟分析——重構「美援來華」的歷史圖像（1946～1948）》，頁 158。

〔註16〕*The China White Paper*, p.226

　　內戰的復發，迫使美國實施武器禁運，以避免調解的破裂。此項禁運，自 1946 年 8 月至 1947 年 5 月止。在此期間，國府軍火之來源遂告斷絕。同時美國駐華之陸海軍人員在 1946 年初計有 113,000 人，到了年底減爲 12,000 人，而任務大部分也以有關訓練及組織顧問事項爲限。〔註 17〕雖然駐華軍事人員有裁撤，但爲了避免延長的《租借法》於 1946 年 6 月 30 日結束後的「軍事顧問團」及訓練中國保安軍隊的計畫被迫停止運作，美國海軍部於 1946 年 2 月單獨向美國國會提出了一項法案，題爲「爲援助中華民國，增大和維持其海軍機構並爲其他目的」，要求國會授權給總統，於五年期間以海軍方面之服務與技術諮詢、剩餘之海軍船隻與浮船塢以及海軍裝備供給中國，並派遣海軍顧問團駐留中國。〔註 18〕當時美國駐華海軍正在執行並維持中國海關、掃除水雷、遣送日軍及運送中國軍隊等項工作，上述授權工作的目的，即是爲這些工作的確保，同時並希望建立一個強大的海軍，用來防衛中國及維護太平洋區域安全。〔註 19〕

　　7 月 16 日參眾兩院通過此法案，使得派遣海軍顧問團及轉讓船艦有了法律依據，其內容主要爲授權總統派遣不超過官兵 300 人之海軍顧問團協助中國處理海軍事宜，但不得偕同中國海軍或艦隊作訓練演習或巡航以外的任務。該法案並核准採用贈與、貸款或其他方式，將海軍 271 艘船艦移交中國，惟大於驅逐艦之船隻在移交前必須先取得國會的核准。〔註 20〕這項法案並未立即付諸實施，迨 1947 年 12 月 8 日國府外交部長與美國駐華大使司徒雷登（Stuart J. Leigton）共同簽署名爲《關於依照美國第 79 屆國會第 512 號法案轉讓海軍船艦及裝備之協定》之後，始將購價 1.413 億美元之船隻 131 艘以贈與方式移交中國政府使用。〔註 21〕

　　關於派海、陸、空軍聯合顧問團及其他軍事援助事項，美國政府於 1946 年 6 月 13、14 日曾以有關軍援之同樣法案分別送達參、眾兩院，其目的爲使總統實踐以往諾言，協助中國依照 1946 年 2 月間國、共兩黨協議建立統一的國防部隊，並強調此法案若不能通過，將使正在努力的調解工作無法推進。〔註 22〕然而當時中國各界人士反對美國援蔣打內戰的呼聲高漲，美國內部見到中國

〔註 17〕 *The China White Paper*, p.694

〔註 18〕 資中筠，《美國對華政策的緣起和發展（1945～1950）》，頁 118。

〔註 19〕 William Adams Brown Jr. & Redvers Opie, *American Foreign Assistance*, pp.322 ～323.

〔註 20〕 *The China White Paper*, p.943.

〔註 21〕 William Adams Brown Jr. & Redvers Opie, *American Foreign Assistance*, p.323.

〔註 22〕 William Adams Brown Jr. & Redvers Opie, *American Foreign Assistance*, p.323.

方面的如此反應，故在馬歇爾的主導下採用一個手法，即是由國務院向國會提出此項法案，但卻不敦促其通過，亦不撤銷，而設法讓它隨著國會的休會而自行滅亡，以便下次國會開會時可以重新提出。〔註23〕

8月31日，美國與國府簽訂了《中美剩餘戰時財產協定》，將美軍存放在包括中國、印度境內以及太平洋17個島上原值9億美元之民用及非戰鬥用軍事物資，內有建築設備、空運物資、非戰鬥用船隻及其他類似之物資移交中國，雙方扣除相互應付的的費用後，最後由中方實付1億7千5百萬美元。這項談判自1946年4月已經非正式開始，初步達成協議後，杜魯門於8月22日正式委派國務卿特別助理，戰時物資清理專員麥卡白率團至中國與宋子文正式談判，簽署協定。〔註24〕

而在此項協定簽訂之前，已與中國簽訂三項協定，將若干物資移交給國府。這三項協定分別是5月15日簽訂之協定，規定以剩餘之器材設備供上海與青島海軍工廠之用，於移交完畢後按最低之價410萬美元計算；6月14日簽訂之租借法案補充協定規定以還款方式供應民用器材，總值約為5030萬美元，1948年1月30日交貨完畢後每年還款一次，分30年還清，並按百分之2又8分之3年利計息；6月28日簽訂之軍援協定採用還款方式繼續租借軍事物資，包括1946年6月30日至10月31日期間內為收復失地可用之2,500萬美元以及1946年6月30日至1947年12月31日期間內訓練中國陸空部隊及海軍人員所用之1,500萬美元。〔註25〕除了上述物資資助外，1946年間並曾以記賬款及勞務供給中國，在上半年內進出口銀行核准記賬款6筆，供特別復興計畫之用，包括小型貨船、鐵路設備、蒸氣機件、煤礦機械及原煤等項之購置。在核准的6千7百萬美元中，1946年年終時已支用3千2百萬美元，大部分係充作美棉購買之價款，迨1947年年終，支用總數計為5千4百50萬美元。〔註26〕

1946年間還有一項援助，對中國農業的復興有著難以估計的的價值。1945年10月，中國要求美國派遣農業專家10人，協同中國專家13人，編擬一項發展中國農業的廣大計畫。1946年6月，這些專家開始在中國從事實地勘查工作，經歷11個星期之久，作成考察後建議。而這建議也成為1948年農村復

〔註23〕資中筠，《美國對華政策的緣起和發展（1945～1950）》，頁118～119。
〔註24〕 *The China White Paper*, p971.
〔註25〕 William Adams Brown Jr. & Redvers Opie, *American Foreign Assistance*, p.324.
〔註26〕 William Adams Brown Jr. & Redvers Opie, *American Foreign Assistance*, p.325.

興計畫實施的重要參考資料。〔註27〕

　　1945 年 9 月初，日本剛投降，蔣介石隨即要求美國派軍事人員協助國府建軍，並提出一項詳細、周密的方案。「軍事顧問團」的名稱即是蔣親自提出的。根據該方案，組織顧問團的目的是幫助中國政府建立完全美國裝備，採用美國技術和戰術的現代化的陸、海、空軍。〔註28〕1946 年 2 月 25 日，美國總統杜魯門正式批准授權美國海、陸、空軍聯合組織派往中國政府的美軍顧問團，然根據美國參謀首長聯席會議的規定，該顧問團人員在任何情況下不得陪同國民黨軍隊到戰場作戰，而官兵人數限制在一千人以內，以後不再擴大。〔註29〕然這項協議終 1946 年都未正式簽署，原因是向國會遞交的有關法案未獲通過，而僅於 7 月 16 日通過一項批准單獨派出海軍顧問團的法案。然而，雖然協定未簽署，但兩個顧問團依舊按照此「草案」先行設立。美國國務院後來承認：「這一草案在顧問團存在期間，曾經是中美在這個問題上的準繩。」〔註30〕直到 1948 年 9 國會才通過立法，11 月正式成立陸、海、空軍聯合顧問團，距美國撤退駐華軍事人員之日已屬不遠。

　　1946 年 11 月中旬國共協商破裂，第二條戰線進入第二階段。在此階段中，國共在軍事戰線（中共稱之為第一條戰線）和政治戰線（中共稱之為第二條戰線）上全面對決，國民黨在軍事戰線上由優勢轉為劣勢，在政治戰線上則一直處於劣勢。〔註31〕調解失敗後，國民黨希望美國繼續在軍事上給予支持，俾擊敗中共；中共的對策，則是煽動反美風潮，將美國勢力趕出中國，使國民黨在外交上陷入孤立。12 月 24 日，「沈崇案」發生，隔日引起各地學界「反美帝」的呼聲，並要求「美軍必須滾出中國」，運動持續三個多月。此後美軍陸續自中國撤退，1947 年 1 月，馬歇爾被召回美國，並立即被任命為國務卿，不啻公開承認調解失敗。杜魯門總統再一次頒佈對中國政策的文告，重申 1945 年宣布之原則，特別著重於美國的希望是傾向中國的和平和真正民主之中國，但卻不干涉中國內戰。〔註32〕不久，馬歇爾發表聲明，承認中國政治上之統一實已絕望。

〔註27〕 William Adams Brown Jr. & Redvers Opie, *American Foreign Assistance*, p.325.

〔註28〕 資中筠，《美國對華政策的緣起和發展（1945～1950）》，頁 106～107。

〔註29〕 王綱領，〈國共內戰時期美國對華軍事援助的幾個側面〉，頁 151。

〔註30〕 *The China White Paper*, p340.

〔註31〕 張玉法，《中華民國史稿》二版（臺北：聯經出版社，2001），頁 470。

〔註32〕 William Adams Brown Jr. & Redvers Opie, *American Foreign Assistance*, p.326.

第二節　1948 年前國際救濟行動

　　鑑於戰爭對中國所造成的破壞，戰後中國將面臨飢餓、疾病流行及國家重建等問題，早在二次大戰期間盟國就成立了聯合國善後救濟總署（United Nations Relief and Rehabilitation Administration，UNRRA，以下稱之為聯總），〔註33〕希望能結合各國的物資及人力來辦理遭戰爭破壞損傷區域的善後工作。國府為了接受聯合國善後救濟總署援華物資和配合聯總工作，因此在 1945 年成立了行政院善後救濟總署（以下稱之為行總），負責戰後的善後救濟工作。〔註34〕

　　從 1945 年 11 月第一艘貨輪 Emile Vidal 號到達上海，到 1947 年 12 月聯總善後救濟工作結束，聯總運達中國的物資共 236 萬噸，每天平均有 1.5 艘船到達中國，總價值達 5.178 億美元，加上海洋運輸費用，援助中國的費用總計 6.75 億美元，約佔聯總經費的 16%。根據《中國白皮書》所言，聯總對中國的援助「是這一時期外國對華援助中最大的一筆，也是聯總對所有國家援助最大的一筆」其中美國承擔的費額佔到 72%，達到 4.74 億美元。〔註35〕

　　聯總無償援助中國的物資主要分為兩大類，即救濟類和善後類。救濟類物資價值達 28,015 萬美元，其中包括 1,148,014 噸糧食、146,122 噸棉花、3,577 噸羊毛、46,643 噸衣服鞋襪及 26,687 的醫療器材等。〔註36〕糧食、衣物和部份醫藥品主要用於難民救濟和工賑報酬，尤其是糧食救濟，救民最急莫過於救民之飢，行總取得糧食援助的糧食後，採取了配發糧食的方式，將麵粉直接發送到難民的手中。1946 年青黃不接之際，湘桂兩省發生嚴重飢荒，在各方呼籲之下，行總湖南分署除了協助成立各地慈善團體和難民收容所外，收容部份殘障老幼災民，辦理施粥施粉廠外，還組織起 160 個工作隊，分赴災區直接發放賑災物資。〔註37〕總計行總在湘桂兩地直接賑放的糧食數量達 27 萬噸，使瀕臨絕境的兩省 650 萬飢民，得慶更生。〔註38〕棉花及羊毛則以優

〔註33〕創立於 1943 年，發起人為美國總統羅斯福，其名稱之為「聯合國」並非指後來於舊金山組成的聯合國組織，而是指第二次大戰期間的同盟參戰國家。王德春，《聯合國善後救濟總署與中國（1945～1947）》，頁 18～25。

〔註34〕王德春，《聯合國善後救濟總署與中國（1945～1947）》，頁 1。

〔註35〕趙慶寺，〈外援與重建：中國戰後善後救濟簡評〉，《史林》2006 年第 5 期（2006.10），頁 71。

〔註36〕王德春，〈淺析聯總對我國的無償援助及相關非議〉，《廣西社會科學》2005 年第 1 期（2005.01），頁 130。

〔註37〕王德春，《聯合國善後救濟總署與中國（1945～1947）》，頁 109。

〔註38〕趙剛印，〈1945～1947 年行政院善後救濟總署論述〉，《黨史研究與教學》（總

惠價格供給上海、青島及天津的國營紡織企業，幫助紡織企業恢復生產，然後以出售棉花的部份收入回購棉布，再用於救濟難民。〔註39〕

善後物資價值 25,485 萬美元，涉及農業、交通運輸和工礦業等。其中，農業善後物資價值 7,800 萬美元，計重 39.5 萬噸，主要包括 4571 噸種子、23.6 噸化肥、1,342 臺拖拉機、5,141 頭牲畜、169 艘漁船和大批農藥、農具、魚具等。〔註40〕此外，國府藉助聯總提供的物資及技術人員，先後完成了黃河口堵口復堤、江淮大堤加固、珠江浚河、錢江海塘修復等 120 多項水利工程，使黃河回歸舊河道，江河水患得到初步控制，5,000 多萬畝農田得到保護。〔註41〕而大規模引進美國優良種子，施用化肥，採用先進的農業技術，農業生產條件得到初步改善，受援地區的糧食、棉花產量明顯增加。據估計，在聯總的幫助之下，大約有 2,600 萬畝的荒地復耕，大約有 600 萬畝的泛區被開墾成耕地，另約有 2,000 萬擔的農產品免於水患及蟲害的破壞，約 2,000 人受到先進農業技術的培訓，相應的糧食增產至少 540 萬噸。〔註42〕

交通運輸善後物資價值 10,080 萬美元，主要包括 242 輛機車、3,445 節貨車車廂、86,400 頓鋼軌、55,149 噸枕木、43,306 噸橋樑、7,687 輛汽車、114,333 噸船隻、4,570 電信器材。運用聯總提供的交通電信器材，行總設法恢復和完成了浙贛、粵漢、京滬鐵路，平漢、津浦、湘桂黔部份鐵路。在華中、滬寧杭和福廈等地修護包括京滬、滬杭、京贛、杭皖約爲 3,000 多公里的高等級公路。另外還修護了 168 座橋樑和 377 個涵洞。行總還調度了 207 艘總運輸能力達 70 萬噸的大小船隻用來分配聯總物資，而且還將電信器材交由交通部分配給全國各地，修護了 7,500 公里的電話線，補充電信局共 28 局。〔註43〕

工礦業善後物資價值 7600 萬美元，主要包括 61,440 噸的機械設備、91,696 噸的汽柴油以及大批的建築材料、實驗設備等。其中行總利用了許多聯總提供的設備建造了 69 個發電廠，總發電量達 55,432 千瓦，並借助於聯總提供的 46 套汽輪發電機組、24 套柴油發電機組和 433 臺小型發電機，中國許多城市、工廠和礦山恢復了動力、照明和水的供應。約有 10,910 噸物資

　　　第 147 期）1999 年第 3 期，頁 58。
〔註39〕王德春，《聯合國善後救濟總署與中國（1945～1947）》，頁 178～179。
〔註40〕王德春，〈淺析聯總對我國的無償援助及相關非議〉，頁 130。
〔註41〕王德春，《聯合國善後救濟總署與中國（1945～1947）》，頁 125～139。
〔註42〕趙慶寺，〈外援與重建：中國戰後善後救濟簡評〉，頁 72。
〔註43〕王德春，《聯合國善後救濟總署與中國（1945～1947）》，頁 151～169。

由行總分配給華中、華南臺灣各煤礦，〔註44〕並取得顯著的成效，利華、浙贛等礦，礦產增加 30～40%；華東、八字嶺等礦，產量增加 60～70%；高坑煤礦和臺灣省營煤礦，其增長程度達 80～100%，與 1946 年相比，1947年煤產量共增加約 440 萬噸（不包括東北的煤礦和中共區的煤礦）。〔註45〕通用機械和建材機械同樣發揮了重要作用，57,371 噸機械物資分配給 40 餘家單位，另外由聯總物資裝配的自來水廠增加供水量 30%左右。〔註46〕

由於戰爭的破壞，使許多地區房屋建築嚴重損傷，根據湖南、廣西等 12省的調查，損失程度在 50%～100%的縣市多達 229 個。〔註47〕為解決難民及許多無家可歸者的臨時住所問題，行總撥出專款，由各地盡先利用廟宇、教堂、學校、祠堂及其他共有建築加以改裝、修理或臨時搭建棚屋、帳蓬。於是，聯總為中國安排了價值約 602 萬美元的建材生產設備和近 724 萬美元的建築機具，包括推土機、築路機、打樁機、起重機等工程機器和建築工具，總重約 28,100 噸，分別採自美國、英國、加拿大、澳大利亞和美軍剩餘物資。另外，聯總從美軍剩餘物資中為中國採購到 1372 所活動營房（原值 150 萬美元，折價後為 50.2 萬美元）和大批帳蓬，提供醫院、難民暫住、善後工程等臨時性應急之需。〔註48〕

由於中國抗戰曠日持久，戰區範圍其廣大，人民遷徙避難，流離他鄉者為數甚鉅，據行政院賑災委員會戰後的統計數字，戰時難民總數高達49,014,892 人，實際上難民人數顯然要遠遠超過統計。因此，除了救濟物資的援助外，協助難民返鄉也變的相當重要。1946 年，行總利用聯總提供的物資相繼在重慶、昆明、貴陽等難民聚集地區設置難民疏送站。後又在上海設立難民轉運站，各地分署也在難民還鄉必經的主要路線上分區設立了收容站、轉運站或服務站之類機構。對有一定負擔能力的難民，由行總補助部份車票

〔註44〕儘管國府起初曾試圖恢復撫順、開灤等大型煤礦，然而東北和華北的內戰越演越烈，鐵路交通完全斷絕，因此國府僅能將煤礦開採重心放置在華中華南等處。參見王德春，《聯合國善後救濟總署與中國（1945～1947）》，頁 174。

〔註45〕參見王德春，《聯合國善後救濟總署與中國（1945～1947）》，頁 174。

〔註46〕趙慶寺，〈外援與重建：中國戰後善後救濟簡評〉，頁 72。

〔註47〕1945 年底，聯總職員韓德生至當年至華日戰爭時戰況慘烈的衡陽視察，發現全縣僅有 5 棟房屋可勉強使用。另外江西省省府南昌，戰前有房屋 46000 幢，1946 年 9 月調查時僅有 11000 幢可供使用，不到戰前的 1/4。參見趙剛印，〈1945～1947 年行政院善後救濟總署論述〉，頁 58。

〔註48〕王德春，《聯合國善後救濟總署與中國（1945～1947）》，頁 176～177。

津貼（每公里 25～30 元），赤貧難民則免費輸送，在主要路線上行總還派出自己的代表往來照應，負責各分署間的聯絡。〔註 49〕協助難民返鄉工作持續一年多，直到 1946 年底，據估計行總及其各下屬機關共協助 1,493,416 人返鄉。〔註 50〕另有上千萬的難民靠著自己的力量，或乘車，或乘船，或艱苦跋涉，歷盡千辛萬苦，終返回自己故鄉。

　　起初，國府有意想藉助聯總的援助，大力推進中國的工業化，因而要求聯總盡可能的提供善後物資，要求提供價值 9.45 億美元各類物資。上述的要求當然無法盡如人意，但在美國及加拿大代表的善意支持下，中國雖然無法獲得想要的援助數字（聯總僅通過 5.625 億美元），〔註 51〕但還是成為聯總最大的受援國。然而由於善後救濟時間過於倉促，加上國共內戰的直接破壞，聯總無償援助中國的善後資源並未能產生預期的效果，因而有種種的非議出現。〔註 52〕尤其美國自己本身也從中看出了某些問題，進而提出檢討與改進。

　　二次戰後，聯合國善後救濟總署配合聯合國的復興計畫，向受到戰爭之苦地區的難民提供緊急救濟品及多種服務，幫助難民擺脫生存困境，並協助各國恢復交通、生產和貿易。1945 年秋冬，深受戰亂之苦的中國，許多大城市化為廢墟，交通和農田水利設施破壞慘重，三千多萬難民流離失所，並且在內戰爆發的陰影籠罩下，無數不幸的難民面臨斷炊無糧可吃的困境之中。就在這個時候，聯合國救濟總署來了，滿載救濟物資的聯總船舶源源不斷的駛入中國港口，將大批麵粉、小麥、大米、棉花、被服、藥品和各種物資卸下。〔註 53〕

　　但很快的聯總在中國的救濟行動就遭遇在其他地區很少出現的問題。首先，由於聯總的救濟時間，中國正處在全面內戰爆發，動盪不已的局勢使得救濟行動往往有頭無尾、事倍功半。戰爭迫使救濟計畫不得不臨時變更，物資常無法如期配運，運到又往往無人接收、無處堆儲，進退兩難；由於中國受災難的區域廣大，人口眾多，交通又十分殘破，時斷時續的軍事衝突更加劇了物資運送的困難，使得聯總在運送的花費上顯得異常之高；再者，聯總並沒有足夠的人員可以派到中國來執行發放救援物資，而中國的對應單位「行政院救濟總署」，在很短的時間內膨脹為一個龐大的官僚機構，由於人員眾多，

〔註 49〕趙剛印，〈1945～1947 年行政院善後救濟總署論述〉，頁 58。
〔註 50〕王德春，《聯合國善後救濟總署與中國（1945～1947）》，頁 114。
〔註 51〕王德春，《聯合國善後救濟總署與中國（1945～1947）》，頁 41～49。
〔註 52〕王德春，《聯合國善後救濟總署與中國（1945～1947）》，頁 282～305。
〔註 53〕王德春，《聯合國善後救濟總署與中國（1945～1947）》，頁 1～2。

因此各地分署經常出現行政費用超過救濟費用的現象，加上行總內部機構疊雜，遇事互相推諉，造成了工作效率極低。聯總運到的大批救濟物資經常積壓在倉庫中，得不到適當的處理，或被浪費任其腐敗，或被竊盜而充斥於黑市中。〔註 54〕長期的社會動盪，「收復區」〔註 55〕內下層人事制度已極為殘破，憑藉它是難以將救濟物資足額地、公正地發放到難民手裡的，有限的救濟物資幾經盤剝，送到難民手中已所剩無幾，而且是常常真正需要救濟的人得不到任何物資，以聯總人員親眼所見「難民多穿稠衫或西裝，在人力車伕拖載與苦力協助下，滿載麵粉而去。」〔註 56〕難民們「望」著這一恩典賞賜逐漸消逝，因而他們的希望是十分渺茫的。克里夫蘭這位在 1947 年被任命為聯總中國救援計畫領導人的他這樣說：「將 10 億美元的 2/3 花在這個缺乏運輸、人員訓練不足，並且內戰不已跟通貨膨脹的國家，這實在是太多了；當我抵達上海時，……我發覺許多這港口碼頭擁擠不堪、消化不良的證據。……」這在中國是真實發生的，正如一位 ECA 經濟學家日後這樣說道：「你不能放太多東西進入，亦不能拿太多東西出來（You can't put much in and you can't take much out.）」。〔註 57〕

　　另一個聯總遭遇的問題是，聯總在華工作，與「馬歇爾計畫」一樣，都成為中國共產黨的攻擊對象。共黨認為雖然這兩個任務公開宣稱不管對中國共產黨或國府都是公開且公正，但在每個個案裡，總是優先處理蔣介石政府。〔註 58〕在聯合國救濟總署成立之時，即提出「善後救濟物資之分配，應一視同仁，不得因種族、宗教、政治信仰之不同，而有所歧視」的原則。因此在 1945 年底，行政院善後救濟總署署長蔣廷黻與中共代表周恩來在重慶進行談判，達成了一項關於解放區進行救濟的協議。〔註 59〕然而就如研究「聯合國救濟總署」的歷

〔註 54〕 趙剛印，〈1945～1947 年行政院善後救濟總署論述〉，頁 59～60。

〔註 55〕 國府復原計畫中，將復原區域劃分為「後方區」、「收復區」、「光復區」，「收復區」係只關內遭淪陷地區，而「光復區」則明確的表示為東北地區及臺灣省。參見「復原計畫綱要草案」，國史館典藏《國府檔案》，檔號 001041100002。

〔註 56〕 中共代表團駐滬辦事處紀念館編，《中國解放區救濟總會在上海》（江蘇：學林出版社，1996），頁 58。

〔註 57〕 Grace M. Hawes, *The Marshall Plan for China, Economic Cooperation Administration, 1948～1949*, p36.

〔註 58〕 資中筠，《美國對華政策的緣起和發展（1945～1950）》，頁 103；Grace M. Hawes, *The Marshall Planfor China, Economic Cooperation Administration, 1948～1949*, p36.

〔註 59〕 孫勇，〈論山東解放區的善後救濟工作──以國府行政院善後救濟總署的活動為例〉，《山東省農業管理幹部學院學報》2004 年第 26 卷第 6 期，頁 105。

史學家喬治·伍德布里奇（George Woodbridge）所說的，在中國公平分配的努力變成一個「最恐怖的問題」，尤其要蔣介石不情願的迫使他的政權去代理分配救濟物資到他的敵對陣營。〔註60〕因此雖然國府一再申明會遵照之前的協定，保證救濟物資的分配不帶任何政治傾向。但另一方面，卻在具體的分配業務中，採取軍隊扣留、飛機轟炸、軍艦封鎖港口，以種種理由或藉口拖延和阻礙物資分配工作。也因為國府的若干阻撓，包括艾格頓計畫在內的一系列救援計畫，皆未全部完成。〔註61〕而聯總所能做的卻是非常的少，縱使施予行總公平分配至解放區的壓力，但也僅出現輕微程度的成果。

解放區總共獲得多少聯總的物資呢？據解放區臨時救濟委員會（中共所設）滬辦官員成潤等人回憶：「截至1947年11月，解總帳戶上收到聯總救濟物資價值約1,000億元（法幣），占聯總對華救濟總額2%」〔註62〕然而運送到解放區的物資不僅數量少，而且中國共產黨還認為質量差並且不實用。例如：行總煙臺辦事處成立之後。「第一批萬恆輪運來的麵粉全是三、四等黑粉，領麵粉難胞以一斤麵粉換不到一斤粗糧。第二批萬民輪運來物資，事前通知有一百病床的醫藥設備，但物資下地之後，見不到一只病床……第三批萬儉輪抵煙臺，據說有一千五百噸至二千噸之物資，但實收數尚不及七百噸，除了二百五十袋肥田粉外，沒有一點善後器材。第四批萬敬輪運來物資，罐頭兩萬餘桶，香菸三千餘箱，成為全部物資的主要部分。」戰爭結束後的山東解放區人民，迫切需要的是糧食、衣服救濟、醫療器材，而不是「珍貴」的營養品、罐頭和價格昂貴的香煙。〔註63〕

另外，聯總在解放區物資分配上雖力圖體現公正與不偏不倚，然而由於聯總特殊的雙重身份，一方面為聯合國資助的人道主義救援組織，主要使命是通過分配救濟善後物資和提供善後服務給受援國民眾；另一方面，作為美國外交政策的工具，聯總的政策接受美國國務院指導。因此聯總既要受聯總協定、總決議和基本協定的束縛，始終給予在聯合國享有合法席位的國府以優先的權力，又不能完全背離美國政府扶蔣反共的政策。聯總將大多數物資

〔註60〕Grace M. Hawes, *The Marshall Plan for China, Economic Cooperation Administration, 1948～1949*, p37.

〔註61〕王德春，《聯合國善後救濟總署與中國（1945～1947）》，頁277～278。

〔註62〕王德春，《聯合國善後救濟總署與中國（1945～1947）》，頁278。

〔註63〕孫勇，〈論山東解放區的善後救濟工作——以國府行政院善後救濟總署的活動為例〉，頁107。

移交給行總，而拒絕與解放區解總建立直接聯繫，僅把解放區置於次要的從屬地位而加以安撫。這種令共產黨認為偏袒內戰一方的作法，自然的引起中共的懷疑與敵視。〔註 64〕加上內戰爆發後，國府將諸多救濟物資移做內戰之用，因此不免令中共批評美國國務院為干預中國內戰的「帝國主義」，聯總是美國用來掩飾其「援蔣」政策的外表。並從而攻擊聯總在中國從一個「國際救援機構」的地位被降至美國國務院實施「杜魯門教條」的一個工具了。

小結

　　二次戰後，美國將中國視為其東亞最佳盟友，因此對於戰後的中國，不管在經濟、物資甚至軍事上都給予援助。然而國共爭執越演越烈，進而發生內戰，美國為平息這樣的狀況，並防止蘇聯勢力進入中國，於是於 1945 年 12 月派遣馬歇爾使華進行調停。在馬歇爾調停過程中，建立聯合政府一直為馬歇爾此行任務的最高目標，而國共兩方皆想從美國身上獲得好處，因而表現出十分合作的姿態。然就在 1946 年 3 月馬歇爾返美期間，內戰爆發，美國不得以只好於 7 月宣布對國府實施軍火禁運。馬歇爾再度抵華，再次與國共雙方展開協商，然至 11 月第二次協商破裂，國共內戰全面爆發，然而美國基於杜魯門總統在 1945 年所揭示的對華「幫助中國走向和平及真正的民主政體，但不介入中國內戰」的原則下，美軍逐漸從中國退出，而馬歇爾也於 1947 年 1 月返回美國，並立即被任命為國務卿，承認調解失敗。

　　1947 年 6 月，美國提出馬歇爾計畫，準備以 120 億美元援助歐洲復興計畫，俾對共產主義產生免疫力。此一大計劃是杜魯門主義下援助被蘇聯威脅的國家如土耳其、希臘的延伸或擴展。馬歇爾為了使該計畫能夠順利過關，因此也要適度地對參眾兩院中的中國集團或親蔣派稍做讓步，允諾給予中國國府適當的經濟援助或軍事援助。然而美國國家內部在對華政策卻出現兩種截然不同的意見和主張，這使得做為決策者總統杜魯門及國務卿馬歇爾感到左右為難，進退維谷。美國領導們經過再三考慮之後，他們決定派遣曾經擔任過中國戰區參謀長和駐華美軍司令的魏德邁至中國進行一次「瞭解事實」的旅行，並就對華政策提出建議，以做為他們決策的重要依據。

〔註 64〕王德春，《聯合國善後救濟總署與中國（1945～1947）》，頁 279～280。

第三章 經濟合作總署中國分署的成立、組織及運作

第一節 魏德邁的使華

　　馬歇爾被召回美國後，容納共產黨組織聯合政府之和談遂告終止。美國此時只有三個選擇：一是全力支持國府，消滅共軍；一是完全撤退，不理中國「家務事」；最後的選擇是有限度的援助國府，期待國府中「自由主義派人士會出頭，取代保守主義份子，願意合作，改善政府的水平，以達成國家的統一」。〔註1〕然而1947年至1948年間，第三種願望亦未實現，美國政府乃明白表示不擬採取鉅大的援助計畫，國會方面亦拒絕採取相反的行動。主張援華者深信採取杜魯門主義牽制共黨，可能開放美國在華行動之門，但就在國務院宣布不擬以對付希臘之政策施之於中國後，大感失望。國務院說明中國政府與希臘不同，既尚未瀕於崩潰，亦尚未遭受共黨擊敗之威脅。〔註2〕加上馬歇爾及其部下深知，援蔣是無底洞，與希臘相比，希臘是「茶杯」，中國是「海洋」，因此更不可能採用跟希臘同樣措施。〔註3〕

〔註1〕 王綱領，〈1948年的美國「援華法案」〉，頁119～120。
〔註2〕 William Adams Brown Jr. & Redvers Opie, *American Foreign Assistance*, p.327.
〔註3〕 Memorandum of Coversation, by the Assistant Chief of Division of Chinese Affairs, FRUS, 1948Ⅷ, p.78.；美國共和黨參議員James P. Kem更用「老鼠洞」（rat hole）和「無底洞」（bottomless pit）來形容援助中國跟援助歐洲兩者的關係，Grace M. Hawes, *The Marshall Plan for China, Economic Cooperation Administration, 1948～1949*, p35.

　　事實上在 1947 年上半年美國基本上還是採取觀望態度。美國當時仍未放
棄國民黨政府實施「改革」的希望，他們期待「中間力量」掌權的局面。2 月
7 日，美國國務院遠東司提出八點對華政策，其主要內容是：「繼續鼓勵中國
通過談判和協議的民主方式達成統一」；作為經濟援助的先決條件，對中國情
況的改善程度「採取建設性和同情的，而不是苛求的態度」；維持小型軍事顧
問團；對裝備 8 又 3 分之 1 大隊空軍的軍用物資繼續扣留一個時期；批准轉
讓給中國政府 159 艘商船。〔註4〕也就是說美國對 1946 年實施的軍火禁運再
持續進行，而經濟援助則採取積極的態度，雖然仍持續以國府的改革為援助
條件，但卻降低改革的標準。

　　5 月 5 日，國務院中國處提出報告，宣稱「國府的彈藥已不足以應付中共
的攻勢，應批准售予彈藥。」5 月 26 日，國務院正式取消向中國轉運軍火發
放許可的禁令，允許中方在美國軍火市場進行正常商業性採購。然為了避免
直接「軍援」之嫌，因而採用「剩餘物資」的名義出售予中國。〔註5〕而美國
並不是無條件的援助中國，在面臨國府在政治、經濟、軍事上的全面惡化，
而共產黨軍隊明顯取的優勢的狀態下，美國既不宜全力地支持蔣政權，又不
宜完全撤出，因此執行一項「合理的、協調得當的、有條件的援助計畫」變
成美國此一時期援華的基調。〔註6〕此時，美國對華政策已開始放棄協助中國
「建立一個統一、民主的聯合政府」，而逐漸轉為「阻止中共統治中國」。然
而完全不介入中國內戰的作法，似乎已不可行，只是形式上直接或間接、介
入多還是少的問題了。

　　1946 年 6 月中國內戰全面爆發，7 月中共大軍挺進大別山，國府軍被
迫由戰略進攻轉入戰略防守。然而比之軍事形勢更為嚴重的是經濟崩潰的
威脅，龐大的軍費開支造成國府的鉅額赤字和惡性通貨膨脹。經濟的惡化，
民心的喪失，對國民黨是極為不利的。經濟惡化從農業開始，自 1946 年起
預徵、超徵田賦，廉價收購絲、茶等農產品，於是荒地日增，糧食及農產

〔註 4〕 Memorandum by the Director of the Office of Far Eastern Affairs to the Secretary
　　　　 of State, February 7, 1947, FRUS, 1947Ⅶ, pp.793～794.

〔註 5〕 Memorandum by the Director of the Office of Far Eastern Affair, May 26, 1947,
　　　　 FRUS, 1947Ⅶ, pp.833～834.

〔註 6〕 Memorandum Prepared in the Embassy in China For the Minister-Counselor of
　　　　 Embassy, July 5, 1947, FRUS, 1947Ⅶ, pp.222～228.

品生產日減。〔註7〕到了 1947 年以後，由於軍費支出日多，所需軍費佔全國預算的 1/4，於是收不敷支達 20% 至 25%，因此發行紙幣彌補，但發行鈔票過量，造成通貨膨脹。美金與法幣的比率，1946 年 3 月為 1：2020，1946 年 9 月 1：3050，1947 年 1 月為 1：12000，1947 年 8 月為 1：38500。貨幣的貶值，使得工廠進口機器、原料價格大增，輸入量超過輸出量六倍，工廠紛紛倒閉。黃金與美鈔的存量由 1945 年 12 月的 9 億減至 1947 年年中的 2.34 億元。〔註8〕

　　如此的危機，不僅使國府的統治出現了「急迫災禍的現象」，而且也宣告了美國「調處」政策的失敗。國民黨政權迫不及待的要求美國改變對華政策，對國府實行公開而全面的援助。然而在 1947 年 2 月間實行的聯合國善後救濟總署結束後的救濟援助初步計畫將中國包括在內亦僅為偶然之事。同年 6 月，該項計畫所需之 350 億美元在國會審議時，國務院決定配撥 6 千萬供中國救濟之用，相對於分配奧地利之 1.68 億、義大利 1.93 億及波蘭的 1.17 億美元，已經較少了，而在國會通過的 3.32 億元中，配撥給中國的數目又減為 2750 萬美元。〔註9〕

　　國務卿馬歇爾為首的國務院人士，之所以對中國援助顧慮重重，猶豫不決，主要有以下幾點因素：

　　第一、1947 年「冷戰」加劇，導致美蘇關係全面緊張。由於歐洲戰略的重要性和「遏制共產主義」的需要，美國必須把重點放在歐洲，按照「歐洲第一，亞洲第二」的原則安排美國的全球策略，美國在考慮對外援助時，必然首先考慮的是歐洲。也因此在 1947 年 4 月 29 日由美國參謀首長聯席會議國家安全利益而設定援外名單中，中國僅位居於第 14 位，比不上西歐很多國家不必說，並且還在東歐國家、西南歐甚至拉丁美洲等國家之後，就連亞洲

〔註7〕 李文志，《「外援」的政治經濟分析——重構「美援來華」的歷史圖像（1946～1948）》，頁 124～125。

〔註8〕 經濟方面，抗戰勝利之初，情況尚好，國府約有 10 億美元的外匯存底，接收約 10 億美元的日偽物資，接收約 10 億美元的美國剩餘物資和救濟物資。接受的日偽工礦企業（迄 1946 年共 2,407 個）和戰時內遷的工廠，都有相當程度的復員和復業。1945 年接收時，全國電廠發電容量 54,162 瓦；全國註冊工廠數，1945 年底 4,382 個，1947 年 6 月增至 11,877 個。參考自張玉法，《中華民國史稿》，頁 458。

〔註9〕 William Adams Brown Jr. & Redvers Opie, *American Foreign Assistance*, pp.327～328.

的日本及韓國都排列在中國之前。〔註10〕

　　第二、美國政府及人民曾不斷的督促國府實行革新政策，並暗示：「我們是在等候中國政府確實的革新，或至少有意圖革新的表徵，才給予援助。」〔註11〕在美國眼中，中國當時的狀況有違美國的利益取向，尤其美國認為當時的國民黨政權腐敗，不管在政治、經濟或軍事方面都在加速惡化中，既失去了民心，又難以改革進取。〔註12〕使得美國認為即使給予中國大量援助，也只是浪費美國資源而無法改善中國的情勢。

　　第三、美國如果對蔣介石政權實行大規模的援助，特別是在涉及中國內政和一些具體作法上予以「指導」，這樣做將會導致美國直接干涉中國內戰，從而引起蘇聯以同樣的行動幫助中共，並且這樣做等於要美國無限期地把中國軍隊的作戰指揮和行政管理整個接管過來，將會引起中國人民強烈反美。司徒雷登曾說：「任何對華的有效援助，尤其是顧問式的援助，……會使美國更加不可解脫地被牽入中國內政，而受到更深更強的束縛。這樣不僅會遭到某些中國人民的強烈反對，而且這辦法也會引起其他強國的仇視跟報復行動，甚至嚴重影響我們在世界其他部分盡義務的能力。」〔註13〕

　　1947年6月國務院提出馬歇爾計畫，準備以120億美元援助歐洲復興，俾對共產主義產生免疫力。此一大計劃是杜魯門主義下援助被蘇聯威脅的國家如土耳其、希臘的延伸或擴展。但120億美元的偌大數額需要國會多數的同意，而自1946年美國國會期中選舉後，共和黨在參眾兩院都居於多數，這對民主黨的杜魯門政府是一大牽制。雖然共和黨國會議員尚不至於刻意杯葛國家預算，但是馬歇爾為了使該計畫能夠順利過關，因此也要適度地對參眾兩院中的中國集團（China Bloc）或親蔣派稍作讓步，允諾給予中國國府適當

〔註10〕邵玉銘，〈一九四五至一九四九年美國、蘇聯與國共四角關係之研究〉，頁60；李文志，《「外援」的政治經濟分析——重構「美援來華」的歷史圖像（1946～1948）》，頁163。

〔註11〕司徒雷登著、閻人俊譯，《在中國五十年：司徒雷登回憶錄》下冊（香港：求精出版社，1955），頁26。

〔註12〕另外馬歇爾當任國務卿時期，新設立的「政策計畫本部」主任肯南所聘任參與中國事務決策的戴維士就直言國民黨腐敗，缺乏民意基礎，不可能有真正的政治或經濟改革，他認為美國應該避免對蔣做出不變的承諾，也不要在內戰中牽連在蔣的那一邊。參考自王綱領，〈1948年的美國「援華法案」〉，頁120。

〔註13〕司徒雷登著、閻人俊譯，《在中國五十年：司徒雷登回憶錄》下冊，頁24～25。

的經濟援助或軍事援助。〔註14〕

　　與國務院的猶豫不決相反，美國國會中的親蔣份子中國集團則掀起了一場要求擴大對蔣援助的浪潮。中國集團中較有名的包括有來自「Formosa 的參議員」之稱的諾蘭（William F. Knowland）、共和黨眾議員周以德（Walter Judd）、共和黨參議員布里治（Styles Bridge）、民主黨參議員撥款委員會主席麥卡蘭（Pet McCarran）、共和黨參議員外交委員會主席范登堡（Arthur V. Vanderberg）、參議員伊頓（Charles A. Eaton）、參議員曼斯菲德（Mike Mansfield）等人攻擊杜魯門政府援蔣不力，對共產主義更是心慈手軟。尤其是眾議院周以德對美國政府進行了「最持續不斷的的批評」，周以德經常性地往國會會議記錄裡塞入他個人關於中國需要更多援助的意見以及同情中國的言論，並且將支持他觀點的選民來信和雜誌報紙上力主援華的文章置入其中。〔註15〕此外，共和黨參議員范登堡也相當重要，由於他既資深，且長期與前總統民主黨的羅斯福合作融洽，杜魯門政府自然會稍微遷就其見。中國集團在美國援華法案辯論及制訂過程中，振振有詞的說法是：「中國的地位及戰略價值遠遠超過希臘、土耳其，為何兩國獲得十數億美元的援助，而中國卻不及其半？」所以當國府軍隊遭受到嚴重挫敗時，他們就會出來抨擊杜魯門及馬歇爾國務卿。

　　而中國駐美大使顧維鈞在美國的工作期間，也竭盡所能的幫助國府爭取美援。顧大使在美國除了通過正式的外交途徑與美國政府聯繫外，另外一條重要的途徑就是「遊說活動」，在顧維鈞赴美就任之前，蔣介石即向他強調在美國做「宣傳工作」影響美國各界的重要性，因此顧維鈞到了美國即展開宣傳工作。他在美國國會、政府部門，以及有影響力的社會各界都結交了一些親蔣派，這些人物既是顧瞭解情況的耳目，又是藉以對政府決策施加影響的管道，並且可以利用美國共和黨及民主黨、國會與政府、政府與各部門之間，以及各種利益集團之間的矛盾展開活動。美國國防部長葛里菲斯（Paul Griffith）及其下屬就是顧的座上常客，經常向他透露國防部與國務院在援蔣問題上的不同意見。還有如某個政府部門內幾個負責人對有關問題的不同立場，白宮「國家安全委員會」內部研究對華政策的內情，國會秘密聽證會上

〔註14〕王綱領，〈1948 年的美國「援華法案」〉，頁 122。

〔註15〕Grace M. Hawes, *The Marshall Plan for China, Economic Cooperation Administration, 1948～1949*, p.19.

的有關情況，都有人即時對他通風報信。〔註16〕此外，1947 年，美國前駐法大使威廉・蒲立德（William C. Bullitt），應《時代》與《生活》雜誌負責人亨利・魯斯（Henry Luce）之邀，在 1947 年訪問中國，見過蔣介石。返美後在 10 月 13 日的《生活》雜誌上發表長篇文章，鼓吹美國制訂三年計畫，以 13 億 5 千美元幫助蔣介石打敗中共，並建議將大量美國剩餘物武器供給國軍，及由麥克阿瑟指揮國軍作戰。〔註17〕

然而國會中也有一些反對的聲音出現。密蘇里州共和黨參議員詹姆士・凱姆（James P. Kem）即代表「孤立主義」的觀點，在那個國際主義盛行並為多數議員支持的年代，他的觀點代表少數保守主義的看法。在參議員對對華援助的辯論當中，他首先提到美國「貸款」給希臘跟土耳其是一種「象徵著所謂的杜魯門主義隔離共產主義的初步階段」，凱姆接著提出他對援助外國的反對理由：首先，美國這樣的作法是單獨行動，並沒有與聯合國進行過協商，在凱姆的想法，對華的援助應該讓聯合國負更多的責任；其次，援華計畫雖然是以「人道主義」的立場提出，但實質上卻是一種「軍事援助」，他擔心如此會讓美國身陷於中國內戰之中；第三，美國不可能購買全世界的友好，儘管美國已經將美援撥出。凱姆總結：「我們從未能透過使用美元把任何共產主義者轉化成民主的概念。」反之，經常有相反的效應。在中國，美援似乎也贏得了敵意，中國人民對美國干預中國事務感到反感，美國將獲得「唯一持久的仇恨收穫」；第四，美國人應該專注於發展自己的經濟，使用到美國國家資金時，美國本身的問題應該是首先被考慮撥款的。這樣的說法似乎也獲得某些議員的支持，認為美國錢應該用在美國人的福利上。〔註18〕

同年 6 月，美國參謀首長聯席會議（JCS）召開會議，會中主張援助中國，以免蘇聯影響力伸展於遠東，對美國國防安全構成威脅，援助中華國民政府，可使之消滅共黨的反對武力。〔註19〕並為了防止國民黨的垮台，參謀首長聯席會議認為「除非中華民國政府得到足夠的軍事援助，使其有效抵抗共產主義在中國的擴張，否則該政府多半將會垮台」、「中國共產黨在中國軍事行動有利於蘇聯的擴張主義目的和長期目標」，因此要求美國政府必須下決心「儘

〔註16〕 資中筠，《美國對華政策的緣起和發展（1945～1950）》，頁 326。

〔註17〕 資中筠，《美國對華政策的緣起和發展（1945～1950）》，頁 332。

〔註18〕 Grace M. Hawes, *The Marshall Plan for China, Economic Cooperation Administration, 1948～1949*, p.22～23.

〔註19〕 Memo., by Vicent to Marshall, June 20. FRUS, 1947Ⅶ, p.849.

早進行援助，包括軍事援助」。〔註 20〕對這樣的建議國務院遠東司司長范宣德（John Carter Vincent）立即表示反對，他建議馬歇爾不要介入中國內戰，不同意參謀首長聯席會議「蘇聯會因爲中共的勝利而威脅到美國安全」的論斷。范宣德反對直接的、大量的對蔣實施軍援，因爲他認爲援蔣的結果，將激發蘇聯對中共做出同等的增援與干涉，那美國將陷入無止境的困境之中。另外，范宣德也懷疑蘇聯支配中國的能耐，他認爲中共雖然在意識型態上與蘇聯有所關連，但中國人是難以管理的，中國人管理自己都有困難，何況作爲一個外國的蘇聯。況且，蘇聯自己的工業不發達，並不能給予中國足夠的援助。〔註 21〕

　　美國國家內部在對華政策上出現兩種截然不同的意見和主張，這使得做爲決策者總統杜魯門及國務卿馬歇爾感到左右爲難，進退維谷。加上 6 月 20 日孫科在南京呼籲美國對華給予軍事上的援助、信用貸款以及政治上的支持，否則國府無法保住東北甚至整個中國，而中共的叛亂，絕對是蘇聯的支持。〔註 22〕美國領導們經過再三考慮之後，決定派遣曾經擔任過中國戰區參謀長和駐華美軍司令的魏德邁至中國進行一次「瞭解事實」的旅行，並就對華政策提出建議，以做爲他們決策的重要依據。

　　1947 年 7 月 11 日，杜魯門正式任命魏德邁爲「特使」即刻前往中國，就中國現在及未來的政治、經濟、心理和軍事情況，作一評估。並且給予魏德邁訓令指示：

> ……在與中國居負責地位的官員和領袖們討論時，你要說明你所負的是調查事實的使命，並說明只有中國政府能夠提出令人滿意的證據，證明其能採取可以讓中國元氣恢復的有效措施，美國政府才能考慮對一項計畫提供援助。再者，任何可能使用的援助，都必須受美國政府代表的監督。〔註 23〕

　　此外，遠東司司長范宣德還加了一句「在做評估時，希望你不要覺得有義務一定要支持中國官方的策劃，幫助中國並不等於健全美國對華政策，在你提出的調查報告裡，應儘量簡明地對援助的性質、範圍及可能後果，提出

〔註 20〕 Study of the Military Aspects of United States Policy toward China, FRUS, 1947 Ⅶ, pp.838～848.
〔註 21〕 王綱領，〈1948 年的美國「援華法案」〉，頁 123。
〔註 22〕 William Stueck, *The Road to Confrontation: America Policy toward China and Korea, 1947～1950*, pp.38～41.
〔註 23〕 *The China White Paper*, pp.255～256.

評估與建議。」〔註24〕魏德邁本身一直是援蔣反共的，馬歇爾派遣他致中國調查，一方面是爲了應付國會中的中國集團外，另一方面也有爲國民黨打氣之意。數年後說出魏德邁出使中國的兩個任務，一是要說服中國證明美援不是白白浪費，另一是要說服華盛頓這種援助必要性。〔註25〕就如他提交給馬歇爾意見當中所言的一段話：

> 我不認爲對華的零落援助是良好的政策。那就像是給一艘正在下沈的船的業已腐爛的軀殼堵住漏洞。我們的援助應建立在一向能爲該船造一新船殼的計畫之上，並委之於一位能幹、正直的船長和精幹的水手。〔註26〕

魏德邁根據使華的任務，於7月16日召集了一批專家和顧問，組織了一個由陸軍部3人、海軍部1人、財政部1人、國務院2人和1名新聞及公關顧問組成的團隊。這些人員多由魏德邁親自挑選，並有詳細的分工。其中包括：調查中國貨幣穩定狀況，清償債務撥款情況，使用美援的能力；研究美國與中國現行政治體制合作的可行性，逐步建立一個與美國體制能相容的中國政治經濟體制的可能性；各種建設工程計畫的可能性（包括水航道、開礦、電力、墾荒、交通、農業等等），促進原材料的發展與分配的方式與方法；研究並評估廣大中國人民對美國政策，對國民黨及對共產黨的態度等等。當中還特別提到，要分析研究國府如失去東北的資源可能對中國產生的影響，而這些資源如納入蘇聯經濟，可能對蘇聯產生的貢獻。〔註27〕

魏氏一行人於1947年7月22日到達南京，在中國調查長達一個月之久，不僅聽取了國府各省主席在軍事、政治和經濟情況報告，而且視察行蹟遍及上海、南京、北平、天津、漢口、青島、濟南、瀋陽、撫順、臺灣、廣州等地，接觸了政府內外廣泛的各階層人士。並在瀋陽、北平、臺灣等地召開了一系列的軍事座談會，還在南京參加了國府的「國務會議」。在一番考察後，考察團並沒有發現什麼新情況，大多是爲美國早已瞭解到的基本情況多找到一些旁證資料而已。

〔註24〕Directive to Gen. Wedemeyer,, July 9, 1947, FRUS, 1947Ⅶ, p.641.

〔註25〕王綱領，〈1948年的美國「援華法案」〉，頁125。

〔註26〕Memorandum by the Director of the Office of Far Eastern Affairs, July 6, 1947FRUS, 1947Ⅶ, p.638.

〔註27〕Memorandum by General Wedwmwyer to Members of Mission,July 12, 1947, FRUS, 1947Ⅶ, pp.642～645.

　　根據魏德邁使華後回美國所寫的幾份報告顯示，中國國民黨人「在精神上已經瓦解」、「他們已對他們的政治和軍事領導人失去信心」、「在位者貪污腐化，趁這垮台之前能撈多少是多少」，相對的共產黨隊伍「精神極佳，甚至有一種狂熱」、「他們的領導人，或者還有許多普通成員似乎都相信他們的事業」；經濟則由於「內戰和通貨膨脹的壓力」、「正在崩潰與瓦解之中」；軍事上的「戰略主動權」也已完全「操在共產黨之手」；更嚴重的是國民黨的「反動領導」、「高壓和腐敗」已使其失去人心。〔註28〕針對如此狀況，魏德邁基於自認的任務需求，必須對國府有所「鞭策」。而當時駐華大使司徒雷登亦鼓勵魏利用他獨特的地位，盡量指出國民黨的弊病，認為這樣會刺激國府官員進行改革。為此，魏德邁不僅在非公開場合，而且還在公開場合對國府進行了嚴厲的訓斥。8月22日，魏德邁應邀在國民黨「國府委員會」和政府全體部長聯席會議上發表演說，在演講過程中，他歷數國民黨軍隊、政府、經濟生活等各方面的弊端：貪污腐化、秘密警察橫行、濫捕濫殺、濫用刑罰等等。〔註29〕兩天後，魏德邁在蔣介石官邸對國府領導們進行的離華聲明中，〔註30〕再次老實的指出國民黨的「麻木與怠惰」、「卑屈的失敗主義」，認為政府中到處充滿「貪婪、無能」的官員，應該予以撤職，並指責他們「並不設法解決當前的問題，而是把精力消耗於責難外在的影響和尋求外來的協助」。〔註31〕會後，國府考試院長戴季陶當眾哭泣，甚至引起部分官員的不滿，〔註32〕國府委員會曾建議委員一律不到機場送行，但為蔣介石所否決。然而令蔣介石最苦惱的是魏德邁並未暗示美國是否援華，尤其聲明中關於「中國的恢復有待於有號召力的領導」更令蔣敏感，在魏德邁離華隔日，隨即召見司徒雷登的秘書，詳細詢問魏德邁使華的背景，更探聽美國是否有意逼他退休或用其他辦法逼他去職。〔註33〕

〔註28〕 General Wedwmwyer to the Secretary of State, July 29, 1947, FRUS, 1947Ⅶ, pp.682～684.

〔註29〕 資中筠，《美國對華政策的緣起和發展（1945～1950）》，頁157。

〔註30〕 原本蔣介石曾照中國人的禮儀，表示要在代表團離華前夕設宴款待。但魏德邁答稱建議取消宴席，但希望有一個機會，對政府中各領導人員來一次談話。蔣介石果然照他的意思安排了下來，有40多位政府高級官員奉召到會，地點就在蔣介石的官邸。參考自司徒雷登著、閻人俊譯，《在中國五十年：司徒雷登回憶錄》，頁29。

〔註31〕 *The China White Paper*, p.763.

〔註32〕 司徒雷登著、閻人俊譯，《在中國五十年：司徒雷登回憶錄》，頁29。

〔註33〕 The Ambassador in China (Stuart) to the Secretary of State, August 24, 1947, FRUS, 1947Ⅶ, pp.759～761.；*The China White Paper*, p.826.

第二節　1948年援華法案的通過

　　魏德邁及其使團回國後，於 1947 年 9 月 19 日向杜魯門提出了一個長達
10 萬餘字的調查報告。報告中分析了中國當時的政治、經濟、軍事形勢和社
會文化狀況，以及國府面臨全面而深刻的危機。報告指出爲了美國的戰略利
益，絕不能放任中國局勢惡化，而必須採取「積極的方法」和「迅速的行動」。
從這一觀點出發，報告內容中主要建議有三：（1）美國應給予中國立即與充
分的軍援，並派遣一萬名顧問人員；（2）美國應給予中國爲期五年之經援，
同時美國應派遣經濟顧問協助國府改善經濟；（3）建議東北地區由五國共管，
如果蘇聯拒絕，就由聯合國託管，但這一建議要由中國自己提出。〔註 34〕報
告一提出，馬歇爾及國務院人士即認爲要求聯合國干預中國事務，特別是將
東北託管的建議若透露出去，國務院認爲此有侵犯中國主權之完整，必將遭
到中國人民和蘇聯的強烈反對，將會引起對美不利的影響，因此下令將此報
告列爲絕對密件擱置起來。

　　而在援華方面，魏德邁一向是主張積極援蔣反共的，他之所以在離華前
對國府領導階層加以批伐，那只是因爲基於一種美國人所特有的責任感，而
且希望「這樣做了，會刺激那班官員實行改革，以幫助中國獲得美援。」照
他的信念，他的報告書呈交給最高當局後，美國對華援助的批准，是無庸置
疑的。〔註 35〕報告開宗明義點出，總的考慮是對付蘇聯。從總戰略的需要，
中國共產黨統治中國的危害性和美、蔣共同利害關係等方面論述了對蔣援助
的必要性。首先，魏德邁認爲「在戰時要是存在一個不友好的中國，將使我
們不能得到重要的空軍基地作爲轟炸前沿之用，也不能沿亞洲海岸擁有重要
海軍基地。」反之，若中國爲蘇聯所控制，或成爲一個親蘇的政權，那美國
在日本、琉球或菲律賓的海空基地將受到嚴重的威脅。〔註 36〕而就當時中國
的情況，國民黨的「高壓和腐敗」已使其失去人心，在軍事上「戰略主動權
操在共產黨之手」、「最後有建立起一個共產黨控制的中國的可能」。〔註 37〕最
後，報告還特別指出，美國和國府之間有著共同的利害關係，對華政策「須
顧到八年抗戰所給予中國的艱難困苦、反抗共產黨的負擔和它爲盟國所做的

〔註 34〕邵玉銘，〈一九四五至一九四九年美國、蘇聯與國共四角關係之研究〉，頁 66。
〔註 35〕司徒雷登著、閻人俊譯，《在中國五十年：司徒雷登回憶錄》，頁 29。
〔註 36〕 *The China White Paper*, pp.809～810.
〔註 37〕 *The China White Paper*, p769.

犧牲」。因此，美國如果繼續採取「等等看」（wait and see）的政策，那麼國府
會持續惡化下去，即使要真去改革，也不能再度復甦。〔註38〕因此魏德邁要
求美國政府持續對蔣介石的承諾，那麼改革將會實現，但最好透過監督來保
證援助有效。但並非調查團成員都贊成如此說法，調查團的成員之一國務院
遠東司中國科要員的石博思（Philp D. Sprouse）就堅持要等到蔣氏已發動改革
及政府的內外力量呈現有能耐對抗共產勢力時，美國才能援蔣。〔註39〕

　　這一個報告就經濟、軍事、文化等各方面提出援蔣的設想和方案。其中
以軍事援助的方案最為具體，包括擴大軍事顧問的職責範圍以及各種裝備
等。魏德邁的這番報告，不僅博得國會中親蔣份子的一片喝采，也深深觸及
了杜魯門和馬歇爾最敏感的神經，使他們不得不承認如果美國對中國政府表
示全無信心，並且拒絕中國政府關於援助的請求，那是違背美國利益的。但
是這樣的說法卻依舊未能打消這些決策者對於「軍事」援蔣的疑慮，他們無
論如何也不願輕易讓美國捲入中國內戰太深而跟著蔣介石去冒險。〔註40〕然
而1947年秋，國府在東北戰場吃緊，司徒雷登及顧維鈞向國務院告急，美國
國會中的中國集團亦不斷施壓，或親往中國調查而返美撰文批評美國不積極
援華的政策。為了阻止正在崩潰中的中國經濟，使中國政府再有一個機會來
穩定中國國內的情勢，自1947年10月下旬起，美國國務院開始「重新審定
對華政策」。這時有兩點已經明確：一是美國在華短期目標是「阻止中國完全
為共產黨所控制」；二是國民黨沒有外援要扭轉共產黨得勢的希望甚小，而「顯
然外援的來源就是美國」。國務院認為，國民黨有種種不利的因素，唯一的「主
要有利因素就是美國援助的前景」。〔註41〕

　　馬歇爾國務卿於11月國會參眾兩院外交委員會的聽證會上，在提出「歐洲
復興計畫」的同時，首先提出要求國會通過援華撥款的建議。會中，馬氏向國
會解釋中國之所以未經列入臨時援助計畫者實因中國面臨之困難為「通貨膨脹」
問題，其資源尚堪維持輸入水準達幾個月之久，與歐洲各國並不相同。另一方

〔註38〕 *The China White Paper*, p779.
〔註39〕 Alterative in the Event of Chinese Rejection of a Program of Conditional Aid, by
　　　　Philip D. Sprouse, Aug. 23, FRUS, 1947Ⅶ, pp.758～759.
〔註40〕 李黎明、祝國紅，〈魏德邁來華『調查』及其對美國對華政策的影響〉，《唐都
　　　　學刊》第21卷第4期（2005.07），頁150。
〔註41〕 Draft Report of the National Secuity Council on the Position of the United States
　　　　Regarding Short-Term Assistance to China, March 24, 1948, FRUS, 1948Ⅷ, pp.44
　　　　～50.

面，美國國務院正在研擬一項援華計畫，是以防止中國幣值持續下跌，俾使中國有機會設法回復財政的安定。欲達成此一目的，最大的困難就是軍事費用這一大漏洞。因此馬歇爾當時建議援華的數字是 3 億美元，用於主要進口品如棉花、石油、食物及化肥等，自 1948 年 4 月開始，為期 15 個月。但在此之前，立即撥款 6 千萬美元供救急之用。〔註 42〕該款有一半以上為贈與，不用償還。草擬者華克（Nelville H. Walker）表示雖然要保護美國商業利益，但不應期望中國市場會有大的擴張；國民黨雖急需軍援，但此款限於經援之用，國民黨需要軍費，應動用自己的儲金，而且經援必須保證有效地使用。〔註 43〕

國會議員大都贊同增加對華的援助。前駐俄大使布立特（William C. Bullitt）根據他在中國的私人調查結果，建議一項 15 億美元援款計畫。麥克高溫（William McGovern）曾以國會委員會諮議的身份考察遠東情勢達兩個月，他亦建議給予中國大量援助。相同的建議也見於紐約州長杜威（Thomas Edmund Dewey）。當臨時援助法案尚在國會辯論時，他就對美國對華政策大肆批評，指責美國政府未能履行有關對華事務兩黨協議之義務，正在與歐洲共產黨處於敵對地位之時，竟然有容納中國共產黨加入中國政府這樣自相矛盾的想法。〔註 44〕眾議員周以德在魏德邁訪華期間到過中國，〔註 45〕經過考察返美之後，特別向眾議院外交委員會強調中國的情勢與歐洲不同，其急迫性並不亞於歐洲。該委員會於是核准 5.9 億美元臨時計畫案，但有附帶條件，即國務院無論何時提出具體建議，應先撥 6 千萬美元給中國援助。參議院在臨時援助法案稿內雖未提及中國，但在一項折衷議案內規定，中國可於核准之 5.79 億美元援款中獲取一部份，惟中國如獲得其他援款時，則臨時援助法案內原訂給予中國之款項改撥義大利、法國及奧地利三國。〔註 46〕

1948 年 1 月，就在歐洲計畫諮送國會兩個月後，國務院援華計畫一度將數額改為 7.1 億美元，其中 6.5 億作為購買之用，0.6 億作為重建計畫。國務院遠東司長白德華（W. Walton Butterworth）認為國民黨可以動用 1.16 億美元購買軍火。〔註 47〕國務院次卿羅維特（Robert A. Lovett）認為不宜向國會提出對華超出

〔註 42〕William Adams Brown Jr. & Redvers Opie, *American Foreign Assistance*, p.329.

〔註 43〕Alterative in the Event of Chinese Rejection of a Program of Conditional Aid, by Philip D. Sprouse, FRUS, 1947Ⅶ, pp.758～759.

〔註 44〕William Adams Brown Jr. & Redvers Opie, *American Foreign Assistance*, p.330.

〔註 45〕司徒雷登著、閻人俊譯，《在中國五十年：司徒雷登回憶錄》，頁 30。

〔註 46〕William Adams Brown Jr. & Redvers Opie, *American Foreign Assistance*, p.330.

〔註 47〕Memo. To Lovett, Jan 21, 1948, FRUS, 1948Ⅷ, pp.454～457.

5.7 億美元的援助，然而白德華則認為數額太少，會惹惱中國集團而耽擱歐洲經濟復興計畫的立法，亦或許會逼迫國民黨向蘇聯求援。〔註48〕但羅維特認為提高援華數額將會減少援歐數額，乃決定又將援華數額改為 5.7 億美元。〔註49〕

　　國府獲知美國將會提供援助時，駐美大使顧維鈞隨即對此表示感謝，國府並立即進行多方活動，爭取早給、多給，並於 1948 年 1 月底派出以中央銀行總裁貝祖詒為團長的「技術代表團」赴美。與此同時，由張群發表一項改革財經措施的計畫，以爭取美國的輿論支持，並給美國一個轉圜的台階。技術代表團奉命赴美提出的要求主要是：一項以四年為期，總數 15 億美元的援助，條件大致與援歐方案相同；在通過方案前另給 6 千萬美元的臨時援助；另外由美國貸款 1 億美元購買軍械彈藥；以及美國提供穩定幣制的援助。美方則不同意像對歐洲那樣擬定長期計畫，並表示此案目的主要係救濟性質，用以對華供給麥、棉、米、煙草與石油等物。至於大規模復興方案，在現在中國軍事經濟情勢之下，除非國府有基本改革，尚難提出。〔註 50〕馬歇爾也告訴司徒雷登，在美國不能撤銷所有對華援助的同時，美國也不能負起引導中國內戰的責任……，一個耗財的重建計畫將使美國陷入中國內部的政爭太深，美國要對中國問題的處理保持行動自由。〔註 51〕

　　經過中美雙方磋商和討論之後，美國總統杜魯門於 1948 年 2 月 18 日向國會提出經濟援華法案，建議配撥 5.7 億美元供 1948 年 4 月 1 日至 1949 年 6 月 30 日止，共 15 個月的援華之用。建議之款中 5.1 億美元資助中國購備各種重要進口物資（包括糧食及工業物資），以便節省原有外匯充作其他緊急用途，其餘 6 千萬則應用於恢復交通、電力與燃料之供應及輸出業務，蓋因中國情形太不穩定，不便擬定經濟復興之整個長期計畫，除解救經濟災荒外，此項援款不能希望更有他用。杜魯門和馬歇爾分別就此發表公開聲明，這一援助所要達到的「有限目的」是幫助國府「從經濟急速惡化中得到喘息機會，以便進而建立比較穩定的經濟狀況」。〔註52〕

〔註48〕Stuart to Marshall,Telegram, Jan 9, 1948, FRUS, 1948Ⅶ,p.21.

〔註49〕王綱領，〈1948 年的美國「援華法案」〉，頁 129。

〔註50〕外交部檔，〈美通過 1948 年援華法案〉，檔號 471/0033，頁 21～22。

〔註51〕王綱領，〈1948 年的美國「援華法案」〉，頁 130。

〔註52〕C.X. George Wei, "The Economic Cooperation Administration, the State Department, and the American Presence in China, 1948-1949," Pacific Historical Review, Vol. 70, No. 1, p.27；資中筠，《美國對華政策的緣起和發展（1945～1950）》，頁 167。

援華問題在美國國會爭辯甚烈，但一般輿論認爲給予相當數目的援款對於美國確有裨益。在「戰後復興策劃聽證會（Post-war Recovery Program Hearing）」上，許多親蔣派的議員如周以德、布立特等人紛紛發言及提出建議，認爲中國情勢與希臘相同，極需實質之軍事援助。〔註53〕魏德邁則拐彎抹角地暗示馬歇爾本人並不反對軍援。〔註54〕國務院官員辯稱，由於美援供給必需物資之故，中國政府原有之外匯準備可以用以購買軍事設備以應實需，但此項辯論並無效果。眾議院外交委員會所作的結論爲「中國經濟的復興須等到內部安定、政府施政中心可由軍事轉向政治及財政之改進後始能著手實施。」〔註55〕因此眾議院通過了一項議案，仍爲總數5.7億美元15個月的援助，其中明確指出1.5億美元爲軍事援助，並比照美國援助希臘、土耳其的先例建立「策劃、稽核及運送軍需」的單位援華，最後還加了項「由美、中雙方代表組成（中國）農村復興聯合會，作爲管理中國農村自救策劃的負責單位。」。〔註56〕參議院狀況略有不同，在外交委員會主席共和黨籍的范登堡的策劃下，參議院通過了一項幾方面意見都能照顧到的方案，除把援額從5.7億減爲4.63億之外，並將援助期限縮短爲一年，以與援歐期限取齊。此外，又怕眾議院反彈，乃補贈款1億美元，並把直接軍事援助改爲「特別贈款」，由「中國政府自行決定其用途」，當然包含用於軍購。〔註57〕

1948年2月，當援華法案的草案與修改由爭執到折衷案期間，歐洲發生一連串的改變，捷克共黨發動政變奪取政權，美蘇兩國爲了柏林問題發生爭執，蘇聯逼迫芬蘭簽訂友好條約。在中國，國共內戰已進入白熱化階段，而國府軍事行動開始節節失利，中共軍隊進逼華中。而在美國，由於正值總統大選年，杜魯門爲了提高自身的聲望年底通過總統大選，在3月的國會開會期間，大肆攻擊蘇聯，要求國會從速通過援歐法案及建立全面徵兵制，後者遭受反對，但援歐案卻獲准通過。而援華方面，參眾兩院最後在聯席會議上達成共識，於4月2日通過「援華法案」（The China Aid Act），作爲「1948年援外法案」的一部份，爲該法的第4章。措辭基本上採用參議院的文本。爲期12個月，總數爲4.63億美元，其中1.25億美元爲「特別贈款」，由中

〔註53〕 William Adams Brown Jr. & Redvers Opie, *American Foreign Assistance*, p.333.
〔註54〕 *The China White Paper*, pp981～983.
〔註55〕 William Adams Brown Jr. & Redvers Opie, *American Foreign Assistance*, p.334.
〔註56〕 王綱領，〈1948年的美國「援華法案」〉，頁131。
〔註57〕 資中筠，《美國對華政策的緣起和發展（1945～1950）》，頁171。

國政府自行法定用途。〔註58〕但是後來提交眾議院撥款委員會通過實際撥款時，由於財政的困難，因此在有經濟頭腦之稱的撥款委員會主席約翰泰伯（John Taber）密切注意之下，援額被進一步的重新估算，最後經援部分撥用的是 2.75 億美金，原來 1.25 億的特別贈款不變，援華總金額被削減至 4 億美元。〔註59〕此外，還有一項規定：以不超過總撥款的 1/10 用於「中國農村復興計畫」，成立「中國農村復興（中美）聯合委員會」，在美國經濟合作總署署長和管理下進行工作。〔註60〕

第三節　經濟合作總署中國分署的成立、組織與運作

　　1948 年 4 月美國國會通過「1948 年援華法案」，其執行機構為新設的「經濟合作總署」，其單位負責人位階高於各部會首長，可直接向總統報告，為了避免重複監督，負責人要向國務卿報告，若涉及全面的外交計畫，也要徵求國務卿的意見，遇有二人合力仍不能解決得問題，則呈報總統做最後決定。〔註61〕經合署成立目的，根據經合署中國分署新聞處於 1949 年 6 月所發佈的《美國經合署的援華工作》表示：「在擊敗德、義、日三國的殘酷戰爭結束之後，美國隨即創立了經濟合作總署，以協助世界上自由的人民，恢復和平生產與安全之途徑，並加速它們經濟上之獨立。……中國及歐洲 16 個國家，加上西德及朝鮮，由是獲得了援助以產建與復興他們的工業、運輸與農業。」雖然美國瞭解，要拯救中國，始終還是要靠中國人民本身的努力，然而經合署的援華計畫，其目的乃在於盡量給予中國長遠的利益，而非給予逐日之救濟。原計畫中，有 1/4 係關於工業之建設與補充。只有 1/10 用於農業之建設。為完成此項計畫起見，經合署運出各種貨物，以盡更大之努力，補助和改進中國生產及運輸工具。〔註62〕

〔註58〕王綱領，〈1948 年的美國「援華法案」〉，頁 131。
〔註59〕Grace M. Hawes, *The Marshall Plan for China, Economic Cooperation Administration, 1948～1949*, p.24.
〔註60〕王綱領，〈1948 年的美國「援華法案」〉，頁 132。
〔註61〕James A. Fegtzer, *Congress and China, 1941～1950*, Ph. D. Dissertation, Michigan State University, 1969, p.161；王綱領，〈1948 年的美國「援華法案」〉，頁 132；資中筠，《美國對華政策的緣起和發展，1945～1950》，頁 171～172。
〔註62〕美國經濟合作總署中國分署新聞處，《美國經合署的援華工作》，（美國經合署中國分署新聞處，1949），頁 1。

1948 年 3 月，美國總統杜魯門簽署通過馬歇爾計畫，並且成立經濟合作總署做為此一計畫的執行機構。經合署（ECA）負責人為保羅・霍夫曼（Paul G. Hoffman）；哈里曼（William Averell Harriman）負責歐洲部分，克里夫蘭（Harlan Cleveland）負責中國部分。而經合署中國分署代表的人選一直深受國府的重視。根據當時駐美大使顧維鈞於 1948 年 4 月 22 日的電文：「美即派經濟代表團來華，主辦貸款事宜，團長人選週內決定，聞魏德邁、饒伯森、蒲立法均在候選人之列，惟彼等不願擔任。此外在考慮中者為柯克上將、麥克利魯、克里富蘭、前上海總領事台維斯、前中國戰區後勤司令奧蘭德、前我國經濟顧問巴勒及上海電力廠主計人霍布金斯等……」〔註63〕最後在商業部的企畫諮詢會議上，推選賴普翰（Roger D. Lapham）擔任經濟援外署駐華代表團團長，而在他領導下則有一個龐大的工作團隊和各種「考察團」。

賴普翰，1883 年於紐約出生，1905 年哈佛大學畢業，1925 年擔任美國夏威夷輪船公司總裁，他把岌岌可危的夏威夷輪船公司總部移至舊金山，並成功的恢復公司過去的榮景。二次大戰期間，他身為國家戰爭勞動局（National War Labor Board，NWLB）的一名成員，並且於 1944 年當選舊金山市市長。這位成功的商人曾經到過中國兩次，在 1937 年曾在北京跟上海度過 3 週，並於 1947 年環遊世界時短暫停留過中國。但是賴普翰承認他並不是位中國通，也並非很瞭解中國這個國家，他希望能透過他的管理長才來使美國援助中國計畫施行能夠更具效率。〔註64〕而當時駐美大使顧維鈞回電外交部如此提到賴普翰：「……此君為舊金山前任市長、桓著聲譽、並曾擔任國防戰務，舊金山與中國關係尤為密切，其允赴華任職，深引為幸……」〔註65〕而美國駐華大使司徒雷登這樣形容他「賴普漢奉派為駐華經濟合作總署署長，是一件愉快的事。他的溫和外貌和誠懇談吐，安全地遮掩了他辦事的精明，每一個人都和他有來往的人都非常敬重他。」〔註66〕

在賴普翰啟程至中國之前的兩個月，他和他的工作計畫團隊仔細的研擬

〔註63〕「駐美大使顧維鈞電外交部 1948.4.22」，外交部檔，〈美國經濟合作總署 ECA〉，檔號：475.1/0001，頁 9。

〔註64〕 Grace M. Hawes, *The Marshall Plan for China, Economic Cooperation Administration, 1948～1949*, p.35.

〔註65〕「駐美大使顧維鈞華盛頓發文 599 號」，外交部檔，〈美國經濟合作總署 ECA〉，檔號：475.1/0001，頁 10。

〔註66〕司徒雷登著、閻人俊譯，《在中國五十年：司徒雷登回憶錄》（下），頁 34。

即將於中國施行的援助工作計畫，很快的他們發現「聯合國善後救濟總署（UNRRA）」的中國經驗可以提供他們很好的借鏡。從「聯合國善後救濟總署」的經驗，經濟合作總署官員們期望避免成為中國共產黨的攻擊目標，尤其當他們瞭解「聯合國救濟總署」的報告之後。新計畫希望能夠避開國際組織在中國已遇到的問題，而將重點自始至終放在監督援助物資的使用上，在碼頭上的供應避免浪費或落入不適合的人手中。

　　1948 年 4 月 3 日援華法案通過之後，國務院立即擬定援助中國計畫，並於 5 月 7 日予以通過。〔註67〕此項援助計畫分為「食品及日用品（商品）」、「工業重建」、「農業復興」三個方面：

　　首先關於「食品及日用品」計畫，這方面將侷限在一些對難民有直接用處的基本項目，它們會被分發到一些特定的沿海城市，由經合署仔細的監督分配，並將救濟情形做成定期報告。這些都市分別是上海、天津、北京、廣東、汕頭和南京。而這項救援物資，美國將以完全贈與的方式，提供中國資金向美國購買食物及民生必需品，主要購買的商品有：糧食、種子、棉花、石油、煤、肥料、醫藥及農藥等。其中糧食將被運載至每個分配站並且根據配給計畫分發，棉花與石油將滿足特定紗廠的需求，做為工業復興及運輸之用。其採購量及分配方案都由經合署中國分署「審慎籌畫」，確保其「有效的管制」。

　　「工業重建」計畫方面，工業重建及重置機器這兩部分，將朝「小、準確、可控制」的方向進行。中國工業的總體重建將花費數十億美元，這將超過「中國援助計畫」所提供的。因此，計畫者決定將重點擺在中國工業重建所面臨最緊迫的問題上；即煤的提供、電力設備及鐵路交通的復原上。為完成此項主要任務，經合署先派遣了一個特別組成的復興調查團赴華調查。調查過程中，負責調查任務的官員認為中國需要更多的技術人員，因此建議雇用一家美國工程顧問公司建立計畫並訓練中國人員。

　　至於第三部份「農業復興」計畫，經合署對它的監督和其他計畫一樣細緻。主其事者為由一個中美共派委員組成的共同委員會。這委員會將專注於一些如何在最短時間內創造更大利益的農村復興計畫上。〔註68〕

　　經濟合作總署中國分署的工作一直到 1948 年 12 月 21 日才正式成立。賴

〔註67〕 William Adams Brown Jr. & Redvers Opie, *American Foreign Assistance*, p.335.
〔註68〕 *The China White Paper*, pp.1010～1012.

普翰抵華之前，美國仍持續對華援助。援助工作由聯合國救濟總署（UNRRA）
來運作，小部份則是由美國對華軍需生產協助使團（United States War
Production Missionto China）同時進行。〔註69〕此外，美國在中國還有一個
「美國援華救濟委員會（The China Relief Mission）」，負責執行美援 4500 萬
美元的「臨時援華方案」。〔註70〕經濟合作總署中國分署成立後，從該委員
會接收過來之任務，主要包括該委員會剩餘物資之點收與分配，保管出賣該
項物資所得之剩餘利益，以及執行和結束該委員會所同意的各項地方貨幣方
案。1948 年 6 月 30 日時，援華救濟委員會餘下食米與麵粉約有 2 萬 5 千噸，
價值約為 380 萬美元。此項米麵皆為經合署所接收，並在其監督之下以配給
之方式予以分配。此外在美國尚訂購價值 460 萬美元之醫藥器材及 67 萬美
元之殺蟲劑，預計經合署援華計畫初期交付。在經合署接收時，援華救濟委
員會之當地貨幣帳目中，實際上並無現金盈餘。然而，260 餘種計畫，如河
堤修理與難民救濟等，均已實施。其所需經費，原係基於出賣該委員會上位
分配之米麵所預料之所得者。根據此點，經合署乃負起有系統完成結束此項
計畫之責任。〔註71〕

　　1948 年 6 月初美國派遣兩個調查團抵華實施對華援助工作。一為經濟合
作總署所派之人員，負責執行中國分署的籌辦工作，這部份大多為經濟合作
總署中國分署成員，由賴普翰所領導；另一為復興計畫調查團，由史迪曼
（Charles L. Stillman）領導，研擬工業建設各項計畫。〔註72〕根據「時代之父」
魯斯（Henry Luce 或名路思義）在 5 月 25 日告知蔣廷黻的，「史迪曼（Chares
Stillman）係原為時代雜誌社副社長，歷年主張援華。魯斯極讚其能，並稱司
氏之成敗乃美利堅合眾國親華派之成敗。查美援案中有六千萬指定為經濟建

〔註69〕 王綱領，〈1948 年的美國「援華法案」〉，頁 132。
〔註70〕 1947 年 10 月 27 日，由國府外交部政務次長劉師舜與美國駐華大使司徒雷登
　　　　 在南京簽署《關於美利堅合眾國救濟援助中國人民之協定》（簡稱「中美救濟
　　　　 協定」），主要內容為：美國政府應國府請求，並依據美國第 80 屆國會第 84
　　　　 號法案，向中國提供若干生活基本必需品之援助；此項物資由國府及雙方同
　　　　 意的在華志願機構分配，美國代表有直接監督及管理之權；此項物資在中國
　　　　 出售的價格由兩國商訂，所得款項用於中國救濟及工賑；此項物資及製成的
　　　　 物品應盡量於顯著部位予以標記、戳記、烙印或貼簽，使最後消費者獲悉係
　　　　 由美國供給等。參見石源華《中華民國外交史辭典》，頁 125。
〔註71〕 美國經濟合作總署中國分署新聞處，《美國經合署的援華工作》，頁 7～8。
〔註72〕 「Stillman 等來華事」，外交部檔，〈美國經濟合作總署 ECA〉，檔號：
　　　　 475.1/0001，頁 46。

設之用，司氏現奉美政府命於下月初來華研究用途，此款雖爲數有限，惟如處理得法，以後可望增加。」〔註73〕調查團抵華的主要任務，根據駐美大使顧維鈞於 5 月 18 日的回電外交部與霍夫曼商討美援實施的各種細節時提到「……建設方案考察團約有十人包括各種工程師四人約月底啓程赴華，主要任務係與我政府商討具體方案，俾建議於執行長官決定；到時一部份團員分批前往我國各處考察……」〔註74〕另外，賴普翰將在上海尋覓適合的住宅，一開始希望能以魏德邁將軍於上海的故居作爲棲息之地，但當時此住所已爲美軍軍事顧問團所用，因此賴普翰等人抵華後將先暫住上海華懋飯店，然後再尋找適當房屋作爲辦公地點。〔註75〕賴普翰、史迪曼等人於 6 月 7 日抵達上海，籌備經合署中國分署工作組織之基本工作。中國方面由上海市長吳國楨、中國銀行總裁俞鴻鈞、中國銀行副總經理貝祖詒暨此間中美機關代表均到場迎接，〔註76〕可見中國對此代表的重視程度了。

　　在經過將近一個月的籌備，經濟合作總署中國分署工作組織之基本工作，於 7 月 1 日始告完成。〔註77〕1948 年 7 月 3 日，中美雙方由外交部長王世杰與美國駐華大使司徒雷登在南京簽訂了《中華民國政府與美利堅合眾國政府關於經濟援助之協定》（以下稱爲「中美經濟援助協定」）。約首明白指出，美國政府乃依照《1948 年援華法案》之規定，對中華民國人民及政府提供經濟援助。而援華法案第 405 節係因不滿中國對美國商號待遇之歧異而採用，依照此節規定，中國政府必須承諾改善與其他各國的商務關係，尤以足以影響私營企業經營之貿易爲重要，並對輸入及外匯兩項事務做公平統一之管理。〔註78〕這項協定共有 12 條，附件 3 條，其中第二條還特別強調「採取必要措施以保證有效及切實使用其可利用之經濟資源於與本協定目的相符之用途」。〔註79〕

〔註73〕「蔣廷黻發文」，外交部檔，〈美國經濟合作總署 ECA〉，檔號：475.1/0001，頁 31～32。

〔註74〕「駐美大使顧維鈞華盛頓發文 635 號」，外交部檔，〈美國經濟合作總署 ECA〉，檔號：475.1/0001，頁 26。

〔註75〕「上海辦事處電 6.2」，外交部檔，〈美國經濟合作總署 ECA〉，檔號：475.1/0001，頁 47～48。

〔註76〕「上海辦事處電 6.7」，外交部檔，〈美國經濟合作總署 ECA〉，檔號：475.1/0001，頁 56。

〔註77〕美國經濟合作總署中國分署新聞處，《美國經合署的援華工作》，頁 5。

〔註78〕William Adams Brown Jr. & Redvers Opie, *American Foreign Assistance*, p.335.

〔註79〕「中美雙邊經濟協定」，外交部檔，〈美國援華之經過〉，檔號：471/0028，頁 50～60；〈中美雙邊協定全文〉，《中央日報》第 2、3、4 版，民國 37 年 7 月 4 日。

　　經合署中國分署總部設於上海，並在南京、北京、天津、青島、廣州及
台北設置辦事處。中國分署業務開始時，將其 2 億 7 千 5 百萬美元暫行分配
如下：〔註80〕

棉花	＄70,000,000
石油	＄50,000,000
食糧	＄70,000,000
建設與補充	＄70,000,000
肥料	＄13,800,000
行政	＄1,200,000
共計	＄275,000,000（美元）

資料來源：美國經濟合作總署中國分署新聞處，《美國經合署的援華工作》，頁 5。

　　除了各地辦事處外，經合署中國分署還爲了其三個計畫分別設置機構，「食
品及日用品」在糧食、石油、棉花、肥料的補給各選派人選負責；而在「工業
重建」及「農業復興」計畫由於需要專業人才規劃及執行，因此分別設置「工
業重建和替換共同委員會（The Joint Committee on Industrial Reconstruction and
Replacement，簡稱爲 JCIRR）」及「農業復興聯合委員會（The Joint Commission
on Rural Reconstruction，簡稱之爲 JCRR）」兩個專門機構加以執行。以下分述
之：

一、工業重建和替換共同委員會

　　工業重建和替換共同委員會爲美國對中國工業援助的最主要機構，於
1948 年 7 月 13 日在南京成立。其成員除了由史迪曼所領導的工業調查團成員
外（包含運輸工程師、電子工程師、經濟學家），也包含中國工業發展相關部
門官員，如經濟部長、交通部長以及美援會副秘書長等。1949 年經合署中國
分署撤遷臺灣後，更加入臺灣省政府代表。會議的決議是透過討論而非多數
決，吉米懷特工程顧問公司（J. G. White Engineering Corporation）必須派員參
與定期會議，而會議的秘書工作則由美援運用委員會負責。

　　因爲涉及到中國的工業重建和發展，工業重建和替換委員會主要的功能
在於提供美國經濟援助方面的考慮與諮詢，而制訂出最適宜中國工業發展及

〔註80〕美國經濟合作總署中國分署新聞處，《美國經合署的援華工作》，頁 5。

有效運用美國協助的指導方針。並且由委員會指揮吉米懷特工程顧問公司與中國政府的工業和經濟部門密切合作，尤其遷台後與臺灣生產委員會（Taiwan Production Board）的合作。〔註81〕

二、農業復興聯合委員會

　　1948 年，美國國會討論援華法案時，中華平民教育促進會晏陽初提出鄉村復興對中國的重要性，並向美國國務卿馬歇爾提出一份備忘錄，建議在中國成立聯合委員會，並於經濟援華款項內提撥 10%作為農村復興方案之經費，同年 3 月美國國會特於援華法案中，將「中美合作復興中國農村」列入援華法案中。依該法案規定，中美政府於 1948 年 8 月協議設置農村復興共同委員會。同年 10 月，農村復興聯合委員會正式於南京成立。

　　農業復興聯合委員會為一個半自治組織，由美國總統任命兩名、中國總統任命三名委員共同組成委員會，並由一名中國委員擔任主任委員。農復會之工作政策為遵從行政院長及美國經濟合作總署署長之指導，配合經合署中國分署的工作計畫與預算原則，並由美國總署做最後核定。換言之，農復會為美國經濟合作總署中國分署之農業部門，負責制訂及執行中國農村復興計畫，並以經費與技術協助各級政府機關及團體。農復會成立後的基本目標為：（1）改善農民生活狀況；（2）增加糧食及重要作物之生產；（3）發展農民潛力建設農村；（4）協助各級政府增強農村建設工作；（5）培養各級農村建設人才。而在國府遷台後，農復會的工作重點除了增加主要作物生產量及改善農村多數人民生活外，並積極計畫改進林業及培訓農村所需各級人才。

　　美援期間經建計畫下之農業經費，除分別由各級政府機構分擔以外，不足之處，由農復會補足或由專案申請美援協助，並協助各地方人民團體推行復興農村工作，其中尤其重視技術指導，所以農復會所推行的計畫，經常有專家不斷至實施地區視察指導。此外，對於發展農村建設之潛力亦極為重視，並鼓勵人民自助精神，以自力建設地方。農復會的工作範圍為農業部份，並配合政府經濟建設計畫，適時給予技術與經費的援助，其中包含了農業、漁業、林業、畜牧、鄉村衛生、教育等各方面與農村有關的事務。

〔註81〕U.S. Mutual Security Agency, *Mission to China, Economic Development on Formosa 1951～1952*, p.16.

另外，爲建立中國政府與經合署中國分署間有效與有規律之聯繫，中國政府也早於 1948 年 6 月 4 日組織「美援運用委員會」（Council for United States Aid，CUSA），作爲兩者間調協執行之機構。該分署與美援運用委員會定期舉行會議，檢討並釐訂計畫執行之方案。委員會主委由行政院長擔任，副主委爲財政部部長，成員有外交部部長、交通部部長、中央銀行總裁（遷台後同時爲臺灣銀行總裁）、全國資源委員會主席（遷台後由經濟穩定董事會的執行秘書取代）、上海市長（遷台後爲臺灣省主席所取代）及臺灣財政廳廳長，並設秘書長及副秘書長爲委員會的首席執行官。〔註 82〕1949 年 6 月，爲了有效運用美援臺灣物資以建設臺灣，使臺灣達到「自救」的目的，還成立了一個由省政府、經合署及美援會聯合組成的「臺灣美援聯合會」（Taiwan Joint Committee on United States Aid）。10 月，美援會正式從大陸遷來臺灣，與當時的經濟合作總署中國分署合作，開始正式辦理美國援助臺灣的各項計畫。

美援會對美援運用的基本原則有二：一爲須配合美國援外政策轉變的趨勢，尋求因應之道；二爲須配合我國建設之需要。〔註 83〕爲了有效的執行美援運用的任務，美援會的職責範圍如下：

（一）編排及審查所有的美國經濟援助項目。

（二）採購、接收、儲存及分配美國經濟援助商品。

（三）收取、保管和利用援助銷售所得款項。

（四）報告、彙編統計、提供訊息以及監督援助項目。

（五）與經合署中國分署協調和聯絡。

（六）美國經濟援助其他相關事宜。〔註 84〕

在前面章節討論美國對華援助計畫案時，曾提到美國通過《1948 年美國援華法案》時即要求中國政府必須進行徹底改革，爲國府所拒，但後來將具體的改革要求寫入援助協定之中。國務院在 1949 年這樣解釋：

> 此將使美國政府試圖強迫中國政府爲自己的利益而去發動某些改

〔註 82〕美援運用委員會初期成員包含有美援會主委爲行政院長翁文灝，秘書長鄭道儒，委員包括外交部長王世杰、財政部長王雲五、交通部長俞大維、中央銀行總裁俞鴻鈞、全國資源委員會主席陳闓元、上海市長吳國楨、臺灣省財政廳長嚴家淦等人。

〔註 83〕美援運用委員會新聞處，《中美合作經濟概要》（美援運用委員會，1960），頁 69～70。

〔註 84〕U.S. Mutual Security Agency, Mission to China, *Economic Development on Formosa 1951～1952*, p.15.

革……事實上，也唯有中國政府自己發動才能有效的實行。〔註85〕

這項協議，與同時間美歐簽訂的協議有些不同，主要差別在於物價管制、分配，並試圖解決中國通貨膨脹的問題。舉例來說，中國政府同意一種「協議原則（principle of jointness）」，也就是每一項援助計畫皆是中美雙方共同協議下的產物。雖然這會影響到管理部門運作的延遲，但這是美國避免能將所有責任獨攬上身，並且可以保留部份的控制唯一方式。爲了解決通貨膨脹問題，中國政府同意一種「相對基金（The Counterpart Fund）」或稱爲「當地貨幣之特別存款」，是中美經濟合作協定中的另一項特點。〔註86〕此項存款，一方面可供給當地貨幣，做爲中國國內必要支出時之用，一方面可節省美元，以留做在海外中國國幣不通用時之支用。根據此項協定之條款規定，中國對於美國每次給予之援助，可依照美元之比值，將相等價值之一筆當地貨幣存入該項特別存款中。

但這種事實上同值對比的特點，卻使很多中國人產生誤解，以爲中國是實付代價以獲取美元資助之產品，因此以爲所謂的「援助」只不過是一名實相背而荒謬無稽之詞而已。但實際情形並非如他們所想的那樣，事實上所有上述的中國存款，均須在中國消費，以達到下列之目的：例如支付農村建設之計畫，緊急購買國產糧食充作配給之計畫，若干經審愼釐定之水利、衛生、醫藥、福利、農村改進以及公共事業之計畫。而必要時尙需支出款項，以謀在工業補充建設計畫下確保主要器材之迅速裝置以及適當運用。此外，此款項尙需支付私人救濟品運抵中國之費用以及支付經合署中國分署與美援運用委員的行政經費。存入款項於此項特別存款，必須經中國分署之請求始可行之。而且在此特別存款項下的支出亦必須獲得經合署與美援運用委員會兩者同意才能使用。〔註87〕

特別存款，係在支出前短期內索取存款，以防止因貨幣貶值而遭受之損失而引起財政赤字之增加。因此所有一切由特別存款資金輔助的計畫，均需加以謹愼審查，以免金錢支出過於輕率而遭受通貨膨脹的惡果。克里夫蘭在1949年1月這樣說道：「如果沒這樣做，ECA價值2000萬美元的第一批運送物資，現在已經貶值至相當於50萬美金了。」〔註88〕由於適當的運用，此由

〔註85〕 *The China White Paper*, p.394.

〔註86〕 Grace M. Hawes, *The Marshall Plan for China, Economic Cooperation Administration, 1948～1949*, p39.

〔註87〕 美國經濟合作總署中國分署新聞處，《美國經合署的援革工作》，頁11。

〔註88〕 Grace M. Hawes, *The Marshall Plan for China, Economic Cooperation Administration, 1948～1949*, p39.

經合署與美援運用委員會聯合管理的特別存款，曾使無數有價值之機構及計畫，得免於通貨膨脹及內戰的影響而繼續其活動。〔註89〕

　　賴普翰爲了協助他執行管理任務，他找了他的老朋友葛里芬（Robert Allen Griffin）擔任經合署中國分署副署長。葛里芬 1893 年生於密蘇里州堪薩斯市，史丹佛大學畢業，在史丹佛就學期間，正值一次世界大戰期間，他說服了學校官員在校園內成立了「第一公民軍事訓練營（the first Citizens' Military Training Camp）」，在 1917 年畢業後，隨即加入陸軍參與第一次世界大戰。1919 年，葛里芬從軍中退伍，成爲波特蘭俄勒岡波特蘭雜誌的記者，並於稍後成爲波蘭去美的第一位部長 Lubomirski 王子的秘書，往後兩年，格里芬在紐約擔任波蘭信息局主任，並作爲美國波蘭商會經理。1921 年底，他在蒙特里半島創辦了「先驅報」。1941 年，珍珠港事變發生前六個月，葛里芬重新加入陸軍，在戰爭期間擔任班・李爾（Ben Lear）中將麾下的公關部官員。作爲團長，他轉戰諾曼地、布列塔尼、比利時和德國，並於法國布列塔尼 Messac 中受傷而獲的勳章。〔註90〕1945 年，他回到了「先驅報」，直到賴普翰找他到中國擔任經合署中國分署副署長爲止。駐美大使司徒雷登形容他是一位「講求實際精神和理想主義的結晶」。〔註91〕格里芬在任務結束後，在他的報紙，寫了有關中國一系列文章，當中描述了中國的局勢，以及他擔任 ECA 官員的相關經驗。雖然他在接受這個任務前未曾到過中國，但他是一個有眼光的觀察者，並且有如之前的其他人一樣，他帶著對中國人民的尊敬離開中國。格里芬這樣描述：

> 他們耐心渡過了幾千年，透過他們自己的能力，培養出一種充滿質地的優良文明，幾個世紀以來，它的影響力已經深深地影響文明世界的藝術和手工業。通過數千年來歷史上競爭，他們一直保持著特有的民族特性。他們有能力從無盡的痛苦中反彈，一種令人驚嘆的幽默感振作著他們，他們是世界上最大且學習能力強的勞動資源，雖然他們貧窮、衰弱和文盲──他們是一個眞正偉大的和令人欽佩的的民族。〔註92〕

〔註89〕美國經濟合作總署中國分署新聞處，《美國經合署的援華工作》，頁 11。
〔註90〕參自「Media Museum of North California」網頁
http://www.norcalmediamuseum.com/index.php?option=com_content&view=article&id=108&Itemid=104, 2012.07.24。
〔註91〕司徒雷登著、閻人俊譯，《在中國五十年：司徒雷登回憶錄》（下），頁 34。
〔註92〕R. Allen Griffon, "China Changes Dynasties," Monterey Peninsula Herald, Auguest 17, 1949. Griffin Papers Box2.

　　雖然葛里芬和賴普翰不認為這是什麼大事，但他們都希望在 1948 年 6 月承擔的援助計畫，能夠對令人敬重的中國人有所幫助。此外，他們希望美國過去的援華經驗，能改善運行的效率和務實的操作。由於他們兩個人都是事業有成且擁有財富的人，因此任務的挑戰才是他們最大的報酬。他們來到令人興奮的國度——中國，在那裡他們可以利用他們在美國的經驗跟智慧一展長才。就有如葛理芬寫給她女兒的信提到的，這是一個「加入決策並執行的歷史之中」的機會。﹝註93﹞在中國的這些日子裡，他們的足跡遍佈整個中國，盡力的完成他們的使命及滿足他們接受的挑戰。

　　賴普翰和在中國的其他代表們與中國政府溝通協商，並負責與華盛頓辦事處接觸聯絡；葛里芬則以他多年在報社的工作經驗，負責經合署的公關事務。兩人也一起分擔日常計畫的經營，及每個不同辦公室工作的監督責任。賴普翰坐鎮於經合署上海總部，而在北京、天津、青島、廣州、南京及臺灣的台北皆派有工作人員及顧問在當地成立分署。而這些分署每周、每半月、每個月向總部報告當地的活動及工作情形。每個月累積的月報再由上海總部寄至華盛頓，包括「食品及日用品」計畫中的物資抵達、物資使用情形、庫存狀況，並且報告工業重建及農村復興計畫的進度。除了工作狀況的報告外，報告還包括經合署在中國工作所遭遇的狀況，對一起工作中國官員（職員）的看法，經合署在中國的工作成效，並且對華盛頓當局提出關於美國政策的建議及請求。由於經合署的成員當中許多是過去在中國進行援助工作的成員，因此他們的紀錄對於賴普翰以及華盛頓領導人在制訂對華政策時特別有幫助。

　　1949 年共軍渡過長江，國府岌岌可危。5 月 26 日，美援機構部份遷台，人員建置方面也有所調整，5 月 27 日上海淪陷後，美援的運用僅存臺灣部份，因此經合署分署將自 90 人裁減至 30 人左右，美援會將從 75 人裁減至 30 人。相對的，農復會組織因為工作量的關係將擴大組織。由於在韓戰前美方還不確定是否全力保衛臺灣，因此工作重心擺在農業復興方面。至於工業復興方面，則僅限於過去的電力及交通上的重建上。根據國史館所出版的《農復會史料》上面所載的「美國經濟合作總署中國分署組織表（1949/11/3）」來看，當時經合署不僅僅將工作重心放在台灣，而其成員也大多為農復會成員所兼

<hr>

﹝註93﹞ Grace M. Hawes, *The Marshall Plan for China, Economic Cooperation Administration, 1948～1949*, p.41.

任，尤其當時的中國分署署長，更是由農復會委員穆懿爾（Raymond T. Moyer）所擔任。

　　穆懿爾，1899 年於賓州出生，1917 年進入奧柏林學院（Oberlin College），在奧柏林求學時間，穆深受宗教學程的影響，因而有了服務人群的信念。1921 年畢業後，穆懿爾被歐柏林山西紀念學院（the Oberlin Shansi Memorial Association，又稱爲歐柏林 OSMA）送至中國山西省太谷基督教銘賢學校教授英文。在此期間，他對於農民的貧困感到關注，引發他對農業改革的興趣。1925 年，他回到美國進入康乃爾大學主修農業，1927 年取得農經碩士後，他再度回到了太谷，並且在太谷建立改善山西農業技術的農業計畫，這計畫後來成就了山西農業大學的成立。1939 年，穆懿爾回到美國，並於 41 年康乃爾大學取得農經博士學位，雖然想再回到中國服務，卻因二次大戰的爆發而中斷與銘賢學校的正式關係。1948 年，穆懿爾被任命爲「中美農村復興聯合委員會」委員，1950 至 1951 擔任經合署中國分署署長。〔註 94〕

小結

　　1947 年 7、8 月間，鑑於國民黨統治陷入嚴重的危機，魏德邁以美國總統特使的身份奉命來中國進行調查。在經過一個月的考察後，魏德邁返美後於 1947 年 9 月 19 日向杜魯門提出了一個長達 10 萬餘字的調查報告。報告中分析了中國當時的政治、經濟、軍事形勢和社會文化狀況，以及國府全面而深刻的危機。並指出爲了美國的戰略利益，絕不能聽任中國局勢的惡化，而必須採取「積極的方法」和「迅速的行動」。從這一觀點出發，報告內容中主要建議有三：（1）美國應給予中國立即與充分的軍援，並派遣一萬名顧問人員；（2）美國應給予中國爲期五年之經援，同時美國應派遣經濟顧問協助國府改善經濟；（3）建議東北地區由五國共管，如果蘇聯拒絕，就由聯合國託管，但這一建議要由中國自己提出。

　　這一報告不僅博得國會中親蔣份子的一片喝采，也深深觸及了杜魯門和馬歇爾最敏感的神經，使他們不得不承認如果美國對中國政府表示全無信心，並且拒絕中國政府關於援助的請求，那是違背美國利益的。然而這樣的說法卻依舊未能打消這些決策者對於「軍事」援蔣的疑慮，他們無論如何也不

〔註 94〕 參「Oberlin College Archives」網頁，http://www.library.yale.edu/div/colleges/oberlin/biographies/moyer_raymond.html, 2012.07.24。

願輕易讓美國捲入中國內戰太深而跟隨蔣介石冒險。1947 年秋，國府在東北戰場吃緊，司徒雷登及顧維鈞向國務院告急，美國國會中的中國集團亦不斷施壓，或親往中國調查而返美撰文攻擊。馬歇爾國務卿於 11 月國會參眾兩院外交委員會的聽證會上，在提出「歐洲復興計畫」的同時，首先提出要求國會通過援華撥款的建議。在經過國務院與國會一連串的溝通與修正後，援華法案終於在 1948 年 4 月 2 日通過，總數為 4.63 億美元，其中包含 1.25 億美元為「特別贈款」，由中國政府自行規定其使用，然最後通過援助金額為 4 億美元。

　　1948 年 3 月，美國總統杜魯門簽署通過馬歇爾計畫，並且成立經濟合作總署做為此一計畫的執行機構。經合署總署署長為霍夫曼，中國部份由克里夫蘭負責，中國分署代表則為一位舊金山的成功商人賴普翰，而葛里芬為副署長。在賴普翰啟程至中國之前的兩個月，他和他的工作計畫團隊仔細的研擬即將於中國施行的援助工作計畫，很快的他們發現「聯合國救濟總署（UNRRA）」的中國經驗可以提供他們很好的建議。從「聯合國救濟總署」的經驗，經濟合作總署官員們期望避免成為中國共產黨相似的攻擊目標，新計畫並希望能夠避開國際組織在中國已遇到的的問題，而將重點自始至終放在監督援助材料的使用上，在碼頭上的供應避免浪費或落入不適合的人手中。此項援助計畫分為「食品及日常用品（商品）」、「工業重建」、「農業復興」三個方面。

　　1948 年 6 月初，美國派遣調查團抵華實施對華援助工作。1948 年 7 月 3 日，中美雙方由外交部長王世杰與美國駐華大使司徒雷登在南京簽訂了《中華民國政府與美利堅合眾國政府關於經濟援助之協定》，約首明白指出，美國政府乃依照《1948 年援華法案》之規定，對中華民國人民及政府提供經濟援助。另外，為建立中國政府與該分署間有效與有規律之聯繫，中國政府也早於 6 月 4 日乃組織「美援運用委員會」（CUSA），以為兩者間調協執行之機構。經合署中國分署總部設於上海，並在南京、北京、天津、青島、廣州及台北設置辦事處。

　　為了解決通貨膨脹問題，中國政府同意一種「相對基金」，是中美經濟合作協定中的另一項特點。根據此項協定之條款規定，中國對於美國每次給予之援助，可依照美元之比值，將相等價值之一筆當地貨幣存入該項特別存款中。經合署中國分署之業務，係在支出前短期內索取存款，以防止因貨幣貶值而遭受之損失而引起財政赤字之增加。

　　經合署中國分署不僅組織相當完備，而領導人葛里芬、賴普翰及穆懿爾都希望他們在中國的工作能夠對中國人有所幫助。他們不是為官位、不是為錢財，只抱持著為中國這地方做些幫助。所以當華府、國府與中共之間有任何政治考量時，他們都會摒除一切，盡量做出對人民援助的最好決定，並積極向華府爭取最佳的援助方案。

第四章　食品及日用品計畫

第一節　食品的援助

　　1948 年援華法案實施之後，中國情勢在短期間內似無顯著改變的可能。於是經濟合作總署集中全力推進救援計畫。最初計提存援款約 7 千萬美元，續辦援華救濟委員會（CRM）所遺留的上海、北平、天津、青島、南京、廣州及汕頭等七個城市的糧食配給計畫，並另舉辦緊急施糧計畫。〔註1〕此項糧食計畫旨在協助此等工商業中心渡過難關，直至其恢復自行購買糧食之能力為止。在過去，此等工業城市尚有自行購買糧食的能力。但戰後中國，由於工業的脫節、中國內戰與通貨膨脹等問題，沿海都市的糧食問題日益加深。加上外匯資源短缺，國府不得不亟需第三國的援助，以防止飢餓死亡的大量出現，更必須防備千萬人民向糧食也已發生短缺的內地流動之可能性。因此經合署擬定一連串的援助計畫，以解決中國沿海工業城市糧食短缺問題，此糧食配給制度的特殊目的有：（1）保證糧食分配之公平；（2）協助穩定社會治安；（3）防止囤積居奇；（4）防止投機；（5）防止糧食漲價。雖然經合署此援助計畫著重於常患缺糧的沿海城市，然而內地的中國人民也間接蒙受其利，因為經合署只要運抵中國沿海之食米一噸，即中國內地可為其自身保留一噸之食米。〔註2〕

　　原本中美兩政府協議，由 ECA 提供 40％的食品，而 60％則由中國向中

〔註 1〕William Adams Brown Jr. & Redvers Opie, *American Foreign Assistance*, p.337.
〔註 2〕美國經濟合作總署中國分署新聞處，《美國經合署的援華工作》，頁 27～28。

國當地農村收購。中國的美援運用委員會也隨即成立「緊急食品採購公署」
（Office of Emergency Food Procurement, OEFP）為此計畫取得供應，而政府
的糧食部（Ministry of Food, MOF），也將予以援助。由經合署與國府機關同
意的計畫中預定，第一季（1948 年 7 月至 9 月）的供應將由經合署與美援運
用委員會（包括 OEFP 與 MOF）提供；第二季（1948 年 10 月至 12 月），在
秋收之後，主要將由中國提供。而接續的 1949 年前二季，糧食收購的責任將
再次共分，經合署盡量避免國府赤字的再現。〔註3〕

　　這項糧食計畫，係運用配給制度實施之。而配給制度，則是在 1948 年 3
月由援華救濟委員會與國府合作所建立，而由經合署中國分署接續推動。這
項糧食計畫，由每一個城市的市糧食委員會負責執行，該委員會的組成份子，
包括市府官員及中國糧食部與美援運用委員會的代表。經濟合作總署則派員
參加每一糧食委員會的每週會議，並參與配給問題的研討與政策的釐定。糧
食委員會只負責執行該項糧食計畫。根據此項計畫，規劃的七個城市中的 1,270
萬人口，可保證每月每人至少可獲得 17 磅半平價食米或麵粉。〔註4〕

　　鑑於以往的經驗及迭次之失敗，經合署中國分署特別制訂詳細辦法以加
強供應物資的管理，自到岸之時起，以迄於最後使用為止。例如將由國府管
理的糧食計畫，於物資到達時，應先由經合署人員查對，再經由可靠的商號
點交美援運用委員會，或由運輸機構負責運交該會，等到運到糧食店鋪時又
再清點一次，物資在轉運途中則由經合署、美援會或者各地省政府所派之武
裝警隊護送。在每一城市內經合署設置調查組，配備精選的人員監督物資的
儲存與點交、店鋪帳目、售存數量、報表之編送以及配給卡制度之實施。而
當地糧食委員會則會雇用視察人員，並鼓勵市民檢舉弊端以資配合。〔註5〕然
而，就有如之前推行的計畫一樣，這個計畫的實施無法如預料的樂觀。

　　起初，經合署透過設立的倉庫和零售商店來進行糧食配給和發售，主要
是希望這些從糧食銷售的利潤，可以使中國人購買更多的糧食。然而，這希
望很快的就破滅了，因為採購糧食及付款讓經合署與國府陷入難以置信的困
境中。事實上，這項計畫就有如其他的援助計畫一樣，難以避免陷入中國日
趨惡化的經濟問題中。1948 年 8 月經合署中國分署的工作報告中如此描繪中

〔註 3〕Grace M. Hawes, *The Marshall Plan for China, Economic Cooperation Administration,
　　　　1948～1949*, p.44.

〔註 4〕美國經濟合作總署中國分署新聞處，《美國經合署的援華工作》，頁 27。

〔註 5〕William Adams Brown Jr. & Redvers Opie, *American Foreign Assistance*, p.338.

國經濟惡化的情形：

> 不到三個月的時間，批發價格指數增加了500%……美元的（黑市）
> 匯率，在6月初尚保持在1,150,000法幣匯兌1美元，在8月19日
> 法幣改革前已上升至12,000,000法幣兌一美元。第一次發現，政府
> 的經營印刷設備不足以應付對鈔票的迫切需求，並且在七月中旬，
> 面額高達1,000,000元至5,000,000元的鈔票必須釋放流通。〔註6〕

　　經濟混亂的情形日趨複雜，不僅對美匯率迅速變化，而且在全國各地匯率也不同。在南方的廣州是6,000,000元法幣兌換1元美金；上海是13,000,000元法幣兌換1元美金；而在北京則為15,000,000元兌換一元美金。國府於1948年8月18日公布〈財政經濟緊急處分令〉，宣布廢除法幣，要求人民交出所有的金、銀及舊鈔法幣換取新鈔金圓券，兌換率是300萬法幣換1元金圓券，〔註7〕而與美元的匯率則為4元換1元美金。同時也禁止工資與物價上漲，也不准罷工與遊行。

　　經合署與中國最初協議要求訂定實際價格，而將配給食品的價格最多僅能比市價低5%。但8月19日國府將穀物及配給食品的價格壓在市價50%以下時，這樣的舉動違反經合署與國府之前援助協定所定的援助品定價方案。中國單方面的行動惹惱經合署的官員，於是暫時中止配給計畫，因為他們感覺到國府的政策破壞之前他們對中國主要城市趨於穩定的努力。經合署中國分署的報告指出：「這些價格沒經過經合署同意，7、8月低於40%～50%市場價格的比率，銷售變成一個純以補貼數百萬可能無力支付更高價格人民的方案。」而這樣的銷售定價，也帶來其他的問題。種植稻米的農夫拒絕以如此低的價格出售作物，因此為了補償如此低價出售稻米，他們將「15%至20%的砂礫跟灰塵摻雜其中」。〔註8〕

　　根據經合署中國團食物部門估計，要解決中國的糧食問題，還須3億美金，美方當然不願提供。〔註9〕然而幣制改革僅維持了6個星期就垮了，幣制改革第一週，央行發行3,000萬金圓券，換取人民繳交的黃金、白銀和外幣，

〔註6〕 Unite Stated, *Economic Cooperation Administration Mission to China, Progress Report, No. 1* (June-July-August, 1948) Here in after cited as *ECA Progress Report*. Subsequent reports were called monthly reports and will be cited as *ECA Monthly Report*. Griffin Paper .

〔註7〕 林炳炎，《保衛大臺灣的美援（1949～1957）》，頁67。

〔註8〕 *ECAMonthlyReport,No.2*（October,1948），Griffin Papers.

〔註9〕 王綱領，〈1948年的美國「援華法案」〉，頁134。

守法者家財全毀。到了 10 月底，棉花、藥品、棺木等商品在市場上消失，物價立即飛升。〔註 10〕金錢很快的又再度投入市場，以獲取短缺的商品。反過來又對價格結構產生壓力，而令人頭暈目眩的惡性循環又再度開始。

9 月 1 日經合署再度恢復糧食配給計畫，並在上海、北京、天津、汕頭、廣州和南京等處恢復分發糧食。同時，青島也被列入緊急援助計畫城市的清單，並且同月在瀋陽成立簡易緊急糧食援助計畫，因為共產黨軍隊包圍了這座東北城市，因此僅能透過空中將糧食補給給國府軍隊及城市居民。有將近 600 到 1,000 公噸的麵粉被遞送到瀋陽，並且「立即烹調提供給許多關鍵性工人，尤其是兵工廠及煤礦工人。」雖然糧食的供應減輕了不少人們的苦難，但實際上仍嫌不足，根據目擊者的描述，配給的糧食一個月只能供應十天，因此許多人不得不吃「通常只用於牛飼料的滿州豆餅」。〔註 11〕約翰・梅爾比（John Melby），這位在美國駐南京大使館的官員，9 月份曾到到河北旅行，在他日記這樣寫道：

> 瀋陽是嚴峻、荒涼和飢荒的，飢餓的人們顯得相當可怕，沒有人微笑快步行走，每個人看起來都面黃肌瘦。目睹一個偉大的城市走向死亡是恐怖的，在它崩落之前是完全無法想像的，這即將是東北的末日。〔註 12〕

瀋陽惡化的情形直到兩支國民黨軍隊奉命撤離為止，面臨共產黨軍隊的挑戰，軍隊馬上投降了，蔣介石在短短的幾個星期內失去了 50 萬人。美國駐北京領事柯拉柏（Edmund Clubb）日後寫道：「美國堆積如山的軍事救援物資，最後都被共產黨軍隊接管了。」美國經合署分發官員唐納德・莫爾（Donald L. Moore）10 月 29 日離開瀋陽，同日美國緊急供應糧食的空運計畫也宣告結束。〔註 13〕

這個緊急援助計畫雖然為時不長，但對當時的青島、瀋陽仍有不少的助益。經合署官員於日後報告指出，運往瀋陽的糧食，約有一百萬頓左右，其中一部份用以直接救濟營養不足的工人，據中國官員報告，工人在獲得配給糧食後，精神及生產力因此迅速增加。此外，經合署也曾撥出糧食以救濟青

〔註 10〕林炳炎，《保衛大臺灣的美援（1949～1957）》，頁 67。

〔註 11〕Grace M. Hawes, *The Marshall Plan for China, Economic Cooperation Administration, 1948～1949*, p.46.

〔註 12〕John F. Melby, *The Mandatw of Heaven: Record of a Civil War, China 1945～49* (Toronto, Canada: University of Tononto Press, 1968), p.108.

〔註 13〕Grace M. Hawes, *The Marshall Planfor China, Economic Cooperation Administration, 1948～1949*, pp.46～47.

島的十萬難民。此一計畫，旨在彌補運往青島的國產糧食的減少，主要是因為當時青島已為共軍所包圍。其他尚與市政府合作設立施粥站，每日供應白粥給予難民。〔註14〕

　　同一時刻，其他城市的糧食供應計畫也遭遇到重重困難。以北京天津地區的糧食配給來看，原本預定於十月下半旬運至的 30,000 公噸的麵粉，最後只到達 12,000 公噸，其餘的直到 11 月底才逐漸送達，主要問題是上海以北的海上交通運輸難以運行。原本國府交通部與幾家民營海運公司簽訂運送麵粉的協議，但在協議執行之前，這些公司害怕船隻會被國府軍隊所接管，因此許多公司將船隻藏起來，並拒絕交通部使用其船隻。經合署很快的瞭解到，國府的其他部門，能夠取消其他部門所簽訂的協議，並阻擾其精心策劃高效率的糧食分配計畫。縱使運載麵粉的貨船好不容易抵達天津，但從天津運達北京的陸運也一樣的一再延遲，因此北京的配給計畫受到延誤，9 月份的配給直到 10 月 25 日才被分發。而當麵粉終於抵達北京，配給官員的另一個問題是如何用馬車將麵粉從倉庫運往商店。儘管之前的協議工作車的數量逐日減少，但平均分佈幾乎是不可能。另外，北京經合署月報中也抱怨有關「小費（回扣）」（tips）的問題，倉庫的搬運工及車主們向業主請求此項費用，如無法取得，那麼配給糧食將會被延遲發放。〔註15〕

　　而這些在北京發生的問題，如同其他城市的問題一樣，伴隨這越來越多的人口需要供養而越顯巨大。成千上萬的學生、難民增加日常口糧的需求，學生們承認他們註冊是由於口糧發放券，因為這是他們唯一可以取得糧食的管道。9 月，北京為了 2,000,000 人發出 6,000,000 張的糧券。官員通常會對過量登記採取行動，但卻對於學生的行為難以下手，這是因為傳統中國對讀書人較為尊崇，並且對於學潮所引發的力量所產生的顧慮。

　　經合署在天津的配給計畫也和北京遇到的困難類似，為數眾多的難民從共黨所控制的郊區湧進天津，然而至關重要的糧食卻嚴重的延遲與不足。當糧食終於抵達時，一些城市官員卻阻撓了經合署希望的公平分發。這些政府官員想利用這批物資的發放從中得到某些政治的支援，這似乎是當時中國的日常。天津經合署的月報提：

　　　　從 9 月的後半段到 10 月的第一個星期，天津新聞界對糧食配給委員

〔註14〕美國經濟合作總署中國分署新聞處，《美國經合署的援華工作》，頁 31。
〔註15〕*ECA Monthly Report, No. 2*（October, 1948），Griffin Papers.

會不利的報導和批判壓力，無疑的引起當局尋找一個方法來平息「大
眾」的不滿。這些不利的言論攻擊，就在宣布新聞界將獲得額外的
糧食補充後隨即停止。〔註16〕

市府官員濫用「經合署」的救濟物資的情形令人想起「聯合國善後救濟總署」
所遭遇的困境，而這也是之前所提新援助策劃者欲極力避免的情形。

　　此外，在上海和南京的配給計畫也遭到延誤，整個十月只供應將近1/4的
食米。約翰‧梅爾比在日記裡提到當時國府的首都南京：

> 這6個星期以來，食品的價格已經上升500％，並且今天以每小
> 時的速度改變著。自8月以來，法令經濟性食米已經消失了，現
> 在幾乎無法看見或能在城市購買。人們日復一日的站在無窮盡的
> 爭吵、打架、與警察的糾纏中，並且無時的前往至米店搗亂的路
> 上。〔註17〕

在11月之前，梅爾比所描述的情況並沒有緩和，在南京及上海陸續爆發食品
騷動。之前，經合署在擬定糧食援助計畫就是要避免因為糧食短缺所引起的
城市紛亂，然而這糧食問題卻還是爆發了。賴普瀚和葛理芬迅速的採取行動，
避免這問題成為全國性的危機。他們從香港總督那邊借貸到10,000公噸食米
的緊急運抵中國，而且向泰國曼谷採購食米，〔註18〕並且介入某些情況下由
省府以物易物下所扣留的倉儲物資，由經合署安排由11艘貨輪將食米分批運
送至青島、北京和天津。

　　11月的糧食危機是暫時避免了，但配給計畫中7座城市中的當中5座城
市，仍持續的遭受到相同或其他的問題之苦，只有廣東及汕頭兩地的計畫從
開始就是成功的。這兩座城市的糧食配給，主要是由省府主導經營，而當時
廣東省省主席就是與經合署關係相當熱絡的宋子文。所以當中央無法提供配
給時，其省府會提供不足並使配給運作順暢。〔註19〕

　　原本中美雙方協議，美方負責提供40％的平價食糧，其他60％由中國糧
食部特設的緊急食品採購公署向中國農村購買，但在1949年春季經合署中國

〔註16〕 *ECA Monthly Report, No.2*（October, 1948），Griffin Papers.

〔註17〕 Grace M. Hawes, *The Marshall Plan for China, Economic Cooperation
　　　　Administration, 1948～1949*, p.50.

〔註18〕 美國經濟合作總署中國分署新聞處，《美國經合署的援華工作》，頁27。

〔註19〕 Grace M. Hawes, *The Marshall Plan for China, Economic Cooperation
　　　　Administration, 1948～1949*, p.50.

分署官員報稱，美方供給的糧食約為全部的 60%。〔註 20〕因此當中國代辦機構無法取得其該取的的糧食配額時，如何取得糧食變成經合署官員最大的難題。根據經合署 10 月報告，中國糧食部與緊急食品採購公署「皆為無能且沒有效率」。此外，該報告還指出該機構的許多困擾：首先是來自農業生產區交通的不便及運量的不足，再來是地方當局也不願意讓糧食商品離開他們的地區，加上農場主人經常拒絕政府過低的採購價或者不願接受金圓卷付款，最後是軍事徵糧總是優先於糧食救援，而經濟的日益惡化使得採購及付款嚴重延遲。

　　這一連串的問題似乎指出了中國代理機構所面臨的問題，食品採購的失敗主要是這些情況已非他們所能控制了。例如，他們沒有權力強迫農民出賣糧食，也沒辦法改善交通及解決中國經濟問題。然而，經合署官員持續的責怪中國糧食部與緊急食品採購公署。10 月的報告指出緊急食品採購公署（OEFP）「這三個月來證明其對於平民糧食採購任務的完全且災難性的不適任，尤其當充足的糧食變的極為重要時，它沒有完成政府的承諾而嚴重的危及整個計畫。」11 月的報告，經合署持續的抱怨，「緊急糧食採購公署應該避免這場混亂，但它本身卻加劇這場混亂」在當時，中國的糧食採購情形相當糟糕，尤其天津──北京地區所需要的 1,300.000 袋麵粉，食品採購公署僅能取得 100,000 袋。報告者再度承認中國代理機關的確存在很多問題，但做出的結論是，他們無法擺脫他們劣質的表現。

> 儘管處於艱困之中，但食品採購公署自成立來，從未在一個可以被視為對所有問題令人滿意的津貼方式下，進行民生食品採購代理機構的職能。根據其目前的方向及不當的管理，這組織將持續的對成功配給計畫的執行產生威脅……。〔註 21〕

　　雖然往後的報告仍可看到經合署出現類似的抱怨，但採購問題在 12 月已經好轉，而到了 1 月份時經合署已經可以自豪的宣布「上海、南京、廣州、汕頭和青島在供應方面已經完全解除危機」。到了 2、3 月，此項計畫已經能在期限月內完成補給了。而最北端的兩個城市──天津和北京，這些已經被共軍佔領的城市，已經被從配給計畫中除去。而這些配給的減少對其他的城市，可以透過增加秋收後的供應而使取消最高限價以及為減緩通貨膨脹而頻

〔註 20〕 William Adams Brown Jr. & Redvers Opie, *American Foreign Assistance*, p.337.
〔註 21〕 *ECA Monthly Report, No.3*（Novermber, 1948）, Griffin Papers.

繁價格變動，可以更進一步獲得減緩。配給計畫對一個城市的物價影響如何，汕頭即為明顯的一個例子。在配給計畫實施以前，汕頭的米價是中國最高的地方，而市民也面臨飢餓的境地。然在配給制度實施之後，汕頭的米價跌低50％以上，市民也因而解決斷糧之苦。〔註22〕

雖然糧食的取得問題得以減緩，但經合署官員從未能享有一個無麻煩的計畫，其他的問題陸續出現。由於農場主人不願意收取金圓卷，因此大多數的狀況下，經合署官員直接與農民以物易物。然而，在11月時，經合署、美援運用委員會與中國農民銀行簽訂一項協議。農民銀行與農民交換證書以取得食米，而這證書於隔年春天時，將交換1949年1月份運抵中國的化肥。然而隔年二月發放化肥時，經合署官員發現該銀行事實上從農民那邊僅交換少量的食米，反而從自由市場大量購買食米而導致城市食米的短缺，並且其購買資金是從緊急食品採購公署所借用的，也就是說，這些成員從一開始就開始經營賺錢了。儘管如此，該銀行人士還向經合署宣稱他尚有包含幾千噸的證書並未發放。

經合署月報指出：

> 我們自己的調查證明，他們不僅從未印製過證書，甚至從未與該擁有此證書的農民接觸過。在沒有諮詢過經合署和美援運用委員會下，甚至罔顧彼此間的協議，這些銀行人士計畫將肥料船運到臺灣販賣或使用以賺取暴利。〔註23〕

該協議被匆匆取消，但此事件增加了美國官員對中國機構的不信任，並進一步削弱了他們的合同安排的信心。

在解決銀行危機問題後，其他問題又引起經合署官員的注意。在南京，因為電力的短缺，使得食米碾米設備無法運作，經合署與電力公司協商並說服他們提供碾米場足夠的電力完成緊急狀況；同一時間，廣東新省主席薛岳上任後，廣東及汕頭的配給計畫以不若前省主席宋子文般的成功，新的省主席薛岳並沒有證明願意提供與宋子文相同的設施，因此經合署必須取得兩座城市的附加條款；同時，「緊急食品採購公署」已經無法適任其採購的職責，因此當中央政府新內閣成立時，即停止其所有資金。

1949年的前5個月，共軍一個接一個城市的佔領，他們解決了經合署的

〔註22〕美國經濟合作總署中國分署新聞處，《美國經合署的援華工作》，頁31。
〔註23〕*ECA Monthly Report, No.6*（February, 1949），Griffin Papers.

許多問題，一個描繪經合署天津辦事處業務結束的報告：

> 商店的麵粉分發持續進行到 1 月 14 日星期五；雖然在 12 月 14 日至
> 1 月 14 日間，對某些地區的分發……這些地區由於是直接在砲火之
> 下，因此必須被中斷；歸因於運送這些物資大車的工人拒絕進入這
> 些地區，並且由於相當危險，我們也不願意將檢查員送至當地。1
> 月 14 日配給全面停止，但我們工廠裡仍留有大約 130,000 袋的麵
> 粉：93,000 袋在 CTC 倉庫，4,770 袋未碾殼的小麥在各個碾殼場。
> 後來，這些庫存全部被沒收，所有配給分佈計畫完全被遺棄。〔註24〕

詹姆士‧艾維（James Ivy）和杜蘭德‧懷爾德（Durand Wilder），兩位經合署駐天津的高級官員，曾經試圖阻止救濟物資被發現，但在 1 月 28 日時，他們被通知共產黨員是「借」用經合署 80,000 袋麵粉。隔天證明是真的，他們立即打電話向市長抱怨，市長辦公室卻拒絕答覆，並要求他們跟共產黨員所建立的外事局接洽。在詹姆士的報告中，他寫道：

> 我們告訴外事局的陳先生，因為拿取經合署的麵粉在沒有告知我們
> 並經由我們同意下，我們只能將它認為是「竊盜」美國經合署的財
> 產（因為懷爾德先生不知道中國字「沒收」），我們不得不做這樣的
> 報告。我們指出，我們已經告知解放黨（Liberation Party）必須尊重
> 產權，如果曾經與我們商量，我們可能會同意一個必要的工人之特
> 殊糧食配給，我們也解釋經合署一直保持至今的配給基本原則。我
> 們亦指出，我們之前也跟國府守軍軍官抗議，阻止軍隊徵收這批麵
> 粉；堅持經合署的物資是為了平民百姓的利益，而非軍隊。〔註25〕

然而，與外事局的溝通顯然是失敗的。後來，經合署的法律辦公室發表一份「針對查獲物資的非法扣留及所有權問題」的聲明。由這抗議聲明可以知道艾維和懷爾德的交涉是毫無效用的。

接下來的幾個月，隨著國府的城市不斷的失去，這樣的場景重複的發生，庫存幾乎用一樣的模式被挪用。4 月，南京淪陷；5 月，上海被佔領。廣州和汕頭這兩座南方城市到秋天才被接管，而共產黨軍隊到達這兩座城市前，配給計

〔註24〕United States Economic Cooperation Administration, Tientsin Regional Office, *General Situation Report of Tientsin for February1–March 19, 1949.* Griffin Papers.

〔註25〕United States Economic Cooperation Administration, Tientsin Regional Office, *General Situation Report of Tientsin for February1–March 19, 1949.* Griffin Papers.

畫的工作早已結束。上海，是共軍接管後還唯一繼續在有限的範疇內實施計畫
的城市，但到了 1950 年秋天，經合署在上海的最後供應也被沒收了。

　　雖然說，糧食配給計畫的實施問題不斷，不管是城市的配給問題、糧食
採購問題等，甚至國府官員的效力不彰、貪污腐化等問題相繼出現，直到最
後配給實施城市被共軍佔領而停止配給計畫等，但此項計畫對於當時受援的
城市仍有其相當貢獻。許多無配給的城市如寧波、重慶，在 1948 年就曾發生
搶米風潮。然而同一時期中，有配給的城市則無搶米風潮發生，直到 1948 年
11 月間，才因國府對徵購其應出之配給米糧發生困難，京滬之配給計畫才因
而暫時受到延誤，而此兩城市才發生社會騷動及搶米風波，然而因經合署處
置得宜，此風波得以儘快平息。〔註 26〕綜合整個配給計畫的實施情形，其分
配情形如下：

表 4-1　經合署中國分署援華糧食之分配情形

地　　點	糧食種類	公　噸	市　斤
上海	米	148,780	366,593,920
上海	麵粉	14,225	35,124,320
南京	米	2,858	7,042,112
廣州	米	19,301	47,557,664
汕頭	米	518	1,276,352
青島（難民用）	米	4,745	11,691,680
青島	麵粉	54,817	135,069,088
天津	麵粉	21,582	53,178,048
北平	麵粉	10,991	27,081,824
合計		227,817	684,615,008

說明：1.此項糧食係 1949 年 4 月 3 日以前運抵中國配售者。
　　　2.此表所示市斤，每一市斤合 1.1 磅。
資料來源：美國經濟合作總署中國分署新聞處，《美國經合署的援華工作》，頁 31。

　　而在整個計畫實施期間，進口糧食的源源不絕使得投機囤積情形得以稍
微減緩，而且由於分配機構的嚴格管制，使物資流入黑市的數量大為減少。
並且由於國外米麵源源不絕的運抵中國，而使得因軍事經濟因素的通貨膨脹

─────────────

〔註26〕美國經濟合作總署中國分署新聞處，《美國經合署的援華工作》，頁 27。

所引起的物價上漲，速度得以減緩。

　　1949 年 4 月初，經合署又實行另一難民救濟計畫，救濟 24 萬的難民，其中約有半數以上係爲上海、南京、南昌、漢口、福州、鎮江、常州、衡陽、無錫、長沙、蕪湖、嘉興與蘇州的學生。〔註27〕

第二節　棉花及肥料的援助

　　經合署棉花援助計畫的動機，乃基於紡織工業在中國經濟所佔地位相當重要，此由在紡織工業所雇用的工人比其他任何中國工業所雇用者還多此一事實可見得。經合署把棉花原料提供給中國工廠，基於以下幾點原因：（1）此項棉花供應，可使中國紗廠將近 20 萬勞工得以繼續其生產而獲得報酬之工作，並使此 20 萬人及彼等數十萬眷屬維持其食住與穿著。（2）此項棉花，使其他數十萬間接從事此種工業的人民不致失業，例如碼頭苦力、倉庫苦力、船伕、司機、商人等，並使數百萬彼等家屬維持其衣食穿著。（3）此項棉花援助，可製造出數百萬碼布匹供數百萬人穿著。（4）經合署在援華計畫下運抵中國之棉花並不索取任何代價，因此中國節省數百萬美元之外匯。（5）由於中國工廠所生產的棉紗與布匹一部份向海外銷售，因此中國在海外購買原料之能力大有增加，以進一步維持其工業。〔註 28〕簡言之，美援棉花直接嘉惠於數百萬中國人民並可使其生活大爲改善。

　　在戰爭之前，中國的生棉大多來自國內生產，進口生棉數量並非太多。不過到了 1948 年，經過中美兩國紡織專家的初步調查後，發現中國棉廠缺乏大量棉花，國府亦無外匯可以資助足夠的生棉輸入，同時更獲悉 60%中國棉花產地，由於內戰的關係，使得其收成無法運達沿海城市的紗廠。於是援助計畫提供的原棉在這個時期成爲主要原料來源。〔註 29〕在美援棉花分配與該等廠家之前，經合署與美援運用委員會花了 12 週的時間，研討分配與管制的方案。茲將此方案略述如下：（1）美援運用委員會之棉花委員會，經獲得經合署之同意而設立，以指導此項棉花計畫。在棉花委員會之下，設有技術委員會以及聯合管理委員會，後者則爲此項棉花計畫之業務機關；（2）美援棉

〔註27〕美國經濟合作總署中國分署新聞處，《美國經合署的援華工作》，頁 31。
〔註28〕美國經濟合作總署中國分署新聞處，《美國經合署的援華工作》，頁 21。
〔註29〕Grace M. Hawes, *The Marshall Plan for China, Economic Cooperation Administration, 1948～1949*, p.56.

花，係根據中國國營與民營紗廠可用之紡錘數目，酌量配給，以謀分配公平
與有效；（3）此等廠商須交付製成之棉紗布匹，以償付其所收到之棉花。至
於交換之比率，係對該等廠商之業務費用加以廣泛研究後所釐定者。此輩廠
商交付棉紗與布匹之後，亦可換得足夠之生棉，以保證合理之利潤。惟此項
交換之比率隨時加以審查修改。〔註30〕

第一批的棉花送達中國工廠是在 1948 年 10 月，到年底之前已經進口將
近有 300,000 包的棉花。這已經花費了美國國會所撥款的 70,000,000 美元當
中的 52,000,000 美元。〔註31〕根據經合會棉花計畫觀察團報告，棉花計畫是
一個值得繼續採行的計畫，因為它可以直接幫助一個城市的經濟。該報告還
補充說：「除非經合署必須承擔整個計畫的實際執行，整個過程可以提供最
好的。」〔註32〕

而在棉花計畫開始實施後，經合署及美援運用委員會同意下述之原則，
即棉紗布匹中 50％應提出為在中國國內出售或易貨之用，尚餘的 50％係輸出
國外以獲取外匯之用。至於所得的外匯，可作為周轉金向國外購買更多的生
棉以維持中國棉廠的業務。〔註33〕在這個原則下，棉花計畫的實施證明是亟
為有效的，例如與荷蘭東印度群島協議用 10,000,000 美元的棉布交換 5,000,000
美元的現金與價值 5,000,000 美元的橡膠。一半的橡膠依次用於中國，而剩下
將出售美國的則被庫存下來。第一批紡織品在 11 月離開上海，到隔年 1 月時，
已經帶給中國 4,500,000 美元的外匯。〔註34〕

棉花產品也用於農村的食物交易，在 1948 年 10 月與 11 月期間，南京、
上海及南昌發生糧食恐慌，曾用超過 20,000 包以上的棉紗布匹換取 33,000 包
的食米。而在 1949 年 4 月時，更撥出價值 35,000 美元的棉紗，換取糧食提供
來自上海、南京、南昌、漢口、福州、鎮江、常州、衡陽、無錫、長沙、蕪
湖、嘉興與蘇州的逃難學生的食用。〔註35〕

1949 年 1 月，當棉花製品進入共產黨之手時，美國華盛頓官員呼籲停止
棉花出貨。在那幾週，中國港口僅收到幾包直接收購於印度的棉花。此時，

〔註30〕美國經濟合作總署中國分署新聞處，《美國經合署的援華工作》，頁 23。
〔註31〕*The China White Paper*, p.1024.
〔註32〕Grace M. Hawes, *The Marshall Plan for China, Economic Cooperation Administration, 1948～1949*, p.57.
〔註33〕美國經濟合作總署中國分署新聞處，《美國經合署的援華工作》，頁 23。
〔註34〕*ECA Monthly Report, No.5*（January, 1949）, Griffin Papers.
〔註35〕美國經濟合作總署中國分署新聞處，《美國經合署的援華工作》，頁 31。

經合署感覺到他們實施最成功的棉花計畫被打亂，因此極力的說服華盛頓當局恢復棉花的供應。賴普瀚在 1949 年最初的兩個月裡，成功的說服美國官員，並且在 3 月，美國的援助棉花再度抵達中國。葛理芬寫道賴普瀚「棉花計畫的發放達到最理想的效果。」〔註 36〕不過，在同月間，對貿易上最大破壞力的通貨膨脹又再度出現，幾乎造成此有利於中國經濟的計畫完全停擺。一種用於紡紗的紗線從 3 月 1 日的 94,000 金圓券漲到 31 日的 555,000 金圓券，另一種類是從 530,000 金圓券漲到 3,070,000 金圓券。〔註 37〕

4 月間，又收到來自華盛頓停止所有貨物運載的通知，霍夫曼致電給經合署中國分署：

> 據我所知，在 35 天內計有 17 艘船運載 51,000 包棉花計畫前往上海……我有強烈的預感，現在那些棉花轉運輪船已經到達……應該立即命令提供貨物的經合署要求抵港的商船不准在上海卸貨。〔註 38〕

青島、天津和上海等由美國所援助的棉花工業立即停工，而經合署的物資也幾乎在 1950 年春天被中共將全數遺留物資所沒收。

總計自 1948 年 4 月 3 日至 1949 年 4 月 3 日期間，經濟合作總署運抵中國的棉花計 30 萬大包，總值 5,470 萬美元，提供給上海、青島、廣州以及臺灣紗廠所用之生棉佔 60％以上。而紗廠向經合署貸款生棉交付的棉紗布匹，計有棉紗 120,530 包，布匹 1136,796 件。而紗廠生產之棉紗布匹，撥交國內銷售及易貨共有 27,067 包半，布匹 256,021 件；輸出國外的棉紗有 24,5016 大包，布匹 630,800 件。〔註 39〕這些對於中國棉紡紗工業的的幫助可謂極大，實為經合署援助計畫中一大成功項目。

經合署肥料計畫原本的目的，是想利用肥料增加中國稻米的的生產量，以減少中國在國外購買食米的需求，因而可以節省中國寶貴的外匯，並增加額外的食糧。

1948 年夏季，經合署計畫資助中國國內之肥料工業，並擬撥給 550 萬美元的款項，以其增加中國化學肥料生產至 81,000 公噸。經合署的委員會花掉整個秋天進行採購及分銷的談判，原本委員會希望中國能獲得全部需求的肥

〔註 36〕 *Letter to Roger Lapham dated February 25, 1949*, from R. Allen Griffin. Griffin Papers.
〔註 37〕 *ECA Monthly Report, No.7*（March, 1949），Griffin Papers.
〔註 38〕 *Cable to Roger Lapham from Paul Hoffman*, dated April 25, 1949, Griffin Papers.
〔註 39〕 美國經濟合作總署中國分署新聞處，《美國經合署的援華工作》，頁 21～23。

料，但是據估計中國肥料總需求大約為 500,000 公噸，中國國內生產無法達到需求，因此進口變的勢在必行。〔註 40〕短暫談判後，希望開始由美國獲得肥料。然而在美國每年第一次肥料供應後，肥料價格會急速上升。因此談判希望中國在 12 月底之前能獲得供應，以避免在美國造成短缺。〔註 41〕

然而肥料委員會花費太多的時間在協商會議，例如，計畫的代理團長維拉·史密斯（A. Viola Smith）小姐和技術顧問愛德華（Edward Shim）先生花了大部分的時間「積極地參與經合署與美援運用委員會在穀物及肥料上的 15 個會議，包括工作委員會會議和中央信託會議，每個會議都持續好幾個小時」。這樣的程序在 12 月及 1 月依舊進行著，最後化肥終於簽訂合同，但這段期間卻都沒有肥料到達。因為中共再度沒收的恐懼再度出現，或者如月報告所指出的計畫會「落入未經授權的人手中」。〔註 42〕

第一艘裝載化肥的貨輪於 1949 年 2 月到達，並指定使用在農民銀行向農民取得食米的交換證書。更多的肥料在 3 月運抵中國，但卻難以送達農產地區。4 月，當共軍渡過長江後，這部份的物資援助計畫，在大陸才剛開始不久就宣佈結束。〔註 43〕而在援助臺灣方面，經合署原計畫以臺灣的米來換肥料，經合署與美援運用委員會及臺灣省府官員在 1948 年秋天即展開談判，談了數個月後，由於臺灣省政府提出的條件太苛，因而這方面的計畫實施也大受影響。〔註 44〕

截至 1949 年 4 月，經濟合作總署總共撥出 900 萬美元為中國在海外購得 75,000 公噸的化學肥料。這些肥料，若在正常的耕種條件下，可為中國農民增產 15 萬噸的食米。而這 15 萬噸的食米，則可供應如廣州大小的城市 10 個月之久。經合署所輸入肥料係美援款項下的贈款，無須中國付出代價，因此這肥料援助使中國節省下共約 1,900 萬美元的外匯。〔註 45〕可見這項援助計畫對於中國農業及經濟的幫助之大，然可惜由於各方意見分歧，協商談判時間花費太多，因此實施沒多久即宣告結束。

〔註 40〕美國經濟合作總署中國分署新聞處，《美國經合署的援華工作》，頁 41。

〔註 41〕Grace M. Hawes, *The Marshall Plan for China, Economic Cooperation Administration, 1948～1949*, p.58.

〔註 42〕*ECA Monthly Report, No.2*（October, 1948），Griffin Papers, Griffin Papers.

〔註 43〕Grace M. Hawes, *The Marshall Planfor China, Economic Cooperation Administration, 1948～1949*, p.59.

〔註 44〕王綱領，〈1948 年的美國「援華法案」〉，頁 134～135。

〔註 45〕美國經濟合作總署中國分署新聞處，《美國經合署的援華工作》，頁 41。

　　另外，早在「美國援華救濟委員會（U.S. China Relief Mission）」時期，就已計畫供應中國醫藥物資 6 千噸，價值約 460 萬美元。因爲此項物資送達前，CRM 的業務已爲經濟合作總署接管，因而經合署也繼承了不少醫藥器材，包括藥品、化學品、生物產品、外科繃帶、診療設備物品、X 光設備器材、醫院設備器材以及衛生設備與殺蟲劑。〔註46〕

　　這類物資的援助，對中國各省的人民深具意義，天花、霍亂與血毒病將因而減少，同時可以減少因瘧疾及其他疾病死亡的數目。醫療器財物資的分配，係由經合署、國府衛生部及國際救濟委員會共同策劃的，至 1949 年 4 月，全部醫療物資已有 1/3 分配予中國各省醫院、診療所及衛生院。至於殺蟲劑的使用，35％的殺蟲劑已分配與中國農村建設委員會應用，15％分配於農林部再由其分配至各農業模範所，所餘 50％則由正常的商業途徑發售。〔註47〕

第三節　石油及煤的援助

　　經合署與中國政府達成協議後，石油援助計畫透過公司的運作業已成立。主要包含四家公司，標準眞空石油公司（The Standard Vacuum Oil Company）、中國殼牌有限公司（Shell Company of China, Ltd.）、加利福尼亞德克薩司石油公司（California Texas Oil Company）、中國天然氣石油公司（Chinese Petroleum Corporation）。〔註48〕此項援助計畫，堪稱中國工業與運輸及公共事業的血輪，無論對居於沿岸以及深入內地的數百萬中國人民，如依賴機械動力者，此項石油對彼等的生活均深具影響。由於中國僅能生產少量原油，再加上內亂切斷的煤的供應，石油的進口變得至關重要。〔註49〕

　　除了運輸問題外，與其他的援助計畫比較，經合署在此計畫所遇的問題較少，因爲這些石油公司已經在中國經營多年，所以不管內部的分發或最終用途的報告，皆由該等公司提供。因此，這部份物資援助計畫問題，不在過渡的壓榨、不在出自於政治目的的分配、不在採購問題或有如糧食援助計畫上的其他問題，而是來自於對石油公司的付款。〔註50〕

〔註46〕美國經濟合作總署中國分署新聞處，《美國經合署的援華工作》，頁 43。

〔註47〕美國經濟合作總署中國分署新聞處，《美國經合署的援華工作》，頁 44。

〔註48〕*The China White Paper*, pp.1025～1026.

〔註49〕美國經濟合作總署中國分署新聞處，《美國經合署的援華工作》，頁 34。

〔註50〕Grace M. Hawes, *The Marshall Plan for China, Economic Cooperation Administration, 1948～1949*, p.55.

運費方面，經合署原安排由中國先付，再由美國償還中國，但由於中國政府禁止內部配送的費用以美元匯款，而這些公司也察覺到金圓券的通貨膨脹，因此提高了他們必須向中央銀行提報的價格，這些報價超過美國政府所能允許的範圍，因此拒絕付款，石油運輸因此中斷一時。最後在賴普瀚緊急要求經合署墊款予中國，而中國政府只好允許公司以美元付款，這些公司才同意恢復過去運輸的議案。但在 11 月，經合署要求石油公司移交完整單據時，由於單據不夠齊全，石油運輸又中斷一時，直到 1949 年 2 月後，才又恢復運輸。〔註51〕

經合署的石油援助對中國人民的影響甚鉅，以下就其助益描述：

（一）液體燃料：液體燃料使電廠以及大型船隻繼續活動。中國 58 個城市的電廠均賴美援液體燃料而得以繼續工作，這些電廠因此得以供給電力，其中有 31 個城市，其所供給的電力維持了各種工業，使數百萬中國勞工得以繼續工作。

（二）油渣：油渣用為產生熱力之用，並用於開動小型船隻、小型電廠，以及米、麵粉廠與灌溉應用水唧筒之用，單在江、浙兩省，就有 2,226 個米廠與軋油廠係利用美援油渣發動機器。

（三）航空汽油：自從經合署輸入汽油以來，中國的三大商業航空公司——中國航空公司、中央航空公司和交通部民航大隊，其商業性質之飛行，均賴美援供給的航空汽油。

（四）動力汽油：中國的汽車及公共汽車均應用此種汽油，經合署的汽油使中國 16 個城市的公共汽車及其他機動交通工具得以繼續經營。

（五）煤油：中國農村藉美援之煤油做燃燈之用，在中國城市，煤油更用作烹飪燃料。

（六）潤滑油：此項油料對中國運輸及工業之維持有莫大貢獻。

1949 年 4 月 3 日為止，經濟合作總署為中國購買之石油產品共約 100 萬噸，價值約 3 千 6 百萬美元。〔註52〕

中國為世界第四大煤礦儲藏國，正常生產狀況下，足以滿足國家需求。然而，到了 1948 年秋天，產量極大的東北地區的煤礦為共軍所控制，連提供

〔註51〕Kennth C. Ken, *The Diplomacy of Foreign Aid: China, The United Statesand Marshall Plan Assistance, 1947～1949*, Unpublished Ph. D. Dossertation, Univ. of Miami, 1983, PP149～151.

〔註52〕美國經濟合作總署中國分署新聞處，《美國經合署的援華工作》，頁 34。

國府一半需求，位於天津北邊的開灤煤礦，也爲共軍所威脅。而其他掌握在國府的煤礦，產量又極低，根據當時正在中國訪問的美國參議員表示，當時國府掌握的礦區每年可生產 550 萬噸的產量，但光上海一地就需要 150 萬噸。〔註 53〕在這種情況下，雖然煤並不是物資援助計畫的一部份，但當中國的儲備量已到危險的低水平時，經合署將煤立即納入緊急採購。

　　海軍上將白吉爾（Oscar C. Badger）命令海軍清查青島煤的儲藏量，發現大約僅能維持青島地區兩週的需求，因此白吉爾上將呼籲在東京的麥克阿瑟將軍緊急救援，但爲麥帥所拒絕。最後白吉爾上將只好求助於經合署，在經過經合署、華盛頓與東京多次的協商溝通後，麥帥最後同意允許最小的船隻裝運煤至中國。在經合署的正式報告中指出，麥帥之所以同意運載煤，是建構在不涉及軍事行動及軍事物資的補充上，完全是基於人道考量。初步協議每月運送 15,000 公噸的煤至中國，這剛好提供了青島的最低需求，而城市的燃料委員會與經合署則設法再從中國其他地區取得其他能源的補充。〔註 54〕這樣的救援行動直到四月份青島被共軍控制而美國海軍撤離爲止。

表 4-2　經合署中國分署援華石油之分配情形

項　　目	數　　量	價　值（美金單位）
航空汽油	35,074　長噸	2,492,887
動力汽油	75,028　長噸	3,435,550
火油	64,764　長噸	2,666,435
輕油渣	207,773　長噸	7,763,737
中油渣	73,579　長噸	1,689,297
重油渣	33,698　長噸	233,633
燃料油	524,251　長噸	9,457,553
潤滑油	4,314　長噸	1,797,638
偈油	248　長噸	153,353
原油	266,861　長噸	6,458681
		美金 36,148,764

說明：此項石油爲 1949 年 4 月 3 日前運抵中國配售者。
資料來源：美國經濟合作總署中國分署新聞處，《美國經合署的援華工作》，頁 37。

〔註 53〕 *Memorandum on Continuation of United States Aidto China*, 1949, Griffin Paper.
〔註 54〕 *The China White Paper*, p.1028.

1949 年 4 月 21 日，共軍兵分兩路，分別從江陰（在張黃港西南）和大通（在裕溪口至樅陽間）渡江，〔註 55〕美國海軍上將白吉爾建議經合署官員撤退到一個安全的距離。經合署領導賴普瀚及葛里芬決定撤退至廣東，並於 4 月 29 日在廣州成立一個新的中國分署總部辦公室，上海則由喬治·路易士（George St. Louis）留守處理殘餘工作。在 4 月底 5 月初，路易士與美國上海總領事及一個叫「上海援助委員會」的國際組織展開協商，他們同意在中共到達前，將協助讓維持上海的平靜。首先，他們決定將食物提供給必要的工業、公用設施及公共服務相連結的成員，例如警察跟消防隊員等，英商怡和洋行的約翰凱瑟克（John Keswick），後來擔任上海援助委員會主委，寫了信向葛里芬說明他們留在上海的目的：「我們希望能夠協助上海居民拿到經合署準備供給的食物，並嘗試尋找任何途徑或方法，來為這個偉大城市居民維持公共事業及工業的運作。」〔註 56〕

在前往廣東之前，葛里芬寫了封信給克里夫蘭報告上海的狀況，並闡述他為何覺得各地區辦事處應該繼續運作的理由：

> 根據美援運用委員會及路易士的估計，在上海為進口貨物和棉紗尋找一個避風港的費用，加上破產組織處理糧食配給跟產銷的開銷，每天約要 20,000 美元，而且費用越來越高，因為以當地貨幣計算，相對的我們的收入是減少的。華盛頓當局必須接受，需由各分區主任全權處理美國的資金，並且由他們去判斷其特定的業務問題的歸屬情況，這是必要的，而且我強烈的建議在這方面不要退縮。路易士建議的不僅由總領事，而且是透過一個國際委員會的主管。重大的意義來說，我們在上海剩餘的業務僅是支援這難以評估的立場——去支持這些留下的好人，包括美國人、中國人和西歐人，在這短期的混亂中繼續維護這個城市，只要它沒被共產黨佔領。我認為這在這些地方是值得花費跟努力的，直到最後我們依舊可以維持我們的尊嚴跟我們威望，只要我們夠勇敢的維持計畫的進行，那代表我們仍然有最佳的剩餘影響力。但如果我們讓他們失望了，那將會是令人遺憾的一天，在我看來，這將是一個大災難，因為美國的威信將蒙受嚴重的損傷。〔註 57〕

〔註 55〕張玉法，《中華民國史稿》，頁 482。
〔註 56〕*Letter From John Keswick to R. Allen Griffin,* dated April 28, 1949, Griffin Papers.
〔註 57〕*Letter from R. Allen Griffin to Harland Cleveland,* dated May 11, 1949. Griffin Papers.

最後，華盛頓的官員同意葛里芬的建議，並允許路易士分散的處理經合署供
應的物資。

　　5 月 25 日，上海淪陷，但共產黨接管城市的速度卻相當緩慢，也許是共
產黨想表現出他們對外國在華商業利益的尊重，或者也許他們過去的經驗要
他們更謹慎些。當 1 月共產黨進入天津時，經合署官員詹姆士・艾維就注意
到「軍事佔領，是精心計畫、精心組織和執行；但在民政上似乎並沒有做好
準備，顯而易見的缺乏組織主管、管理員和辦事員。」這些準備接管龐大政
府組織的成員似乎「缺乏教育跟訓練，並且肯定缺乏經驗。」〔註 58〕不僅僅
在處理中國機構上如此，並且在處理外國在華利權也一樣。

> 沒有任何一位高層的官員準備會見任何一位外國領事或商人，沒有
> 任何證據顯示未來有任何恢復進出口貿易的計畫。雖然大部分的海
> 關人員依舊在工作崗位上，但海關並沒有運作。整個城市，就外國
> 人而言，就其外貿關係而言，是真空的——一個外國人只能坐著等
> 待，而不知道會有怎樣的未來。〔註 59〕

也因為這些不好的經驗，使得共產黨在接管上海，處理外國在華利益時，嘗
試一種更漸進的方式處理。經合署的 6 月份報告：

> 雖然還沒有處置原棉、棉紗跟布匹，但有跡象顯示，共產黨員在處
> 理上海經合署的態度，會比在北京或天津強制沒收經合署食品和紡
> 織品的態度緩和許多。許多跡象顯現，是透過紡紗廠交付給經合署，
> 並且中共當局釋放 350,000 個空的米袋及麵粉袋，由經合署立即賣
> 出以應付經營開支。棉花、棉紗及布匹的出售計畫，現在正由上海
> 區域辦事處（Shanghai Regional Office）、上海援助委員會（Shanghai
> Assistance Committee）及聯合管理委員會(Joint Management Board，
> 由共黨接管）協商討論中。〔註 60〕

協商持續了幾個月之後，最後還是沒有得到任何關於經合署物品及日用品疏
散的結論。1949 年 7 月即回舊金山的賴普瀚在 11 月時收到留守上海路易士的

〔註 58〕 Grace M. Hawes, *The Marshall Plan for China, Economic Cooperation Administration, 1948～1949*, p.62.

〔註 59〕 United States Economic Cooperation Administration, Tientsin Regional Office, *General Situation Report of Tientsin for February1–March 19, 1949.* Griffin Papers.

〔註 60〕 *Status of ECA Operations in Shanghai*, June 23, 1949. Griffin Papers.

秘書達格妮‧妮嘉（Dagny Nergaard）小姐的來信，信中描繪她從 6 月共黨接管上海後就記錄的「鐵幕背後的生活」（Bamboo Curtain）達四個月。她寫到，由於農村路線的開放，使得這個城市不再糧食短缺了，雖然通貨膨脹依舊存在，但「不似國府政權領導下般的惡性循環了。」當她辭職時，經合署上海辦事處依舊是在進行清點和結束中。〔註61〕

中共與經合署持續進行談判，最後「從價值 20,000,000 美元的棉花處理問題展開；而聯合管理委員會，扮演經合署和中共之間非官方調停的角色，企圖讓凍結的談判持續進行。」但是，這個希望並沒有達成，1950 年春天所有談判終止，路易士離開上海，經合署的剩餘資產被中共所沒收。路易士回到華盛頓寫了封信給葛里芬，他寫道：「上海沒那麼艱苦」，並且他是「激怒、沮喪、喜悅、痛苦、樂觀和『垂頭喪氣』──但很少感到厭煩。」〔註62〕他的離開代表經合署在上海總部的業務宣告結束，而在中國其他地方，食品及日常用品計畫早已停止運作。

小結

1948 年援華法案實施之後，中國情勢在短期間內似無顯著改變的可能。於是經濟合作總署集中全力推進救援計畫，最初約計提存援款約 7 千萬美元，續辦 CRM 所移留的上海、北平、天津、青島、南京、廣州及汕頭等七個城市的糧食配給計畫，並另舉辦緊急施糧計畫。鑑於以往的經驗及迭次之失敗，經合署中國分署特別制訂詳細辦法以加強供應物資的管理，自到岸之時起，以迄於最後使用為止。起初，經合署透過設立的倉庫和零售商店來進行糧食配給和發售，主要是希望這些從糧食銷售的利潤，可以使中國人購買更多的糧食。事實上，這項計畫就有如其他的援助計畫一樣，難以避免陷入中國日趨惡化的通貨膨脹的經濟問題中。

儘管在遏止通貨膨脹上經合署無能為力，但在食品及日用品的供應上，仍有相當的成功，不管在瀋陽、天津等都市皆有效的援助許多因戰亂而湧入都市的難民。而然賴普瀚引以為憾的是，他主張將糧食及日用品的救濟普及於中共控制區的意見被國務院拒絕，而經合署總署署長霍夫曼也出面力爭，

〔註61〕 *Letter from June Dagny Nergaard to Roger Lapham*, November 15, 1949, Griffin Papers.
〔註62〕 *Letter from George St. Louis to R. Allen Griffin*, June 7, 1950, Griffin Papers.

認爲可澄清中共視經合署的活動爲美國帝國主義幫蔣政權的證據之宣傳，但此一說法卻被杜魯門以「破壞蔣介石的影響力」爲由駁回。〔註63〕

在日常用品的援助方面，紡織工業在中國經濟所佔地位相當重要，此由在紡織工業所雇用的工人比其他任何中國工業所雇用者還多，然因戰亂的關係，棉花原料的供應一直短缺，因此經合署提供棉花原料供給紡織工廠，從而帶動整個中國工業的復興。而肥料的供應，其所遭遇的大多位政治問題，經合署原先計畫以臺灣的米來換肥料，經合署、美援會及臺灣省政府官員在1948年秋季談了數月，由於臺灣省政府提出條件太苛，以致肥料到1949年才運到中國。

石油方面，在美國有數家大公司負責運輸，然而由於通貨膨脹不已，匯兌起伏過大，使得一些公司藉以提高運費。經合署卻因運費太高而不願付款，石油運輸因而中斷一時，最後在賴普瀚緊急叫經合署先墊款與中國，而中國政府允許公司以美元付款，這些公司才同意恢復過去運輸的議案。但在11月，經合署要求該兩家石油公司移交完整單據時，由於單據不夠齊全，石油運輸又中斷一時，直到1949年2月後，才又恢復運輸。

1949年4月，共軍渡江，美國海軍上將白吉爾建議經合署官員撤退到一個安全的距離。經合署領導賴普瀚及葛里芬決定撤退至廣東，並於4月29日在廣州成立一個新的中國分署總部辦公室，上海則由喬治·路易士留守處理殘餘工作。路易士處理經合署供應的物資，並對經合署庫存物資與中共展開談判。然而，由於美國華府態度的舉棋不定，這個希望並沒有達成，直到1950年春天所有談判終止，路易士離開上海，經合署的剩餘資產被中共所沒收。

〔註63〕Kennth C. Ken, *The Diplomacy of Foreign Aid: China, The United States and Marshall PlanAssistance, 1947～1949*, pp.136～140.

第五章　重建計畫的實施

第一節　工業重建和替換

在前面章節即已提到，當經合署中國分署成立之前，經合署總部即已派遣復興計畫調查小組隨著賴普瀚於 1948 年 6 月 7 日抵華調查，復興計畫調查團則由時代雜誌社副社長史迪曼（Charles L. Stillman）領導，其他成員如下：K. M. Hasting,（transportation engineer 運轉工程師）、P. R. Paulick,（mining engineer 礦治工程師）、Sherman Chickering,（counsel 律師）、John Summer, economist、Paul C. Parker,（economist 經濟學家）、Dr. Raymond T. Moyer,（agricultural advise 農業顧問）、Charles A. Powel,（electrical engineer 電機工程師）。他們花了幾個月在中國調查，並將其所見做成建議提供美國作爲日後援助中國工業重建的參考。

根據經濟合作總署中國分署新聞處發行的《美國經合署的援華工作》中報告，經合署 7,000 萬美元的工業建設與補充計畫，其目的在於增進中國長期生產力與改善中國人民的生活。經合署認爲當時中國工業產業雖然仍處於萌芽階段，但工業生產對當時的中國而言至爲重要。因爲這些商品貨物，不僅能減少中國對外援的依賴，並且可以有效的解決通貨膨脹的問題。〔註1〕

援助計畫當中的食品及日用品此部份容易確定。但是，根據克里夫蘭所言：「就工業重建而言，在中國不斷改變的狀況下，從 10,000 英里外去告知中國什麼類型的工業發展最具意義是不可能的。」委員會調查後更進一步的確

〔註 1〕 美國經濟合作總署中國分署新聞處，《美國經合署的援華工作》，頁 73。

定，中國並不是一個工業化的國家，正如陶樂斯‧伯格博士（Dorothy Borg）指出：「中國的電氣化水準頂多是墨西哥的 1/10。」〔註2〕中國的工業建設問題，大部分受到戰爭的破壞，中國廣大的地區，曾爲中日軍隊以及中美空軍所蹂躪，而戰後國共內戰中所產生的破壞，甚至在某些地區還持續進行。僅存的工業設備，亦差不多陷入可憐的境界。聯合國善後救濟總署期間曾部份修護的鐵路，但仍需要更多的援助。加上生產力日益枯竭，戰時遭受破壞發電廠器材設備，因日久失修而更顯傷害。〔註3〕

除了這些災難外，通貨膨脹再加上戰爭及戰後治外法權的收回，使得許多外資減少投資。外資的短少造成許多工業遭受打擊，這對中國工業發展的打擊最爲嚴重，因爲過去無論在經營和發展過程，一直是外國人最積極參與的領域。他們的缺席也反映在成本的提高及內河航運的缺乏，因爲戰後，外國的船舶並不具有內河航行的權力。〔註4〕除外資的短缺外，中國另一嚴重的問題是缺乏技術人才，因爲日本技師不在而美國技師尚未到來，因此，史迪曼認爲中國簡直無法善用小額（7,000 萬美元）的工業援助。經合署原本想要引進日本貨來彌補中國工業的不足，但對日長期抗戰剛結束，中國百姓對日仇恨尚未完全解除，因此無法忍受市場充斥日貨，加上美國經濟保護主義，使得經合署不得不另尋其他替代方案。〔註5〕

調查團在中國經過6、7月的廣泛調查後，做出兩點結論。首先，他們決定應將大多數的經費放在工業替換，而不是工業重建上；其次，他們建議應該雇用一家美國工程公司來監督中國工業重建計畫。第一項建議是認知到中國工業的龐大需求，而得到的結論，爲了權宜之計及援助經費的有效利用，工業恢復應該優先在建立新的產業上。〔註6〕在這兩項建議，經合署乃在中國政府之同意下，釐定一個建設補充之計畫，爲監督此項計畫的實施，乃組織一建設補充聯合委員會（Joint Committee on Reconstruction and Replacement），

〔註2〕 Grace M. Hawes, *The Marshall Plan for China, Economic Cooperation Administration, 1948～1949*, p.67.

〔註3〕 美國經濟合作總署中國分署新聞處，《美國經合署的援華工作》，頁 75。

〔註4〕 *The China White Paper*, p.1031.

〔註5〕 Kennth C. Ken, *The Diplomacy of Foreign Aid: China, The United States and Marshall Plan Assistance, 1947～1949*, pp.113～114.；王剛領〈1948 年的美國「援華法案」〉，頁 135。

〔註6〕 Grace M. Hawes, *The Marshall Plan for China, Economic Cooperation Administration, 1948～1949*, p.67.

是一諮議而無投票權之機構，此委員會由中國代表三名及經合署代表兩名組成。〔註7〕另外為解決技術智識與管理經驗的不足，經合署規定申請援款者，必須選擇歐洲或美國私營工程公司充作計畫工程師監督每一階段技術方面的工作，即負責決定需要之物資器材暨採購價格和交貨日期，並監督器材之裝置。〔註8〕這是一個相當創新的提議，這是在其他接受援助國家未有的嘗試。克里夫蘭這樣說道：「這樣的程序是一個既新鮮又令人鼓舞的開端，為未開發地區的工業公共援助計畫的一個新格局。」〔註9〕

　　為供給此項計畫以全部工程人才及管理協助起見，經合署曾聘請一美國工程管理公司，此即為紐約懷特工程公司（J. G. White Engineering Corporation of New York City），此公司的業務，主要是供給一切計畫及技術管理，所以懷特公司人員其本身並不從事任何計畫之執行，該公司推薦每一個計畫工程師，審核物資器材之詳細規格、產地及價格和工程費用等項，以及監督各項計畫設計工程師所完成之工作。〔註10〕

　　原本經合署在 1948 年所編的第一次經援中國計畫中，配撥 8,000 萬美元供工業重建與修護之用，經過復興計畫調查團將近三個月的調查後，援助款重新分配將工業器材更新之費用由 2,000 萬美元增加到 3,500 美元，工業重建則由 6,000 萬元降為 2,500 萬元，另行撥款 750 萬美元供工程勞務之用，藉以保障修復工程及建設器材皆可按照計畫實施。此外，又允許臨時撥款幫助許多計畫，包括運輸服務、電力計畫、化學肥料工廠及煤鐵礦等等。〔註11〕

　　1948 年 9 月 1 日，美援運用委員會主要聯絡官員嚴家淦在一次記者招待會上，宣布調察團選定的第一項計畫，四項主要工業將被補助 4,400,000 美元。首先是揚子江電廠（Yangtze Power Company）將獲得 1,200,000 美元，嚴家淦解釋說，這電廠可提供「南京工廠電力的不足」，並且將是「刺激工業活動的主要因素，維護穩定的就業及增加工業產品的輸出。」；第二個接

〔註7〕 美國經濟合作總署中國分署新聞處，《美國經合署的援華工作》，頁 75。

〔註8〕 William Adams Brown Jr. & Redvers Opie, *American Foreign Assistance*, p.341.

〔註9〕 Grace M. Hawes, *The Marshall Plan for China, Economic Cooperation Administration, 1948～1949*, p.68.

〔註10〕 U.S. Mutual Security Agency, Mission to China, *Economic Development on Formosa 1951～1952*, p.16.

〔註11〕 William Adams Brown Jr. & Redvers Opie, *American Foreign Assistance*, p.340.；王剛領〈1948 年的美國「援華法案」〉，頁 135～136。

受援助的為開灤煤礦，將可得到 1,000,000 美元，嚴家淦強調開灤煤礦是中國北部和中部的主要能源供應的礦場，援助的資金將用於更新礦場老舊、瀕臨淘汰的設備；第三個援助單位是北京至天津的電線網，共 1,200,000 美元，這電路網的鋪設將對這地區的工業有著重要的幫助；第四筆津貼共 1,000,000 美元將提供給臺灣糖業公司，嚴家淦解釋說這項工業「它在出口領域方面具有相當高的經濟價值，隱約成為史迪曼調查團的高度關心的項目。」並且在記者會上，史迪曼強調中國工業的重建，將使中國人民在各行各業都能受惠。〔註12〕

　　10 月，美國紐約懷特工程公司與中國簽署一份合同，一星期後懷特公司派出一個由小亨利・塔爾林（Henry Tarring, Jr.）為首的技術顧問團到中國。經合署的 10 月份月度報告中描述了協定如何運作，以揚子江電力公司為例：

> 揚子將電力公司已經暫時獲得經合署撥給的 1,200,000 美元的設備更新援助，也已經聘請安德森邁爾公司（Andersen Meyer & Co.）擔任計畫工程顧問。安德森邁爾公司將詳細的擬定工作細節，包括指定採購的材料和設備，於那個國家可以購買到，材料的成本及使用的理由，並且安排工作的時間表等。安德森邁爾公司的工程採購要求，將提供技術小組「懷特公司」審查，技術小組將回報安德森邁爾的修正案，或建議其接受……因為工作於電力工程的開發，技術小組將不時地檢查工作，以確定它是根據合同條款進行。同樣的程序，也將用於經合署此項計畫裡的每個替換工程，每個受益者將雇用一位項目工程顧問，而每個工程顧問也將它的計畫交給技術小組，技術小組則由 ECA-CUSA 共同委員會負責任，這種分級控制的系統和工程專家責任制的保證，將有效地以最低成本完成工作。那麼到最後，應該有益於中國民眾及美國民眾，中國民眾希望看見他們的經濟援助盡可能的多，而美國民眾則希望他們的美元能有效地花費在中國民眾的利益上。〔註13〕

在此項計畫未停止前，各項工程項目所指定之臨時撥款分配如下：

〔註12〕〈美援會嚴主席記者會，美援工業補助計畫〉，《中央日報》第四版，民國 37 年 9 月 2 日。

〔註13〕 *ECA Monthly Report, No.2*（October, 1948），Griffin Papers.

一、鐵路與交通——1650 萬美元

粵漢鐵路，700 萬美元：粵漢鐵路為廣州與長江流域南北交通之主要幹線，且可自農產剩餘地區將糧食送到缺量的廣州地區，也是鎢、銻礦場以及長江上游桐油產區供給一個出口的路線。

浙贛鐵路，350 萬美元：此一鐵路為華南與華中鐵路系統中之一條重要連接線。起自粵漢路長沙以南，終於杭州，而在杭州連接滬杭鐵路。

平津鐵路，150 萬美元：此鐵路連接中國故都北平（北京）與沿海城市天津，為中國鐵路路線中重鐵鐵道之一。

臺灣鐵路，150 萬美元：鐵路為臺灣島上內地交通的主要工具，此線由北至南沿西海岸而行，途經島上人口稠密地區，連接所有主要城市。此線並與臺灣糖業公司的鐵路相銜接，為剩餘糖業運往港口輸出的主要工具。

此外，還有其他交通運輸計畫，共花費 300 萬美元。其中 100 美元係撥與援助天津港之一碼頭，蓋此碼頭需要即時整理以免墮入海中；100 萬美元係援助中國三大航空公司（中國航空公司、中央航空公司及交通部民航大隊），以為購置補充零件及器材之用；尚有 100 萬美元係為交通部購置無線電設備之用。〔註14〕

二、電力——1725 萬美元

上海電力廠，500 萬美元（以為新建電廠之用）：為減輕上海電力不足的情況，原來之計畫係預算為聯合電力公司建立一個全新的電廠。（此聯合電力公司，係美商上海電力公司以及其他三家中國電力公司所合力經營）然而由於經費過於鉅大且為時過久，故認為原來之計畫似不適當，因此隨後改變辦法，在上海電力公司增加一組機器，可望於兩年半內將現行供電量增加 30 千瓦特。

華北各電廠，200 萬美元（以為補充之用）：初步的預算款項係為冀北電力公司以及瀋陽、太原、青島各電廠購置補充零件器材之用。冀北電力公司所發之電，係供給平、津兩市及開灤煤礦之用者。

臺灣電力公司，600 萬美元（用於實施三項計畫，其中 250 萬美元用於補充方面，350 萬美元用於建設方面）：此筆款項，以及價達 200 萬美元私人供

〔註14〕美國經濟合作總署中國分署新聞處，《美國經合署的援華工作》，頁 75～77。

給的器材，係需用於在兩年至兩年半內為臺灣增加 45 千瓦特電力之用者。屆時臺灣電力可自 125 千瓦特增至 170 千瓦特，臺灣電力公司在戰時曾受到轟炸的嚴重破壞而導致不易維持。之前，日本人曾完成一項所謂「民用工程」，期使臺灣之水電力大為增加。由於一般工業需要的增加，此項電力的增加至為必要，據說所增加的電力，一般工業至少使用一半。中國內地的工業由內地遷往臺灣，當時已成為一種趨勢，這是因為臺灣的政治經濟環境均較為穩定之故。此外，據估計結果，肥料製造的計畫也需要 20 至 30 千瓦特的電量。

其他電廠，420 萬美元（以用補充零件及配備之用）：此項計畫，曾考慮南京（揚子江電廠），漢口、重慶、廣州、長沙以及其他 17 個城市電廠之實際需要。此項援助，或以增加電力生產為目的，或以維持原有電力產量為目的者。〔註15〕

三、煤礦——1100 萬美元

淮南煤礦，350 萬美元：淮南煤礦是一個私人經營的企業，在安徽省靠近淮河離南京西北 110 哩的地方。其所請求的援助，目的在用於開掘兩處新礦以及完成至蕪湖的鐵路支線。淮南煤礦所出產的煤礦係供給鐵路並用供給給京滬區之用。此地所產的煤，性質堅韌難燒，但卻適合當蒸氣機的燃料。此項援助，估計三年內能將現時每日四千噸的產量增至每日一萬噸。然而，此處煤礦現已為共軍的進展所隔絕。

南嶺煤礦，750 萬美元：南嶺煤礦為國府資源委員會的資產，座落在廣東省離粵漢鐵路 35 公里之處，是時正自粵漢鐵路築一支線，通至該地礦區。該地煤礦日產一百噸，煤質良好適於烹飪。現在計畫的援助，預計可將每日之產量增至約五百噸，以為粵漢鐵路及廣州市之用。

土式煤礦，75 萬美元：此種煤溝座落於臺灣、廣西西部以及湖南東部，亦為資源委員會的產業。而此計畫的援助，旨在開掘新溝以及增加舊溝之產量。據估計，此項援助以及聯合國善後救濟總署先前所供給的器材，可將每日產量增加約一千噸。

高岡煤礦，400 萬美元：此項煤礦亦為資源委員會的產業，座落於浙贛鐵路萍鄉 17 公里處，靠近江西西部的邊境。當時正準備建築一鐵路支線，銜接浙贛鐵路，俾此處所產的煤況，能直接或經由接連的粵漢鐵路運至市場銷售。

〔註15〕美國經濟合作總署中國分署新聞處，《美國經合署的援華工作》，頁 79。

此處的煤礦質地良好亦可用於烹飪之用。據估計，現在計畫的援助，能將目前每日五百噸的產量增加至三千噸。

開灤煤礦管理處，100 萬美元：由民營的開灤煤礦管理處在平津區唐山附近經營的煤礦，佔中國煤礦產量一半左右（此處係指長城以南）。上海、北平、天津以及長江流域之城市大都倚賴此項煤礦之用。此處煤礦當時極為缺乏機器及防止煤坑陷毀之木架。然而由於華北內戰之影響，該地煤礦首被隔絕，旋即陷入共軍之手。

煤礦補充，100 美元：此款項係為其他礦場補充需要之用。〔註16〕

四、肥料——550 萬美元

臺灣益民肥料場，400 萬美元：此筆款項之撥出，主要是用於補助中美私人資本，在臺灣新竹建立一間肥料廠，以其開首每年能出產二萬噸左右的硫酸鉀。日本統治期間，臺灣應用商業肥料以生產稻米、甘蔗的數量甚多。自從第二次大戰以後，亦曾自外輸入大量的肥料。此外，資源委員會在臺灣的肥料廠，亦分配到 100 萬美元。當時研究中的計畫，將給予下列各廠以輔助器材，此等工廠即基隆石灰氮廠、羅東熔凝磷廠及新竹新氮廠等。由於此項器材的供給，可使石灰氮肥與氮肥的生產在基隆增至每年 26,000 公噸，石灰氮肥在新竹的生產可增至每年 18,000 公噸，以及磷肥的生產在羅東可增至每年三萬噸。此項增產，將使臺灣稻米、甘蔗產量大為增加，而臺灣所生產的食糖，一部份可輸往國外增加外匯的收入。

南京永利化學工廠，150 萬美元：此項計畫，旨在補足永利工廠所獲美國進出口銀行之信用貸款。此項計畫如獲成功，預料硫酸銨之生產每年可增加七萬多噸之多。〔註17〕

五、其他計畫——1000 萬美元

錫礦、銻礦與鎢礦，250 萬美元：此筆款項，暫時係分配下列工業，作為該項工業發展與補充器材之用。此即中國西南的錫礦業，華中、華南的錫礦業，以及湖南的銻礦業等。此項礦業，實為中國換取外匯的主要資源。美國預備購買此種需要的物資，此與該項計畫正復吻合。

〔註16〕美國經濟合作總署中國分署新聞處，《美國經合署的援華工作》，頁 79～81。
〔註17〕美國經濟合作總署中國分署新聞處，《美國經合署的援華工作》，頁 81～83。

　　食糖，100 萬美元（為臺灣糖業公司做補充器材之用）：臺灣戰前製造 120
萬噸食糖，大部分輸往日本。臺灣之所以出超，大部分亦賴與此。此項工業，
在戰時被美國空軍積極的轟炸，加以經營困難，以致損失甚多。此項計畫的
援助，係分配於 31 個工廠，使彼等能在 1950 年時產能到達每年製造食糖 70
萬噸。

　　中國海關，100 萬美元（以為購置緝私設備之用）。

　　額外計畫，550 萬美元：此筆款項，係留待需要發生其他計畫或緊急時期
之用。在當時考慮的計畫中，有依計畫是關於開發臺灣地下水道及發展木材
生產。〔註 18〕

　　隨著共產黨的勝利，國府控制的區域日漸減少的狀況下，要為中國的工
業做出良好規劃幾乎不可行，因此經合署署長保羅‧霍夫曼於 1948 年 12 月
21 日在華盛頓宣佈：「工業建設和機器換新方案，除了已經進行到最高階段的
某些工程需要完成外，其餘一律停止……。」當計畫宣告停止時，所有工程
仍然在初步規劃階段，並未動用到任何款項採購物資。〔註 19〕

　　唯一花到援助款項的部份，大概只有史迪曼調查團為了規劃整個工業援
助計畫及為美國尋找戰略物資在中國進行的全面調查，而國府也已經同意與
美國進行調查，並答應簽訂主要是包括錫、銻和鎢等資源的合同。然而資金
的限制使得美國政府不得不放棄銻和鎢的收購及儲存，但他們希望能獲得錫
和錫精礦。調查團進行初步的調查，並且決定從中國南方及西南的省分，特
別是雲南採購金屬。

> 　　這種採購……──到某種程度可以被發展──除了可以增加美國所
> 需礦物的供應之外，亦可以增加中國當地的就業機會及少量外匯資
> 源等雙重目的。〔註 20〕

錫的收購有著通貨膨脹、採礦設備短缺和交通不足等問題，但初步協商仍持
續整個 1948 年。

　　1949 年 2 月，經合署的報告指出錫採購的安排進展順利，並且「準備將
錫的樣本運往美國的初步工作」也被完成，即使國府資源委員會的反對，所
有的工作還是經合署及民間企業中進行著。儘管資源委員會認為，這些安排

〔註 18〕美國經濟合作總署中國分署新聞處，《美國經合署的援華工作》，頁 83。
〔註 19〕*The China White Paper*, p.401.
〔註 20〕*The China White Paper*, p.1039.

應該是以政府對政府的公共利益為優先，而非私人，但經合署依舊持續與民間企業交涉。雲南錫業集團有限公司（Yunnan Consolidated Tin Corporation）、南洋金融開發公司（Nanyang Finance Development Corporation）及 T.K. Li 公司這三家公司與美國進行錫談判及調查。〔註21〕1949 年 6 月 1 號，當經合署中國分署領導人即將離開中國之時，美國代理同意接下雲南錫業集團有限公司一個高達 300 公噸錫礦的合同。〔註22〕除了收購錫之外，這部份計畫基本上並沒有任何具體成果了。

　　1948 年 9 月 7 日，美國國務院政策設計委員會提出一份名為〈美國對華政策之檢討與認定〉的文件（編號為 PPS39），文中即已提到「中國人口多、資源薄，加上政治不穩定，缺乏管理人才，因此工業化希望很小。」〔註23〕而經合署在工業重建上的努力，也正如賴普瀚給它的總結：

> 我們原先計畫花費在重建與更換項目上──重建鐵路、增建電廠、煤礦現代化，以及各種在中國各地區非常必要的項目。實際上，當共產黨可能佔領中國大多數地區變為顯著時，已沒有任何資金被花費在這些項目的撥用，更不用說完成了。〔註24〕

第二節　農村的重建

　　根據〈1948 年美國援華法案〉，國府與美國雙方聯合設置的「農村復興聯合委員會（JCRR）」於 1948 年 10 月 1 日成立。其成立的主要目的於「為改善中國農民之生活」，而其工作項目包括土地改革、教育、公共衛生、地方政府問題、動物疾病預防、繁殖種子以增加生產問題、水利灌溉及河堤修築。〔註25〕

　　透過美國援華法案來協助中國農業產業化的想法，起肇於中國平民教育運動的推廣者晏陽初博士，他於美國努力說服美國政府給予中國農村復興運動上給予廣泛的協助。晏陽初，中國平民教育推廣者，多年來積極尋求改善中國村生活。1917 年，中國政府向德國宣戰，約有二十萬華工踏上歐洲戰場，

〔註21〕 *ECA Monthly Report, No.6*（February, 1949），Griffin Papers.
〔註22〕 *Two telegrams to the American Consulin Kunming, dated June1, 1949,* from R. Allen Griffin. Griffin Papers.
〔註23〕 FRUS, 1947Ⅶ, pp.471〜474.
〔註24〕 Grace M. Hawes, *The Marshall Plan for China, Economic Cooperation Administration, 1948〜1949*, p.71.
〔註25〕 美國經濟合作總署中國分署新聞處，《美國經合署的援華工作》，頁 46。

1918 年剛從美國耶魯大學畢業的晏陽初即遠赴法國，任北美基督教青年會戰地服務幹事，為歐洲戰場的華工提供志願服務。當時他的主要工作是代人寫信，工作過程中晏陽初發現這些華工不能讀不能寫，常常因而阻斷了他們與中國親人的聯繫，因此萌生了教授這些華工識字的念頭，他嘗試著從複雜的中國文字中選中一千個常用字用來教華工識字，後來創辦了歷史上第一份中文勞工報紙《中華勞工周報》。數月後，一名華工寄給晏陽初一封書信，對他表示感謝，並捐出了三年來在法國戰場上積攢的 365 法郎，這使得晏陽初倍受感動，因而在晏陽初返回中國後繼續推廣「平民教育運動」。〔註26〕

1920 年，晏陽初回到中國，在歸國前，他立志不做官、不發財，將終身獻給勞苦的大眾。回國後他首先在上海基督教青年會全國協會智育部主持平民教育工作，期間編製刊行了《平民千字科》等教材。1922 年晏陽初發起全國識字運動，號召「除文盲、做新民」。3 月他轉到湖南長沙組織平民教育討論會，並在長沙推行他的《全城平民教育運動計劃》，在長沙實驗的全國識字運動是晏陽初平民教育理論的第一次大規模實驗，取得了重大的影響。1923年在長沙獲得成功的晏陽初來到北京，在文化名人張伯苓、蔣夢麟、陶行知等人合作下成立了中華平民教育促進會（簡稱「平教會」），平教會成立後先後在華北、華中、華東、華西、華南等地開展義務掃盲活動。隨著平民教育運動的開展，晏陽初逐漸認識到中國的平民教育重點在農民的教育，而中國農民問題的核心是「愚貧弱私」四大病，因此運動不再僅僅是「掃盲運動」，而是進展到如何改善中國農民生活的計劃。這些鄉村復興工程包含了地方政府的局部改革、健康衛生改善，以及農業生產方式的改善等。〔註27〕

由於晏陽初在美國有其影響力，所以國府與美國駐華大使司徒雷登邀請他赴美申請美援。1947 年 7 月 10 日在美國最高法院法官威廉·道格拉斯（Willian O. Douglas）的安排下，與美國國務卿馬歇爾見面，〔註28〕與國務卿馬歇爾的交談中，晏陽初說：「社會、經濟與軍事層面一樣甚為重要，稻米甚至比戰場更為重要。」〔註29〕長談 45 分鐘後，馬歇爾要求晏陽初送了一份備

〔註26〕吳湘湘，《晏陽初傳》，（臺北：時報文化出版有限公司，19811），頁 28～34。
〔註27〕吳湘湘，《晏陽初傳》，頁 59～84。
〔註28〕當時，大法官道格拉斯正臥病在床，仍做書請國務院次卿 Robert A. Lovett 安排晏拜會馬歇爾國務親時間。吳湘湘，《晏陽初傳》，頁 502。
〔註29〕程莉，〈中國農村復興聯合委員會述論〉，《池州師專學報》第 19 卷第 2 期（2005.04），頁 78。

忘錄給國務院。這份備忘錄共 20 頁，是根據中國平民教育運動 25 年的經驗寫的。在備忘錄裡，晏陽初建議給予中國援助當中的 10%提供作為農村復興之用。當年 10 月 6 日馬歇爾覆函晏陽初說：「你所建議的計畫，看來可衝擊中國根本問題。你將確信在任何援華問題檢討時，你的建議將受到適當且慎重的重視。」〔註 30〕這個想法也獲得大多數國會議員的支持，因此援華法案中農村復興項目列為其中。

1948 年 8 月 5 日，中美雙方通過換文，成立農業復興聯合委員會，由美國總統任命兩名、中國總統任命 3 名委員共同組成委員會，並由一名中國委員擔任主任委員。〔註 31〕農復會是中美聯合機關，在法理上對國府行政院負責，實際上中國籍委員有充分權力開展工作，美籍委員也僅在一般政策上受經合署的指導。該委員中方委員為蔣夢麟、晏陽初和沈宗瀚，美方的委員為穆懿爾（Raymond T. Moyer）和貝克（John Earl Baker）。〔註 32〕會於 10 月 1 日舉行第一次會議，推選蔣夢麟為主任委員，〔註 33〕蔣夢麟，歷任國立北京大學校長及教育部長，時任國府行政院秘書長；晏陽初，為享譽國際的中國平民教育運動 25 年來的領袖；沈宗瀚，中國的農業專家；穆懿爾，曾在中國從事農業工作 15 年，並從事美國農業部在華及拉丁美洲的農業合作計畫；貝克，曾任中國國際災荒賑救委員會會長及中國政府顧問。〔註 34〕

委員會下設有秘書長及四組：農業生產組、地方自動啟發組、土地組及衛生組，每組各設一名組長。農復會的工作人員都是在自己的本業內受過完整訓練的專家，其中不乏一些自美留學歸國的博士。各組主要任務為制定計畫，計畫經過委員們開會共同討論決定之後，再交由各組執行。農復會內並無官僚作風，五人委員會採行委員制，採用辯論方式，用理由說服每個人同意為止。農復會是以完成計畫為目的，只要有業務上的需求，無論從中央到地方政府機構，還是民間團體，農復會都可以和他們直接聯繫。〔註 35〕另外，農復會組織當中尚有一小組進行直觀教具製作，以廣告畫作的方式讓大部分

〔註 30〕吳湘湘，《晏陽初傳》，頁 506。
〔註 31〕「中國農村復興計畫書」，外交部檔，〈美援文件〉，檔號：471/0036，頁 126。
〔註 32〕「外交部轉呈外交部王部長 1948.9.23」，外交部檔，〈1949 年度美援專案〉，檔號：471/0003，頁 80。
〔註 33〕程莉，〈中國農村復興聯合委員會述論〉，頁 78～79。
〔註 34〕美國經濟合作總署中國分署新聞處，《美國經合署的援華工作》，頁 51。
〔註 35〕黃俊傑著，《中國農村復興聯合委員會史料彙編》（臺北：三民書局，1991），頁 25。

屬於文盲的中國農民能夠對於農村改革的計畫施行能夠有更明確認識。例如：一張海報可以說明牛隻接種預防傳染病疫苗的重要性。而農復會也可以將其名稱印置於援助物品上，這樣受援者就能瞭解到這是美國政府及人民提供的協助。〔註36〕

由於農復會是一個臨時機構，任務完成即會結束，故不能定期聘僱人員，只能根據工作需要來決定人數。農復會招聘人員要求相當嚴格，因此合格人選較少，但其待遇相對算不錯，因此農復會成員工作相當努力。農復會工作人員最多時，總會及各省辦事人員，總計約 229 人，其中美籍人員僅19 人。〔註37〕

農復會雖有大量的經費，但並不是一個救濟機構，他的主要任務是協助農民自助以解決他們迫切的需要，而不是自上而下強制農民進行某項工作。在進行某項計畫或工程時，當地政府及農民需要提供一半的費用。〔註38〕此外，農復會名義上雖受經合署的節制指揮，實際上則可自行擬具計畫，配撥款項，訂定工作標準，並委派人員。〔註39〕也就是說，農復會自成一個體系、一貫作業，純粹以完成任務為主體，不必為一大套一般行政機關繁瑣的、承上啟下的行政轉遞公文，浪費很多人力、物力，而把全部時間用來解決問題。

11 月，經過數週的深入研究後，委員會決定深入至受援地區考察。截至1949 年 4 月 3 日，該委員會委員曾往 12 個省分作實地考察。其所經歷的省分，計有四川、湖南、廣西、福建、廣東、臺灣、浙江、江蘇、甘肅、寧夏、安徽、及湖北。〔註40〕根據月報，委託的計畫將分成 4 個領域，其目標如下：

（一）增加目前中國嚴重缺乏的農產品之生產，特別是經合署計畫所供給一部份的糧食。

（二）建立若干模範區，使此項廣泛完整的計畫，在中國政府適當的機構下，經由關於地方政府行政、土地改革、農業、農村公共衛生，以及農村社會教育等計畫加以實施。

（三）從事大規模努力於成人教育工作，以為發展民眾潛力以及提高彼等智

〔註36〕 Grace M. Hawes, *The Marshall Plan for China, Economic Cooperation Administration, 1948～1949*, p.73.

〔註37〕 黃俊傑著，《中國農村復興聯合委員會史料彙編》，頁 25。

〔註38〕 程莉，〈中國農村復興聯合委員會述論〉，頁 79。

〔註39〕 William Adams Brown Jr. & Redvers Opie, *American Foreign Assistance*, p.342.

〔註40〕 美國經濟合作總署中國分署新聞處，《美國經合署的援華工作》，頁 51。

力以致能解決彼等目前問題之工作。

（四）協助各模範區自行創立農村建設有意義的計畫。〔註41〕

農村復興聯合委員會總部設於南京，並於重慶、長沙、桂林及廣州四地，成立農復會地方辦公室，原本計畫在華北另設兩個地方辦公室並且執行華北農村計畫的初步方案，〔註42〕但卻因為共產黨於1949年秋天的勝利而被迫停止。地方辦公室的業務主要為選擇及監督計畫業務的施行，並負責與研究機構、大專院校及當地官員保持聯繫。為了避免與經合署其他計畫一樣陷入到通貨膨脹的陷阱中，農復會決定採用分期付款的方式支付其消費。當地機構被要求支付第一個10%，於是農復會將支付第一期分期付款。這種交替的付款方式使得通澎的影響降至最低。〔註43〕

由於內戰情勢警張的關係，農復會在決定計畫方案的性質與地位時，即以當時的局勢的危急作為最大考慮。平時計畫之估價恒以本身價值為根據，能否獲得合作尚在其次，但此時則以距離遙遠、不受共黨威脅及適應人民之需要為主要原則。另外，計畫方案中，對農村人民的福利有最直接而最迅速貢獻者，應先予考慮，以期爭取人民的好感，俾可推進其他計畫，同時避免迫使人民違反其信心及慣例，導致影響其他地區美援事業的進行。一般而言，當地機關較可獲一般人民的支持，並可於日後繼續推行工作，因此具有農村建設經驗之人以及當地有組織人員之機關，應予以優先協助。〔註44〕

農業復興委員會成立時，其工作內容原訂為晏陽初所提議的改進農業生產、發展農業教育中心。後來因為共軍將南下，改為堰提之修理、公共衛生之改善及疾病的控制。〔註45〕由於農復會的美籍委員至9月17日始行派定，委員會於10月1日才召開會議，因為時已遲，且因中國政府不願增加發行以供給所需的當地貨幣，因此是年秋收不能有所設施。至11月底，共軍已南下，經合署援華的大部分計畫已被停止，霍夫曼乃於12月21日宣布停止援華計畫。然而，農復會並未解散，它僅是被迫遷往廣州，並且一直以微小的經費在維持，直到國府遷臺為止，它亦隨之來臺，繼續發揮其作用。

〔註41〕美國經濟合作總署中國分署新聞處，《美國經合署的援華工作》，頁49。
〔註42〕*The China White Paper*, p.1037.
〔註43〕Grace M. Hawes, *The Marshall Plan for China, Economic Cooperation Administration, 1948～1949*, p.73.
〔註44〕美國經濟合作總署中國分署新聞處，《美國經合署的援華工作》，頁51。
〔註45〕王剛領〈1948年的美國「援華法案」〉，頁137。

　　儘管內戰及共軍的南下，一些工程在開始之前即被打斷，但仍有幾個計畫順利進行著。其中洞庭湖復堤工程是計畫中最大的一項，該堤直接保護著五十萬畝以上的耕地和超過 17，000，000 人的生計，每年可出產食米達 50 萬噸。〔註46〕1947 年夏末水災，摧毀此地區 80％的稻米收成。〔註47〕為修築此全部堤堰工程的 300 個缺口，經合署原擬付出一半的經費，達 1600,000 美元，〔註48〕最後農復會以 100 萬美元，地方自籌相等 100 萬美元，從事復堤工程。在完工後的第一季收穫，可增加相當於 1200 美元的糧食，可減少中國糧食進口總數的 1/3。〔註49〕

　　除了洞庭湖復堤工程外，在水利工程方面，農復會在大陸期間另一個大工程為修復廣東雷州半島南部的雷湛堤防。此堤防南北兩堤內有水田 200 萬畝，每年產稻米 561.6 萬多擔，直到 1949 年 10 月共軍抵達廣州，農復會工程師離開之時，南堤已完成 95％，北堤完成 75％；而在四川的水利工作大多以整修或擴展既有的灌溉工程為主。1949 年 2 月農復會補助 40 萬美元作為第一期 12 項工程費用，第一期工程進行很順利，受益面積達 210700 畝。7 月農復會再核定貸款 62 萬美元，協助大型工程 14 項，受益面積 645650 畝。但後來因為軍事原因，農復會核定貸款只撥付 1.7％；農復會在廣東省核定專辦機械提水與排水工程 9 項，受益面積 4 萬多畝。到 1949 年 10 月完成 4 項，2 項完成 60％；廣西省水利工程農復會同意補助 9 項計畫，因為軍事變化的關係，最後只有一項工程完成 80％，另一項完成 25％。〔註50〕總計，農復會在湖南、四川、廣東、廣西等省分核定的的工程共 53 項，到 1949 年 12 月止，能全部完成的有 13 項，已接近完成階段的有 7 項，其餘 33 項工程，在農復會撤退之時，工程完成有限或者完全尚未動工。這 53 項工程總貸款額數為 3,209,950.94 美元，實付貸款 1,491,957.68 美元，僅佔核定數的 46.5％而已。〔註51〕

〔註46〕「US Aid Helps Reconstruction Central China Coast Seawall Project」，外交部檔，〈美援統計資料〉，檔號：471/0044，頁 135。
〔註47〕黃俊傑著，《中國農村復興聯合委員會史料彙編》，頁 42。
〔註48〕「US Aid Helps Reconstruction Central China Coast Seawall Project」，外交部檔，〈美援統計資料〉，檔號：471/0044，頁 135；美國經濟合作總署中國分署新聞處，《美國經合署的援華工作》，頁 46。
〔註49〕黃俊傑著，《中國農村復興聯合委員會史料彙編》，頁 48。
〔註50〕吳湘湘，《晏陽初傳》，頁 554。
〔註51〕黃俊傑著，《中國農村復興聯合委員會史料彙編》，頁 35。

農復會在大陸期間推行的工作，除了水利工程外，還包括辦理民眾教育、組織農民生產合作機構、土地改革問題、動物疾病預防、品種改良、防治傳染病等。這段期間有三個示範中心區受到農復會的補助，分別是四川省第三專區（重慶附近）、浙江省杭州市區及福建省龍岩縣區。〔註52〕農復會在這三個地區的工作，成果頗為豐碩，受到各方極高評價。以下就各項工作分做說明：

一、民眾教育

民眾教育主要實施於四川省第三專區，農復會撥付 100 萬美元給予四川省第三區，用以實施其廣泛的農村建設方案。而此項方案是根據晏陽初博士之前的平民教育運動所簽訂的，主旨在鼓勵當地民眾努力解決農村生活、教育、衛生以及地方政府等問題。此方案約於 1947 年即已計畫，至 1949 年農村改革已在三個縣頗有成效，農復會的援助，使此項方案能在其他八個縣也能實施，約有 500 萬人民受到此項方案的影響，然此區民眾對此方案所負擔之經費，僅為一半。〔註53〕

至 1949 年 12 月止，民眾教育班有已成立者，亦有即將成立者，當於預期一年半內就可以掃除文盲。另外在每一個社會單位中，也將成立數千個消費合作社，其會員僅限於實際從事耕作的農民。另外在各地還執行衛生計畫，重點在於預防天花、瘧疾以及腸胃傳染病，並以攝生、產科及小兒料理等科目副之。

此外，農復會在此實驗區還辦理貸款業務，在合作原則下協助發展家庭紡織工業，俾能購得業經織造染色的棉布。此外貸款還可以用在購買共同使用及享用的水牛，興建灌溉蓄水池以及使佃農獲得土地所有權之用。〔註54〕而且些貸款所償還的款項，可以轉變為周轉基金，以用於其他農村建設工作方面。

〔註52〕受農復會補助的示範中心，主要有：（一）四川第三區之社會教育運動中心，其工作之推進，依社會教育運動原有之方法辦理；（二）浙江杭州區之農業推廣與家庭指導中心，其工作之推進，依該處美國農林部原已辦理之工作繼續辦理；（三）福建龍巖之土地改革中心，其工作之推進，依國府之土地改革方案辦理。黃俊傑著，《中國農村復興聯合委員會史料彙編》，頁42。

〔註53〕美國經濟合作總署中國分署新聞處，《美國經合署的援華工作》，頁53。

〔註54〕美國經濟合作總署中國分署新聞處，《美國經合署的援華工作》，頁55。

二、土地改革

　　國府在福建省龍岩縣進行土地改革試驗，獲得中國農村復興聯合委員會的支持。蓋因此項計畫，已對世人重申私產制度，且重新強調私產制度可鼓勵人民增加生產能力，若人民之責任感增加，其對工作之意願與能力亦同時增加。〔註55〕

　　土地租佃制度的改革原經擬定爲農村復興計畫的一部份，然因國府堅持須首先注意增加農產，以致耽延。1949年3月，農復會決定實施土地改革計畫，故選用福建此農村試驗區施行。〔註56〕此項土地改革計畫之基礎乃根據以下幾項原則：

（一）耕者有其田，絕無例外。土地所有者如需靠其土地生活，例如老弱鰥寡，准予保有土地所有權，直至無此需要爲止，此時土地則轉交於佃農。

（二）由政府根據土地優越所有權程序徵收土地，其補償價格，根據當地土地價格。從前地主多爲廈門商人，彼等曾表示贊成此項改革，並建議協助中國農村復興聯合委員會推廣土地改革計畫。

（三）四口以下之家保有12至20畝之土地，所謂一畝係只能生產兩擔穀之土地而言。超過四口之家，每增加一人，可多獲25%之土地。

（四）凡願出售土地之農民，只能由政府轉賣與其他耕丁。

（五）任何耕丁所獲得之土地，不得比上述法定家庭成員之限制數量爲多。

（六）族有及村有土地，亦在此限制之列。〔註57〕

　　農復會計畫爲協助地方政府收購佃農所耕之土地，轉售與需要土地的農民，價款一次付清或分四次繳付。同時辦理農田貸款，使農民需款時獲有資助，無須以農田爲抵押，因此農會組織的成立或重行組成，執行農復會主持之土地改革及其他業務。此事在大陸上雖成效不大，但在臺灣則成就甚大，日本治臺時期原有的農會組織，光復後雖無形解散，但日後又重新成立。〔註58〕

　　龍岩縣的農村建設計畫及土地改革計畫，至1949年12月止，就已完成分地各鄉成果分析，計所分土地達77,441畝，創設的自耕農達7881戶。〔註59〕

〔註55〕美國經濟合作總署中國分署新聞處，《美國經合署的援華工作》，頁55。
〔註56〕William Adams Brown Jr. & Redvers Opie, *American Foreign Assistance*, p.343.
〔註57〕美國經濟合作總署中國分署新聞處，《美國經合署的援華工作》，頁57～59。
〔註58〕William Adams Brown Jr. & Redvers Opie, *American Foreign Assistance*, p.344.
〔註59〕黃俊傑著，《中國農村復興聯合委員會史料彙編》，頁188。

　　除了在龍岩縣實行土地改革計畫外，經合署也在四川、廣西、貴州、臺灣等省協助政府推行農田減租運動。四川省農地減租從 1949 年 9 月開始，到 11 月份減租工作已完成 49 縣，統計全省參加減租工作人員約 96,000 人，所需經費除省縣政府籌款外，農復會協助銀行 29 萬美元，這計畫下受益的佃農總數估計約為 1750 萬人；廣西省土地改革包括減租及限田兩項工作，農復會補助土地經費 41,010 美元，1949 年 9 月，廣西省政府指定 30 個縣按三七五減租標準實施減租，而限田方面，共查出超土地 13 萬多畝，11 月共軍抵達桂林，減租工作停止；貴州省農地減租計畫實施較早，推行區域達 80 個縣，實施二五減租，1949 年 10 月，農復會給予經費補助；臺灣地區在 1949 年 4 月在陳誠主持下推行三七五減租，農復會補助 6.7 萬美元，共有 35 萬佃農受惠，佔所有佃農 67％。〔註 60〕

三、衛生及疾病預防

　　農村復興計畫中的衛生部份著重於原有組織的加強，並矯正以往治療重於預防之偏弊。當經鼓勵地方衛生團體代辦政府工作，配給少數現金贈款與醫藥用品，並給予訓練及視察各方面技術上的協助，此項衛生工作大部分在四川、臺灣二省實施，工作項目則為牛痘的接種、牙疾之研究與治療、營養之研究、鼠疫之防止、瘧疾之研究與預防，以及鄉村自來水建設等。〔註 61〕

　　在傳染病的預防上，農復會除了改善中國地方衛生問題，教育一般民眾預防重於治療觀念外，並積極協助中國自行研發生產傳染病疫苗。霍亂在當時為中國全國性的問題，霍亂雖然可以預防，但在當時若想要完全撲滅，幾不可能。農復會協助臺灣一個實驗場，以為撲滅霍亂的開端，該實驗室設備完善，且為當時中國疫苗出產量最大的實驗場。農復會的款項，在協助其補充機器及繼續擴充業務之用。而聯合國糧食農業組織，亦有一位專家在該場協助，指導一種新式且更為有效疫苗的生產，即為 Crystel-violet vaccine，預計在 1949 年 8 月能夠生產該項新疫苗七萬劑。〔註 62〕

　　從 1949 年 7 月到 1950 年 2 月 15 日，農復會共通過衛生計畫 22 項，其中 10 項屬臺灣，12 項在四川。四川省最大的規模的計畫是全省普種牛痘防治

〔註 60〕吳湘湘，《晏陽初傳》，頁 559。
〔註 61〕William Adams Brown Jr. & Redvers Opie, *American Foreign Assistance*, p.344.
〔註 62〕美國經濟合作總署中國分署新聞處，《美國經合署的援華工作》，頁 61。

天花工作，並加強 8 縣衛生院，28 個衛生所藥械及人員的訓練，以促成其自助的狀態。〔註63〕

　　除了一般民眾的疾病預防問題外，農村家禽的疾病預防也是農復會相當關注的問題，因為家禽對於中國農村而言也是相當重要的資產，尤其牛隻。而在當時牛疫此項疾病使中國的牛隻損失甚大，連帶的也影響到中國農業食米的生產，因此如何預防牛疫的傳染，是當時農復會極欲努力的工作項目之一。牛疫存在於中國東南、西南以至於長江流域，農復會聘任專家組成考察團至廣東、廣西、四川等地實地考察，攜帶工作實驗之儀器工具至當地工作，並且製造疫苗及注射家畜，有著不錯的成效。另外，丹毒一病，時常流行於四川、湖南及長江流域一帶，農復會也計畫日後資助研發預防該疾病的疫苗，但卻為戰事影響而無法成事。〔註64〕

四、品種改良與繁殖

　　關於其他方面，農復會補助各省農業機構建立健全的良種繁殖推廣制度，同時舉辦殺蟲藥劑、化學肥料等示範（前面一章即已敘述）等工作，這些工作成就雖不能短時間達到大量增產的目的，但卻對於農業建設基礎的建立，以及將來農業問題的解決有著很大的影響。

　　中國農業復興聯合委員會於 1949 年 4 月撥出 10 萬美元，協助維持努力於品種改良、種子繁殖與分配的機構。此項業務，分別在廣東、浙江、四川、湖北、湖南及廣西等省，總共有 21 個農產實驗所及種子繁殖所中實施。農復會從事的品種改良及種子繁殖是以當時兩大主要農產品稻米及馬鈴薯為主，所應用的品種，係從適合中國各地環境所選擇出來的，尤其稻穀的品種改良，更是從萬支稻幹中挑選而出的品種。而在種子的繁殖方面，則在每一個實驗所中，則以數蒲式耳式培養種子，此種管理方式下的種子培養場，俾能保持純淨。而為了能夠使品種改良實驗更具成效，農復會亦準備聘用美國專家，來協助中國的技術專家，建立一套系統，以可能範圍內最迅速最經濟的方式，執行品種改良種子繁殖計畫。此外農復會還提供經費給予種子檢驗所添購儲藏設備，以支持其管理下的種子繁殖場。〔註65〕然而以上計畫項目的實施皆

〔註63〕吳湘湘，《晏陽初傳》，頁 557。
〔註64〕美國經濟合作總署中國分署新聞處，《美國經合署的援華工作》，頁 59～61。
〔註65〕美國經濟合作總署中國分署新聞處，《美國經合署的援華工作》，頁 63～65。

因戰爭之故，而日後轉移至臺灣繼續施行。

　　從 1948 年 6 月至 1949 年 12 月間，農復會動用 800 多萬美元在農村的經濟和社會建設上，包括發展農業、組織合作社、公共衛生、教育、水利及地租改革遍及 7 個省分，估計約有 600 萬農民受惠。在農復會所動用的款項中，其中 75% 大約 600 萬美元是用於提供農民的貸款，貸款不是施捨，因此歸還的款項亦可用於其他建設之中。〔註66〕雖然美國國會援華款項中核准 2750 萬美元供作農村建設之用，但當時實際用於中國農民身上的大約僅 250 萬美元，其餘 2500 萬美元之等值當地貨幣應用由相對基金項下支用。〔註67〕

　　農村復興聯合委員會成立之時，正處於軍事及政治混亂之局，然諸位委員仍想有一番作為，故提出一項積極性作為的方案。他們認為可由農村復興工作中培養民氣，並在西南西北各省築出一到社會防線，以防止共產主義入侵。委員會乃於 1949 年 5 月 10 日商定一項新的計畫，並決定以下各項原則：不受戰事或受戰事威脅甚小的地區，委員會將集中全力辦理；易受戰事影響地區將不再推行新計畫，其已辦理者，則仍繼續辦理；可能受到戰事影響的地方，如湖南、江西南部，補助僅給地方自發性計畫，則將來即使農復會停補助停止，仍能因地方力量繼續存在。

　　最顯著的變化之一為協助鄉村重建在這一整年期間緩慢地發展。前已論述，經合署的農村重建計畫中最重要的一項就是土地改革，經合署的農村方案已經疊合在中國存在已久的地主——佃農的產業結構上，經過幾個月的努力後，委員們開始瞭解到，要使農民們受益於專家所教授的農業技術前，土地本身就必須更公平的分配。蔣彥士在日後評述大陸的土地改革，他這樣說：

> 土地改革剛施行時，有些地主不肯，……在大陸，地主剝削農民很
> 屬害，所以如改善農民情況，共產黨即不易滲透，我們在臺灣開始
> 實行時，即感覺到臺灣的農村是共產黨很難滲透進去的地方。〔註68〕

　　保羅·強斯頓（Paul H. Johnston），經合署的經濟專家，在 1949 年 4 月寫了一份建議強調土地改革項目的備忘錄。他也注意到共產主義者政治實力基礎是建立在支持「土地改革」上，他感覺到「反共產主義者由於這個議題上的忽略而輸掉大部分」，對他而言，再分配，似乎早該做而且

〔註66〕程莉，〈中國農村復興聯合委員會述論〉，頁 80。
〔註67〕William Adams Brown Jr. & Redvers Opie, *American Foreign Assistance*, p.344.
〔註68〕黃俊傑著，《中國農村復興聯合委員會史料彙編》，頁 163。

> 如果美國援助的努力投入在……協助土地改革，那麼將與輿論爲
> 伍，而非反對。我們將同時完成許多與美國相聯繫，擋不住且大受
> 歡迎的美好行動。〔註69〕

葛里芬也對他的看法表示支持，在1949年6月他離開中國前的一份聲明中指出，農復會是當時經合署留在中國唯一的計畫。「雖然或許是最後，但也是最重要的美國援助的努力。」他指出：

> 農復會的工作是堤防修護提供灌溉、品種的改良或人類跟動物疾病
> 的控制。農復會的遠大目標，是給予農業生產者越來越多增產後的
> 利益，並且能夠停止濫用及減少農民的重擔。農復會必須推動土地
> 改革，但縱使說了那麼多，但卻僅有少數完成改革。〔註70〕

委員會也同意如此的看法，在1949年6月的一場會議裡通過，將農復會日後的工作重點擺在處理土地改革上。在葛里芬及賴普瀚離開中國，經合署其他的計畫都被中斷，農復會成爲經合署在中國唯一的代理機構之後，穆懿爾博士被任命爲特別經合署代表，監督方案的進行，繼續執行的大多是延續過去已施行的工作，但土地改革問題只受到輕微的關注。6月時農復會詳細的工作清單中，其重點依舊擺在包括水稻的品種改良、灌溉及排水項目、牛隻的疫苗接種、化肥及農藥的分配、平民成人教育及民眾的健康。然而，所有的項目壽命都是短暫的，因爲共軍在夏、秋之際就已經佔嶺南部省分，因此農復會也把它的總部移往臺灣。

農復會在大陸一年多的活動，農村的復興計畫一直被經合署領導者列爲最重要的工作項目。在1949年3月，當賴普瀚在華盛頓爭取更多的援助給中國時，就特別強調農復會的重要性，他認爲今後美國應該將援助重點擺在農村而非都市，因爲這樣可以接觸中國廣大的農業人口，更可以呼應美國於1947年12月由國務院所發出的對付「世界共產主義」的宣傳政策指示。〔註71〕在

〔註69〕 *Memorandum to R. Allen Griffin and Norman J. Meiklejohn from Paul H. Johnstone*, dated April 7, 1949, Griffin Papers.
〔註70〕 *Statement by R. Allen Griffin, Hong Kong*, June6, 1949, Griffin Papers.
〔註71〕 美國國務院於1947年12月及1948年7月兩次發表對付「世界共產主義」的宣傳政策指示，作爲美國所有官方新聞宣傳的指導原則，其主要內容爲：對外宣傳要有利於美國的政策和行動，抵銷反美宣傳的效果；爭取第三國人民瞭解蘇聯及其「衛星國」的內幕，以加強對蘇聯及各種主義組織的反對。一言以蔽之，這個宣傳的目標就是爭取他國人民親美反蘇反共。參見資中筠《美國對華政策的緣起和發展（1945～1950）》，頁277。

給霍夫曼的備忘錄中他說道：

> 讓我們領導許多中國人，因爲我們可以沿著農復會——土地改革提
> 議的這條線，改善農業技術、醫療衛生的教育、兒童和成人學校、
> 大眾平民教育，讓我們藉由我們的行動制訂反宣傳，以抵銷共產黨
> 扭曲的宣傳。〔註72〕

　　1949 年 9 月，賴普瀚及葛里芬再度提出類似的提議，他們被要求向「中國
白皮書」編撰小組領導人之一，無任所大使翟士普（Philip C. Jessup）表達他們
對中國的意見。翟士普爲了 10 月份在華盛頓即將召開的中國政策會議，他從許
多待過中國的人經驗中尋求訊息。賴普瀚和葛里芬的報告中，還是不斷強調與
中國共產黨政府保持聯繫的重要性，尤其是透過農復會所施行的計畫。當然共
產黨人是不可能同意美國參與農村復興工作的，但這個備忘錄卻可以顯現出農
復會的努力深獲經合署領導人的信心。10 月 6 日，白宮「國家安全委員會」通
過一項文件，其內容除落實通過「經濟合作總署」繼續給予經濟援助臺灣的國
民黨政權外，並且「農村復興計畫」將繼續進行。〔註73〕

小結

　　經合署中國團團員史迪曼從 1948 年 6 月起，在中國考察了 2 個月後，做
出將大多數的經費放在工業替換，而不是工業重建上的結論；並且經合署聘
請紐約懷特工程公司爲中國工業復興的顧問。原本經合署在 1948 年所編的第
一次經援中國計畫中，配撥 8,000 萬美元供工業重建與修護之用，經過復興計
畫調查團將近三個月的調查後，援助款重新分配將工業器材更新之費用由
2,000 萬美元增加到 3,500 美元，工業重建則由 6,000 萬元降爲 2,500 萬元，另
行撥款 750 萬美元供工程勞務之用，藉以保障修復工程及建設器材皆可按照
計畫實施。此外，又允許臨時撥款幫助許多計畫，包括運輸服務、電力計畫、
化學肥料工廠及煤鐵礦等等。

　　然而，中國內戰規模的擴大與殘酷，阻止援助計畫如期完成。而且在事
實上，甚至改變了全部計畫的形式，破壞日益擴展，交通運輸以及整個經濟
的脫節無此之甚。因此一切工業補充與建設計畫，不得不於 1948 年 12 月間

〔註72〕 *Memorandum to Paul G. Hoffman from Roger Lapham*, Dated March 9, 1949,
　　　　Griffin Papers.
〔註73〕 FRUS, 1949Ⅸ, pp.392～397.

予以放棄。原備建設之款項，改以用購買物品以供消費——購買糧食以供配給，購買棉花以供衣著，購買石油以保持殘餘工業及運輸之生機。〔註74〕

　　1948 年 8 月 5 日，成立農業復興聯合委員會，由美國總統任命兩名、中國總統任命三名委員共同組成委員會，並由一名中國委員擔任主任委員。此委員會成立時，華北、東北以爲中共所控制，故將做重點放在華南及西南。工作內容原訂爲晏陽初所提的改進農業生產，發展農業教育中心，美方代表則加上鼓勵中國自助。後來因共軍將南下，工作重心改爲堰堤之修理，公共衛生之改善及疾病的控制。是時經合署要求中國政府出資相助，（美國）國際貨幣財務問題諮詢會主張另找基金不必償還，雙方意見之爭至 11 月底，共軍已將南下，大部分的計畫已被取消，加上中國地方貨幣穩定基金不能使用，工業計畫及機械更新計畫亦不能進行，霍夫曼乃於 12 月 21 日宣布停止援華計畫。然而「農業復興聯合委員會」並未解散，它一直以微小的經費維持運行，直到國府遷臺，才停止在大陸的工作。

　　農復會在大陸只存在短短的 16 個月，雖然面臨戰亂不已的狀態，但它仍用其微少的經費施行其改善農村生活的工作，而雖然農復會在許多建設上都有著完善計畫，尤其農村土地改革的公平追求上，更是其所努力的一大方向，事實上其也於各處實施減租計畫，然實因時間太短，故未能見到成效。但其在大陸所做的不管是農民教育、衛生醫療改善、農產品種改良，對農民生活的改善有著一定的貢獻。經合署在大陸一年多的活動，農村的復興計畫一直被經合署領導者列爲最重要的工作項目。1949 年 3 月，當賴普瀚在華盛頓爭取更多的援助給中國時，就特別強調農復會的重要性，他認爲今後美國應該將援助重點擺在農村而非都市，因爲這樣可以接觸中國廣大的農業人口，更可以呼應美國於 1947 年 12 月由國務院所發出的對付「世界共產主義」的宣傳政策指示。

〔註74〕美國經濟合作總署中國分署新聞處，《美國經合署的援華工作》，頁 1。

第六章　經濟合作總署中國分署援助工作的轉移

第一節　經合署援助工作的中止

　　1948 年秋冬之際，國共內戰已到了白熱化階段，而中華民國政府軍事行動開始節節失利，尤其 6 月濟南失陷，震驚了華中華南；10 月錦州失陷、11 月再失瀋陽，整個東北至此陷入中共控制中。1948 年 8 月 5 日，美國參謀首長聯席會議提出一份備忘錄（NSC22/1），建議美國應協助中華民國政府，以免中國淪入共產黨之控制。最後建議「美國繼續現有批准的援助計畫」。〔註1〕9 月 7 日，由美國國務院政策設計委員會提出一份名為〈美國對華政策之檢討與認定〉（NSC34）的備忘錄，詳細的敘述和分析中國的人口、地理、歷史、資源、社會矛盾以及國民黨失敗和共產黨勝利的原因。國務院「政策設計委員會」主席肯楠（George F. Kennan）對當時中國局勢的具體建議有三：1.仍然繼續承認中華民國政府；2.中華民國政府如垮臺，美國再決定是否要承認中共；3.盡量以各種方式防止中共成為蘇聯附庸。而對中華民國政府仍是繼續 1947 年之消極或「有限度援助」的政策。〔註2〕

　　在 1948 年秋季的幾個月裡，經合署中國分署在領導人賴普翰及職員們的

〔註 1〕 Memorandum by the Joint Chiefs of Staff to the Secretary of Defense, August 5, 1948, FRUS, 1948Ⅷ, pp.132～135.

〔註 2〕 Memorandum by the Policy Planning Staff,（PPS39）, To Review and Define United States Policy Toward China, FRUS, 1948Ⅷ, pp.146～155.

努力工作下，減輕沿海各大城市居民的疾苦。在與中國當局商討後決定，依舊定期配給糧食。但軍事和金融情勢日益惡化下，這種臨時配給的工作，漸漸成為美國人所單獨承擔之事。例如：上海和南京一帶的搶米風暴，因為迅速放出大量白米供應市場，而得以遏止；北京、天津，經合署的供應糧食協助從關外逃來眾多的難民，使得傅作義將軍的難題因而減輕。〔註3〕

除了在非共佔領區持續援助工作的進行外，經合署最關切的焦點在於如何處理中共佔領區的工作。尤其援助物資是否繼續供應，成為經合署中國分署與華盛頓當局主要的意見紛歧點。華府希望能避免援助物資落入中共之手，而經合署領導們則認為應與任何一個政權接觸——包括中華民國政府、共產政權及其他組織——透過持續配給糧食及日用品，而可以保持溝通管道的通暢。〔註4〕

1948 年 11 月，葛里芬寫給克里夫蘭的長篇備忘錄說，在中國，他僅能透過「新聞報導、大使館的態度以及華盛頓的指示」去瞭解美國對華政策的立場是繼續或者停止援助。無論是面對聯合政府或共產黨政府，葛里芬無法瞭解美國政府的態度為何。當時美國已無法阻止中共在中國大陸的勝利，稍微瞭解實際狀況的美國駐華官員都承認，中共在其控制的地區「很大程度上贏得了人民的支持」，因此「不相信有能力改革他們，或者改變共黨黨員及其領導人以馬克思主義模式做的任何事情。」〔註5〕主張「如果要放下鐵幕，應由共產黨人放下而不是由我們來放下。」〔註6〕所以葛里芬建議「應該與任何控制中國政權的政府進行協商，……而不是狠狠的將門給甩上。」「在中國境內……，可以利用我們的智慧、努力及耐心去防止挑起另一次的革命，去發展每一種我們可用的方法，分裂蘇聯與中國之間，使中國對於西方世界有著更大的依賴。」〔註7〕也就是說，葛里芬認為美國只要防止中國共產黨成為蘇聯的附庸，就不會對美國形成威脅，等中共遇到一系列的無法克服的困難時，特別是與蘇聯的矛盾加深時，美國的機會就會來到。

〔註3〕司徒雷登著、閻人俊譯，《在中國五十年：司徒雷登回憶錄》（下），頁 41～42。
〔註4〕Grace M. Hawes, *The Marshall Plan for China, Economic Cooperation Administration, 1948～1949*, p96.
〔註5〕*Memorandum to Harlan Cleveland from R. Allen Griffin, November, 1948*, Griffin Paper.
〔註6〕資中筠，《美國對華政策的緣起和發展（1945～1950）》，頁 267。
〔註7〕*Memorandum to Harlan Cleveland from R. Allen Griffin, November, 1948*, Griffin Paper.

　　賴普翰贊同葛里芬的情勢分析，因此在 11 月 26 日寄給霍夫曼的電報中也略述了他的四項選擇：（一）完成現有的援助工作，只要「經合署人員行動自由，與地方當局合作分配、安排並且向中國人說明援助物資的來源」；（二）在糧食及日常物資上，只允許配發已經到達或已在前往中國途中的物資；（三）停止或重新安排船貨，並且轉移手上現有的物資；（四）停止或重新安排船貨，並嘗試回收在中國的物資。賴普翰推薦第一及第二項建議，而強烈反對第三及第四項建議，他認為美國政府應該盡可能的與任何一個掌管中國的政權保持接觸。霍夫曼支持賴普翰的想法，並且在離開華盛頓展開包括至中國的旅行前，他試圖要對此事做一決定。〔註8〕

　　在給美國總統杜魯門的一個備忘錄裡，霍夫曼向其推薦賴普翰的四個選項中的第一個選項。他認為這選擇可以給美國一個很好的宣傳機會，因為如此不僅可以顛覆中共宣傳美國為帝國主義者的說法，並且萬一中共拒絕援助物資，整個責任的壓力也在於中共而非美國。霍夫曼還說服國會監管委員會（Watchdog Committee），也普遍贊成賴普翰的建議，因為他們對於中共宣傳美國為帝國主義的說法相當敏感，很希望避免此說法影響到中國人民。〔註9〕

　　然而國務院代理國務卿羅維特（Robert A. Lovett）則對美國應該採取什麼行動抱持較為模糊的態度。11 月 3 日，召開國家安全會議，國防部長佛萊斯特（James Forrestal）在其日記中紀錄，曾有過「對援助中國中華民國政府的糧食及日常用品的船載是否可以延誤，以及對物資及裝備的配發是否可以加以規畫」做了初步討論。在 11 月 22 日一次內閣會議上，國務卿發現中國的情勢正在迅速惡化，有超過 30 個師的國軍帶著裝備投共，當中包刮許多由美國訓練的軍隊，最後的結果是中共獲得了大量美國提供的軍事裝備。4 天後，在另一次內閣會議上，佛萊斯特獲悉中華民國政府軍隊加速惡化，「33 個師的設備，包括 297,000 支步槍，大量自動武器，105 和 155 毫米炮及防空的武器，已經被蘇聯人獲取。」1949 年 1 月，美國發表〈美軍關於 1948 年軍事發展的情報總結〉，宣稱：國民黨在四個半月內損失了總兵力的 45%，1948 年國共軍力比是 3 比 1，而當時作戰部隊的國共比已是 1 比 1 又 1/2，並做出結論「過去一年中特別是最近四個半月的事態發展結果，國民黨軍隊遭到慘重損失，

〔註 8〕 Grace M. Hawes, *The Marshall Plan for China, Economic Cooperation Administration, 1948～1949*, p98.

〔註 9〕 *Harlan Cleveland to Roger Lapham, December1, 1948*, Griffin Papers.

使其軍事地位已下降到沒有可能獨立恢復的地位。另一方面，同樣的事態發展使共產黨的地位大大上升，能力大大加強，現已有能力對國民黨軍隊取得完全的軍事勝利。」〔註10〕而這樣的情勢也大大的影響中國爭取美援的契機。根據駐美大使顧維鈞於 1949 年 4 月 30 日發回廣州外交部的電文指出：「……報界及廣播電臺做出對我不利之宣傳，指出我軍事失敗根源，由於策略錯誤、指揮不善、士氣消沈、兵無鬥志，海陸空軍將士常有投敵，美供械彈器材十九轉落共手，從無一役因武器不足而致敗。又謂此次共軍渡江長驅直下，我軍一無抵抗，空軍油彈均有存儲，竟未出動，人心已去，毫無敵愾之心。我不能自助，美援無法能挽救，近復公開或密交材料，逐步發布，大事宣傳，以塞主張援華者之口。……」〔註11〕

　　如此情況下，霍夫曼的建議似乎變的不合時宜。直到 12 月 5 日他前往中國訪問前，國務院都沒有做出決定。霍夫曼中國行的展開，主要是賴普翰認為霍夫曼需要目前情勢的第一手觀點，並且由於他的出現可以證明，美國尚未放棄對華的援助。他抵達上海後，收到中國分署領導人賴普翰的備忘錄，文中簡述其對中國情勢的看法，並且對美國的中國政策提出建議。賴普翰指出軍事的惡化，中華民國政府的效率低落，令人絕望的經濟問題，以及蔣介石的領導不力。根據賴普翰的說法，在這種經濟援助難以管理的情況下，中共更進一步的宣傳中國的問題歸咎於美國的援助及美國政策的干擾。他提出美國長期跟短期目標的建議。在短期目標上，他主張在中國繼續進行私人貿易，援助在華之教育、軍事及教會事業，及繼續維持大使館與領事館；並稱：中共政府對美「不友好」，「吾人不論是否喜歡中共，吾人必須準備承認中共在其佔領區內為事實政府」。〔註12〕至於長期目標，最重要的是需要在中國政策的總體目標上的做一個決定。美國政府應該對中國共產黨的性質做一結論，他們是由莫斯科領導？還是他們是中國愛國者而只是借用共產主義者名字？賴普翰的政策建議強烈的反映出他對於中國政策模糊的不安，美國目標似乎含糊不清且不確定，並且援助任務不僅受缺乏國務院指導之苦，而且也

〔註10〕資中筠，《美國對華政策的緣起和發展（1945～1950）》，頁 195。

〔註11〕「駐美大使顧維鈞電廣州外交部 1949.4.30」，外交部檔案，〈1949 年度美援專案〉，檔號：471/0005，頁 65～67。

〔註12〕「賴普翰主張美援用於臺灣，抨擊中華民國政府反對再予援助，促美事實承認中共政府」，外交部檔案，〈1949 年度美援專案〉，檔號：471/0006，頁 9；C.X. George Wei, "The Economic Cooperation Administration, the State Department, and the American Presencein China, 1948～1949," p.43.

明顯的缺乏該領域其他機構的協調。〔註 13〕

　　在中國停留的 4 天時間，霍夫曼馬不停蹄地參加關於軍事情勢及經濟情況的簡報和會議，他會晤了中國及美國的高級官員，並且與其他團體見面。12 月 12 日，霍夫曼與一群從美國申請到 2,000 萬美元津貼的美國志工代表談話。同一天，他會見了美援運用委員會的代表。建議「目前經合署未動用資金的重新分配，包括 1949 年第二季的援助和 1949 至 1950 年度的預算。」隔天早晨，他與經合署天津代表葛蘭特（Jeams Grant）及傅作義的助手進行早餐，討論華北的情勢。後來，他接見了 20 名科學家以及上海的公民代表，並聽取他們的意見。12 月 14 日，他參與蔣夢麟與穆懿爾的農復會活動。然後他飛往南京和中國外長王世杰進行會晤，稍後在駐華大使司徒雷登家中會議，並與經合署及美國軍方領導人討論賴普翰 11 月 26 日的電報內容。當晚並在蔣介石官邸中與蔣進行一場短暫的晚宴，參與晚宴的美國人包括司徒雷登、莫成德、克拉克、伯格、海軍上將巴爾、賴普翰、葛里芬等人。〔註 14〕隔天霍夫曼回到上海，並從上海離華前往韓國。

　　在中國短暫的停留期間，霍夫曼關於美國援助停止與否的意見，在一次上海新聞記者會上公開。當記者問道：「經合署是否會繼續援助在共產黨統治下或聯合政府統治下的中國？」他的回答是：「如果是聯合政府，在我看來是代表全體中國人民，那我會建議繼續援助工作。」但是「如果這個聯盟看起來徹底的為共產黨所掌控，我想說我們的政府應該不會贊成繼續這種援助。」然而在無法確定哪一政權統治中國之前，他將肯定建議援助會繼續下去。這場記者會，霍夫曼明確表達支持賴普翰 11 月 26 日在電報上的建議。至於中國新的代理機關，則必須根據霍夫曼備忘錄及華盛頓其他成員會議後的規定。只要他們符合條件，援助將繼續分發給他們。經合署被要求會在國民黨完全失敗後考慮與新的代理機構進行協商。〔註 15〕

　　霍夫曼在上海記者會公開表示支持的建議，在華盛頓沒有獲得認可。霍夫曼被告知，他在記者會上的談話被引申為「他支持繼續對中國援助，即使

〔註 13〕 Grace M. Hawes, *The Marshall Plan for China, Economic Cooperation Administration, 1948～1949*, p100.

〔註 14〕 *Schedule of Paul Hoffman's activities in China, December11～15, 1948.* Griffin Papers.

〔註 15〕 「Press Conference Economic Cooperation Administration, December 13, 1948」，外交部檔案，〈美援情報〉，檔號：471/0043，頁 42～49。

是中共主管的聯合政府。」霍夫曼回答說，這不是他當天談話的意涵，「我們或許將繼續供應人民，直到國務院決定是否新政府有這樣的援助的資格。」經合署再度強調：「是供應人民，而非政府。」〔註16〕

在與杜魯門總統會晤後，霍夫曼向新聞界宣布「將凍結工業重建和更換計畫的資金」。當天早些時間，另一個跡象顯現，經合署中國分署的立場受到質疑，白宮發言人宣稱，該機關被國會要求開除所有參與決策與執行的人員，此舉暗示，那些贊同繼續援助聯合政府的人，其動機可能被懷疑檢視。〔註17〕早在 1949 年 1 月初，克里夫蘭告知賴普翰有關霍夫曼在上海記者會表達的意見，是「現在所謂的嚴重問題，可能是你將收到電報，說明將不再有物資提供給由中國共產黨所控制的任何地區及團體。」而在國家安全會議或內閣會議上有一個普遍的共識，即已在中國的援助物資將在實質政權的監視下分發。但國務院應該不會跨越那條堅持的界線，他們會讓中共在沒有任何美國物資援助下自食惡果。〔註18〕

霍夫曼與羅維特在許多基本觀點上顯然是不同的，霍夫曼表明贊同經合署繼續留在中國，並且試圖透過證明美國對中國人民持續的友誼，來阻止蘇聯統治中國。然而羅維特認為這樣的作法是不智的。兩人的意見衝突，在國務院會議上再度發生，霍夫曼說美國最好恢復「區域計畫」，美國應以經濟援助加強這些「區域性政府」，以便中國人的反共本性再次抬頭，從而削弱對共產的的支持。羅維特則認為霍夫曼的建議將是全球性反共主義政策的一個例外，並且將使美國在其他地區的努力受到傷害。〔註19〕

〔註16〕Grace M. Hawes, *The Marshall Plan for China, Economic Cooperation Administration, 1948～1949*, p102.

〔註17〕1947 年，美國眾議院撥款委員會以考慮批准國務院經費為由，派出調查團審閱了 108 名國務院工作人員的「忠誠檔案」，後來又於 1948 年 1 月就其中 81 名人員的情況舉行聽證會，一一進行分析檢查。3 月間，另外一小組委員會——眾議院關於行政部門開支委員會——又舉行聽證會，會上國務院負責行政和人事的助理國務卿作證稱，在被審查的人員中只有 57 人被雇用。其後，1948 年 8 月，眾議院外事委員會又有一名共和黨議員對國務院所謂「共產黨嫌疑」問題進行調查。他做出報告稱，自 1947 年以來，國務院已有 134 名這類嫌疑份子或辭職、或解雇，他對此表示滿意。由此可知，美國國會對於國務院一直存在共產黨員的懷疑始終不斷，到了 1950 年因而有「麥卡錫主義」的出現。資中筠，《美國對華政策的緣起和發展（1945～1950）》，頁 344。

〔註18〕Grace M. Hawes, *The Marshall Plan for China, Economic Cooperation Administration, 1948～1949*, p103.

〔註19〕資中筠，《美國對華政策的緣起和發展（1945～1950）》，頁 253。

　　1948 年 1 月 15 日杜魯門做出決定，並將其意見直接授與經合署中國區負責人克里夫蘭。

　　經過充分討論所有相關的問題後，在總統決定下獲得了以下的決策：

（一）　將繼續透過對華援助法案支持目前的反共政權或法定的繼任者，然而這政府的權力來源若來自於中國共產黨，則援助就會停止，不管共產黨在數值上是否佔優勢。意思就是，在中共政權控制下的區域將停止所有援助。

（二）　當中國共產黨直接或者間接控制聯合政府的任何地區，所有經合署已上岸或正在卸貨的援助物資可以在類似的條件下進行分發。然而那些尚未抵港的物資則應轉向別處。〔註20〕

克里夫蘭以電報通知大使館關於國務院的最後決定，並且要求其要「極端小心保祕，萬一這個決策被洩漏，可能會有廣泛的影響。」〔註21〕

　　這個令經合署官員感到遺憾的政策，顯現出美國在冷戰時期堅決反共的立場，以及顯示在 1946 年希望中國組成一個聯合政府的企圖完全被轉變。司徒雷登事後這樣回憶：「經過一段時期後，我接到最明白的訓令：不鼓勵、也不可能在任何方式下幫助、組成一個包括共產產在內的聯合政府。美國的官方政策因此好像是完全轉變了。」〔註22〕

　　事實上，對於中共與蘇聯的關係，美國內部一直存在兩種不同的評估。一種傾向認為中蘇之間的矛盾是不可克服的，美國大可利用。他們認為中國是通過自立更生而取得革命成功，對此有其自豪感，中國人強烈的民族情緒與蘇聯的控制不相容。而中共接管全中國後，首先要面臨的是經濟困局，這是蘇聯無力解決，必須要西方援助的，同西方貿易，此時美國的機會就來了；另一種意見認為，在 1948 年 12 月 14 日劉少奇發表的文章以及隔年 6 月 30 日毛澤東發表〈論人民民主專政〉一文中即已公開表明中共「一面倒」的思想，中共反美不是由於美國對華政策，而是認為美國為世界帝國主義之首，而其為蘇聯為首的世界反帝國主義革命的一部份，甚至公開聲明在未來兩大

〔註20〕Menmorandum to Roger Lapham from Harlan Cleveland, January 7, 1949. Lapham Papers.轉引自 Grace M. Hawes, *The Marshall Planfor China, Economic Cooperation Administration, 1948～1949*, pp.104～105.

〔註21〕Grace M. Hawes, *The Marshall Plan for China, Economic Cooperation Administration, 1948～1949*, p105.

〔註22〕司徒雷登著、閻人俊譯，《在中國五十年：司徒雷登回憶錄》（下），頁 67。

陣營的戰爭中，將站在蘇聯一邊。也就是說，縱使美國不支持國民黨，中共仍要作反美宣傳。因此美國應打消希望中共奉行獨立於蘇聯路線之兆的幻想；對中共不應示弱，而要採取強硬的態度。〔註23〕

至於中國共產黨會不會跟南斯拉夫共黨一樣發展出「狄托主義」（Titoism），美國在 1949 年 7、8 月間，由國務院情報司提出〈對中共短期與長期的評估〉，報告中對中共與南共的異同做了詳細的比較，認為兩者相同之點是鬥爭歷史的獨立性，毛澤東與狄托都立足於國內群眾；然而中共掌權以後面臨的國內問題和困難比南共複雜很多，因此對蘇聯幫助的需要也大；而蘇聯方面，對亞洲共產黨的要求可能沒有像對歐洲共產那麼苛刻，因而對中共的高壓也許會比對南共輕些。凡此種種，說明當時中國發展「狄托主義」的可能性不大。但長遠來看，如果蘇聯教條的干涉危及其政權的存亡，或者蘇聯拒絕幫助其發展經濟時，中國可能改變親蘇傾向。但是美國的政策無論是給中共好處還是給它製造困難，都難以對中蘇關係產生決定性的影響。〔註24〕

而在美國領導人的眼中，中共領導人的煽動的言論及其軍事上的勝利，與蘇聯封鎖柏林 7 個月配合起來具有強大的威脅格局。防止美國的援助物資成為幫助共黨控制的任一區域的想法便變的很合理。然而，這樣的政策變化卻造成經合署天津辦事處的一大難題。1948 年 12 月，天津辦事處收到指示，保持開放跟持續進行工作——即使為共黨所接管——正常的糧食及日常用品配給活動。根據這樣的指示，經合署天津辦事處領導人艾維·詹姆士，似乎支持霍夫曼的想法「經合署成立的目的是在幫助『人』，並且只要共產黨政權尊重一定的個人自由，經合署即使在共黨政權統治下的區域，活動依舊會繼續下去。」在 12 月的指示下，天津辦事處持續進行經合署先前的計畫。一個月後的指示卻反映出政策的變化，新指示表示「天津辦事處無論在任何狀況下都不能與中共當局或與他們相關者聯繫。」這樣的指示無疑是給天津辦事處人員一個如「解雇通知」的否定，他們被要求留在天津，至此收穫將會是兩手空空。這樣的指示所留下的，對艾維·詹姆士而言似乎是不幸的：

> 無論在與共產黨交涉過程中使用什麼，沒有任何潛在的辯論，而且沒有「潛在的支援」提供我們與他們討價還價，為了可以有些特別的處理和非正式的安排，我們的麵粉庫存，甚至連 10 天的量都不

〔註23〕資中筠，《美國對華政策的緣起和發展（1945～1950）》，頁 251～252。
〔註24〕資中筠，《美國對華政策的緣起和發展（1945～1950）》，頁 253。

足，沒有與之討價還價的武器；而且事實上，我們無法提供他們進
一步的誘因，迫使我們失去我們任何與之談判的武器，否則我們可
能會有。因此，我們只能枯坐並且等待我們的庫存被沒收，我們無
能為力，只能做些徒勞無功的抗議；並且盡我們最大努力處理我們
的設備和用品（在我們收到結束命令之後）。〔註25〕

雖然政策快速的轉變使得艾維・詹姆士在中共接管期間失去討價還價的空
間，然而在他對與中共未來關係的總體評價中，他認為中共政府將不會接受
與美國的「經濟合作」。

這樣做會違背他們強烈的民族主義宣傳的主題，並會導致他們丟
臉；並且也可能是（我們並沒有任何證據來支持）來自蘇聯的命令
「禁止中國共產黨接受美國人的援助或合作」。〔註26〕

雖然中國新政府完全拒絕來自美國的援助，不過賴普翰仍然希望保持美
國「成功的機會」，因此盡量留有餘地，希望能避免與中共進一步的敵對，在
對臺灣以及貿易問題上的作法都有此考慮。

第二節　1949年額外援助資金的提出

1949年2月，艾奇遜出任國務卿一職，應共和黨51名眾議員的要求，與
之討論中國問題。有人問他對中國的局勢發展如何評估時，他答稱：「森林裡
一顆大樹倒下，需等塵埃落定，才能看清其造成的後果。」因此「等待塵埃
落定」也就成為艾奇遜任內對華政策的名言。〔註27〕而從1949年初直到1950
年 6 月韓戰爆發，美國對華態度，一直心存觀望，舉棋不定，也因而對華援
助政策無法明白確定。

〈1948年援華法案〉將於1949年4月份到期，中華民國政府原本希望美
國總統大選後，向共和黨候選人杜威提出新的額外援華計畫。〔註28〕但大選

〔註25〕United States Economic Cooperation Administration, Missionto China, Tientsin Regional Office, *General Situation Report of Tientsin for February1–March 19, 1949*, Griffin Papers.

〔註26〕United States Economic Cooperation Administration, Mission to China, Tientsin Regional Office, *General Situation Report of Tientsin for February 1–March 19, 1949*, Griffin Papers.

〔註27〕資中筠，《美國對華政策的緣起和發展（1945～1950）》，頁248。

〔註28〕原本外交部建議宜於11月3日大選揭曉後，立即向杜威表示中華民國政府對未來美援的三項原則：（一）援歐援華應同受重視，因之援華款額應增加，且

結果並未如中華民國政府所想的那般由共和黨獲勝，而由民主黨候選人杜魯門當選，因而使得中國請求額外援助產生變數。經合署中國分署負責人賴普翰亦希望華盛頓領導們能夠同意繼續計畫的施行，並在返美期間於華府召開記者會，認為美國對華應續以援助，並主張應依照援歐辦法，規定三、四年之長期援助，而援助數額亦應超過 1948 年的數字。〔註 29〕然而杜魯門總統在過去一年的立場，變的越來越不想更進一步的支持蔣介石。雖然美國比以前更強烈的反共，但他們認為中華民國政府從未戰勝過「敵人」，並且只是浪費美國資源而已。因此，在 1948 年 11 月，美國官員不答應蔣介石額外援助的請求。由於遲遲沒有得到杜魯門總統對其額外援助的堅定承諾，11 月 28 日蔣夫人宋美齡赴美求援。〔註 30〕在美國方面，對於接待宋是很勉強的，宋自己打電話給馬歇爾要求訪美，並且要求一輛美國海軍軍機負責接送。馬歇爾在一次內閣會議上提出此問題，杜魯門表示可以讓她來，並且以禮相待。〔註 31〕當賴普翰聽說宋即將訪美的消息，他在給霍夫曼的信件中表示極不贊成，尤其使用海軍運輸機接送，會給人以為美國會繼續全心全意的支持蔣介石的錯誤假象。〔註 32〕蔣夫人此行的尋求援助目的雖沒有達成，但卻也更加強了賴普翰希望蔣下臺的想法。

　　為了爭取美國在軍事及經濟上的援助，駐美大使顧維鈞親自拜訪國務卿艾奇遜，並且正式提出一個冗長的備忘錄，列出中國應該給予援助的原因，並且提出如何援助中國的建議。該備忘錄還指出，該計畫已經「削減到最低限度」，大約只等於「美國當今國家年度預算的 1%，並且少於 ERP（歐洲復

　　　應為長期計畫，（二）續定三年援華計畫，每年八億美元經濟援助與軍事援助
　　　各半，（三）美援條件不超過現有援歐援華條件，以免損害中國主權與行政完
　　　整。「外交部劉次長密呈蔣總統、翁院長」，〈1949 年度美援專案〉，檔號：
　　　471/0003，頁 10；而共和黨候選人也於 9 月 30 於鹽湖城的演講中，申明應停
　　　止忽視美國盟友之中國，並謂兩大洋外交政策與兩大洋海軍同樣重要，復斥
　　　美國政策在蘇聯在中國東北及華北之讓步，有損中國人民之利益。「華盛頓顧
　　　大使來電 1948.10.1」，外交部檔案，〈1949 年度美援專案〉，檔號：471/0003，
　　　頁 143。
〔註 29〕「駐美顧大使電外交部 1948.10.19」，外交部檔案，〈1949 年度美援專案〉，檔
　　　號：471/0003，頁 22。
〔註 30〕「外交部急電駐美顧大使 1948.11.28」，外交部檔案，〈1949 年度美援專案〉，
　　　檔號：471/0003，頁 228。
〔註 31〕資中筠，《美國對華政策的緣起和發展（1945～1950）》，頁 210。
〔註 32〕Grace M. Hawes, *The Marshall Plan for China, Economic Cooperation Administration, 1948～1949*, p114.

原計劃，馬歇爾計畫）下一個年度預算的 1/10。」而且，以過去的經驗來看，對中國的援助已證明，對中美雙方是互利的。

> 在促進與美國貿易關係的希望裡，中國政府及人民歡欣的看待中國援助計畫對兩國之間貿易的刺激影響。每包中國援助計畫下的棉花都是由美國出口商運送，許多美國棉花出口商都被納入計畫之中；石油計畫，從裝船到分送，基本上是由美國兩家主要的石油公司營運；今年美國的農業盈餘，所有根據經合署方案運往中國的小麥和麵粉，其中有大部分是在美國加工處理的麵粉；美國的大米也在援助方案中；整個 1948～1949 年，美國肥料也透過經合署分發到中國。除了有許多暹羅和歐洲的大米由中國船隻運送外，以上所述經合署的商品大多數為美國船舶裝運，美國銀行金融機構在中國商品的採購與裝運交易中投入的大量的資金。雖然工業的重建與置換工程已經暫停，但大部分項目的前期工程（SIC）由美國著名的工程顧問公司——懷特公司進行，懷特公司是由經合署及美援運用委員會為了重建及復興委員會而聯合聘用的工程顧問公司，選自美國的技術人員和諮詢公司也在農業復興工作中扮演協助的角色。〔註 33〕

備忘錄中要求的援助數額為 420,000,000 至 320,000,000 美元之間，其中置換和重建工作約為 100,000,000 美元。〔註 34〕

關於對中國中華民國政府的額外援助問題，在美國有三個不同的基本立場。在 1949 年 2 月 25 日，內華達的參議員培特‧麥凱倫（Pat McCarran）提出一項法案，要求繼續提供中國政府 1,500,000,000 美元的援助。他的立場代表幾位美國國會議員的意見，認為透過大規模的援助可以扭轉對抗共產黨的形勢。〔註 35〕美國以艾奇遜為首的國務院則代表第二種立場，認為美國不應遽爾停止對其所承認中國政府（指中華民國政府）所轄區域之援助。希望僅提供於 1949 年 4 月到期的 1948 年援華法案撥款餘額且不再延伸的 5 千 4 百萬美元給予中國。〔註 36〕賴普翰的觀點介於兩者之間，雖然他不相信中共進

〔註33〕 「華盛頓顧維鈞大使電外交部 1949.4.16」，外交部檔案，〈1949 年度美援專案〉，檔號：471/0005，頁 6。

〔註34〕 *Memorandum on Continuation of Unite States Aid to China, 1949*, Griffin Papers.

〔註35〕 「華盛頓顧維鈞大使電外交部 1949.4.16」，外交部檔案，〈1949 年度美援專案〉，檔號：471/0005，頁 7。

〔註36〕 「華盛頓顧維鈞大使電外交部 1949.4.16」，外交部檔案，〈1949 年度美援專案〉，檔號：471/0005，頁 8。

展被遏止，但他還是希望美國能跟任何一個中國政權保持接觸，以能保持美國的「入場門票（Foot in the door）」。他希望能夠將經合署每年的撥款擴展至2.5億美元，並且不管在大陸或臺灣都能在同一標準下運作。〔註37〕

3月9日，在與國務院遠東司司長白德華（Walton Butterworth）進行會議後，賴普翰發現只要他「建議對上海及廣州這些非共黨控制的城市繼續保持商品援助，就有眉毛被挑起。」美國政府不想援助這些城市，縱使這些款項已撥於這些城市剩下的援助項目，並且不管這些城市是否控制在非共黨的手上。所有項目中唯一被允許繼續執行的項目為農業復興聯合委員會，因為他們不必動用到經合署的經費。美國政府反對任何進一步的援助，並且要求經合署進行一次有系統的清算。

艾奇遜於3月15日給參議院外交委員會主席康納利（Tom Connally）的信中，說明了國務院對擬議援助法案的立場。艾奇遜認為「以目前中國的情況，法案建議沒有必要提供龐大援助。」儘管從日本投降以來，美國對華援助上已經花費20億美元，〔註38〕但中華民國政府卻未能打敗共軍，並且也沒有試圖進行美國所認為需要的任何改革「提供改善經濟及穩定政治的基礎」。國務卿重申，美國希望避免更進一步的涉入中國「兄弟鬩牆」的內戰之中，並且表示他認為大規模的援助中華民國政府，會被厭戰的中國人怨恨是「一種對中國主權極端的侵犯」。另一方面，行政部門感覺有責任繼續對「持續被承認的中國政府所控制下的地區提供援助」，因此，美國政府考慮這樣的建議，就是在一個期限內，延長使用於1949年4月2日就到期的「1948年援助法案」未動用的資金。「如果在這一段期限內，中國的改革足夠驗證自己，那麼更進一步的提議才有可能提出。」〔註39〕

再度讓賴普翰感到失望的是，國務院的觀點與他完全不同。3月10日，在與艾奇遜及白德華的會議之後，他寫信給葛里芬：「我掉入一個非常悲觀且厭惡的情緒中。」隔天早上與霍夫曼會談後，賴普翰這樣說：

〔註37〕Grace M. Hawes, *The Marshall Plan for China, Economic Cooperation Administration, 1948～1949*, p116.

〔註38〕艾奇遜為其所提自戰後援華數額達20億美元一事釋疑，於4月20日發表援華報告。「代電附呈艾卿四月二十日發表援華報告副本」，外交部檔案，〈1949年度美援專案〉，檔號：471/0005，頁39～58。

〔註39〕「外交部至南京董次長」，外交部檔案，〈1949年度美援專案〉，檔號：471/0005，頁12～14。

告訴他，如果國家已經決定捨棄大陸，而只留下我最喜歡的農復會，我會感到生氣。然而，我意識到霍夫曼主要關注的是經濟復興計畫盡可能的迅速通過，而我不想做出任何事使他更感為難。進一步的我瞭解到他的主要工作是與國家一起合作，並且盡可能的避免在意見上與美國產生分歧。〔註40〕

儘管他為霍夫曼的立場表示同情，但賴普翰並沒有立即停止爭取更多援助的努力，即使國務院並不同意他的計畫，但他還是覺得國會會接受他的建議。在與霍夫曼會議後幾天的備忘錄中，他指出：

這樣看來，許多眾議員和參議員仍然渴望幫助中國，如果經合署進一步提出合理的建議……在許多方面是受歡迎的，也許會影響國家的撤出，從今天看起來是一個會引起更多批評的政策……最後，我重申我堅定的信念，它不僅是正確的，而且經合署有權表達其建議。任何建議被提交國會獲得批准或者至少從國家衍生出更進一步的想法之前，首先嘗試應該被提出建議。但沒有獲得國家的批准或任何妥協的話，經合署會直接向國會提交建議。〔註41〕

賴普翰在3月24日於參議院外交委員會上提出他的觀點。他在這場會議中得到相同的印象，國會議員仍希望對中國有所援助。但在這場會議中，他與國務院官員有所接觸，事後在他寫到有關當天的會議狀況，雖然說國務卿回答說他將對此建議給予「適當的考慮」，但賴普翰覺得這場辯論他並沒有給艾奇遜留下印象。國務院不願意同意更進一步的援助，而只願意延長經援法案足夠的時間花費提撥的經費。隔天，他雖然在眾議院外交委員獲得有利的印象，但是，當此議題進行投票時，國務院的建議仍獲得青睞。1949年4月14日，延長〈1948年援華法案〉通過，將援助對象的決定權操在總統的手中，然而並沒有任通過何額外的經費。〔註42〕

中華民國政府對 420,000,000 美元的請求遭到拒絕無疑地感到失望。然而，有些在中國人卻對沒有大量的援助來自美國而鬆了一口氣。1949年3月

〔註40〕Letter to R. Allen Griffin from Roger Lapham, March 24, 1949. Lapham Papers. 轉引自 Grace M. Hawes, *The Marshall Plan for China, Economic Cooperation Administration, 1948〜1949*, p117.

〔註41〕Grace M. Hawes, *The Marshall Plan for China, Economic Cooperation Administration, 1948〜1949*, p118.

〔註42〕「American Press Commenton Acheson's Recent Statement」，外交部檔案，〈1949年度美援專案〉，檔號：471/0005，頁 20〜28。

23 日，駐上海總領事卡伯特在會議上向大使司徒雷登報告。這次會議另有兩名民主同盟的人士參與。有一段時間，民主同盟爲中國的第三政黨，但近來卻與共產黨結盟因爲「兩害相權取其輕」。儘管與中共結盟，但民盟成員大多留學於美國，並且希望能成爲美國與中共建立友好關係的催化劑。因此，他們反對對中華民國政府增加額外的援助，因爲他們覺得如此持續的援助不僅會使內戰拉長，而增加中共仇恨美國，而且也因爲往往會破壞民主領導人對美國的情感。〔註43〕同時間，中國共產黨也展現出他們無比的信心，在 4 月召開的中共黨代表大會上，他們預言在半年至一年間將控制整個中國，並且徹底瓦解沒有美帝幫助下的國民黨政權。

當賴普翰 4 月回到中國處理他參與的經合署業務時，他對自 2 月離華後的中國情勢變化之大感到震驚。他在 5 月 9 日給霍夫曼的信件中，他指出中共已取得驚人的進展，大使司徒雷登遭到中共如何的污辱，〔註44〕而中華民國政府與經合署也從首都南京撤離到廣州。整個 5、6 月，賴普翰、葛里芬和其他經合署官員減少經合署計畫，而僅存農業復興計畫依舊執行。雖然他沒能影響美國政策朝著他認爲更積極的方向執行，但他是一個務實的人，他希望美國不要完全關閉對中國的援助。回到他舊金山的家不久後，賴普翰寫了一封信給泛美航空董事會主席胡・安特里普（Juan Trippe），信中他寫下他的觀點總和：

（一）顯然地，沒有什麼可以阻止中共軍隊的推進。我相信，只要中共想要或遲一些，他們能佔領廣東的任何地方，包括西部或西北部。

（二）現在看起來國務院的政策「讓火災燃燒殆盡，塵埃落定」，似乎是我們唯一可行的，不管我們喜歡還是不喜歡。

〔註43〕 Grace M. Hawes, *The Marshall Plan for China, Economic Cooperation Administration, 1948～1949*, p119.

〔註44〕 「……4 月 24 日星期日上午，共軍進入南京市區，最後離開的南京中華民國政府官員剛好坐著飛機飛走了。隔日早晨，大約 6 點半，我因聽見我臥室的門被推開而覺醒，剛好見到有好幾位武裝的兵士進來。我大聲的問他們想要做什麼，他們就退去了；其中有一兩個帶著怒氣喃喃自語。我從床上迅速起身，看有什麼事發生。那時候，就有 10 個到 12 的兵士回到我的臥室來，他們的發言人頗有禮貌地解釋說，他們只是逛著玩，並沒有什麼惡意……」美國國務院知道這件事後，深覺遭到嚴重污辱，指令司徒雷登向北京及南京同時提出嚴重抗議。參考自司徒雷登著、閻人俊譯，《在中國五十年：司徒雷登回憶錄》（下），頁 87～88。

（三）　另一種可能的選擇是將完整的軍隊送到大陸跟共軍作戰，但國務院不可能答應，我也不會……

（四）　陳納德將軍認爲，美國轟炸機能給共軍迎頭痛擊，在我看來，也不過是愚昧的（cockeyed）……

（五）　參議員諾蘭的認爲可以尋找一些不知名的白色領導人，並且有效地回應的模糊想法，僅是一相情願。老實說，如果有任何反共能力的中國領導人出現，那麼他必須在沒有任何外國的援助下，證明自己崛起的力量。

（六）　我不會支持蔣委員長及國民黨反動份子，我無法熱血的支持臺灣成爲反攻大陸的軍事跳板。

（七）　如果一個對美國友好的政權掌握臺灣對國家的安全有其必要性，我會去限制將蔣委員長及其政權排除在外，並且確保臺灣是爲了臺灣人的利益發展，而不是爲了中華民國政府等外省人（大陸人）。

（八）　這樣的行動，若是在半年前或許會成功。但我非常懷疑今日奉行的是否是正確方向。

（九）　如果今天沒有肯定的行動是可能的，而且我不相信它會出現。我們將會面臨一些難事——那就是在中共允許的範圍內，美國商人、美國傳教士、醫生和教師在大陸行動將更爲困難。我反對在此時加強任何的行動，包刮經濟封鎖 blocade（原文如此），和拒絕彈藥和戰略戰備物資的出口。讓我們保持盡可能的敞開大門，而不是刻意去建立一個鐵幕，我們自己——如此迫使中國越來越轉向莫斯科。〔註45〕

　　不過不久之後，「敞開大門」（Open Door）在美國及中國新政體間堅決的關了起來，美國的政策變的更加堅定反共。另一方面，杜魯門總統也拒絕承諾一個龐大到足以改變中國內戰的援助計畫給中華民國政府。由經合署領導人對於其任務方案的建議，也證明在華盛頓決策者心中已不能接受。美國官方並認爲援助地區領導者是無效的，而且會因而損害到美國盟友——蔣介石。他們反對將剩餘的援助物資配發到任何可能會落入中國共產黨手中的地

〔註45〕Grace M. Hawes, *The Marshall Plan for China, Economic Cooperation Administration, 1948～1949*, pp.120～121.

區，他們也不同意賴普翰堅定且單方面的向臺灣採取行動的建議，他們拒絕提供額外援助資金給幾乎被擊潰的中華民國政府。

第三節　美國臺灣經援政策的演變

1948 年 7 月，經合署在臺灣設立臺北辦事處，並且由辦事處負責人柯瑞格（Loris P. Craig）進行一個廣泛的「計畫前期調查」。當中共威脅到經合署的配給中心時，許多的美國援助物資被轉移到臺灣。到了 11 月，當國共內戰共產黨明顯取得優勢時，美國開始擔憂臺灣可能被中共攻佔。代理國務卿羅維特要求美國參謀首長聯席會議（JCS）針對如果臺灣被佔領後，對美國安全戰略會造成的影響進行評估。〔註 46〕24 日，參謀首長聯席會議幕僚長李海（William D. Leahy）將說帖由國防部轉交國家安全會議（NSC37），裡面提到「臺灣澎湖各島形勢，關係到日本馬來西亞間的航道，並且控制菲律賓與琉球之間的交通，如果落在不友好國家之手，將使美國國家安全陷入非常不利的狀態，美國在遠東戰略地位將受損害，故美國無論如何宜用一切外交及經濟手段，使其常屬於對美友好之政權。」〔註 47〕雖然美國軍方不認為臺灣的戰略價值有那麼高，值得美國付出過高的代價去保住它。但各單位隨即認知到，參謀首長聯席會議提到的「外交與經濟措施」，恐怕難以達到保臺的目標；不過在 1949 整年內，國務院還是堅持只使用「外交與經濟措施」協助保臺的原則。代理國務卿羅維特認為既然無法有效阻擋中共的入侵，他建議美國不要放棄任何政治上的可能，在臺灣扶植非共政權。也建議由澳大利亞或菲律賓政府在聯合國提出讓臺灣人民進行公民投票，甚至於表示不惜一戰以防止臺灣落入中共之手。〔註 48〕

賴普翰相當注意臺灣政策，並且在備忘錄中對國務卿及南京大使館概述他的看法。他指出他曾經到過臺灣考察島內局勢，並且在 1 月 30 日和大使司

〔註 46〕 張淑雅，《韓戰救臺灣——解讀美國對臺政策》（臺北：衛城出版社，2011），頁 42。

〔註 47〕 Memorandum by the Joint Chiefs of Staffto the Secretary of Defense, Subject: Stateegic Importance of Formosa, November 24, 1948, FRUS, 1949Ⅸ, pp.261～262.

〔註 48〕 Memorandum by the Acting Secretary of Stateto President Truman, Subject: U.S. Armed Forces at Tsingtao; Problem of Formosa, Jan 14, 1949, FRUS, 1949Ⅸ, pp.265～267.

徒雷登、海軍上將拉姆齊（Bertram H. Ramsey）、白吉爾，與麥克阿瑟將軍在東京討論過。麥帥提出一個後來被稱爲「骨牌理論（domino theory）」的說法。根據常規，應將共黨勢力摒除於臺灣之外，因爲如果中共擁有臺灣，這將會使美軍從日本、琉球、關島、甚至到澳洲北邊都有撤軍必要。如果發生這種情形，那麼美國在遠東的防線整個被打斷，而必須將防線撤退到北美及中南美洲。他雖不建議在臺灣建立軍事基地，但是無論如何絕不能讓臺灣爲中共及蘇聯所用。麥帥不僅不同意中國共產黨接管臺灣，甚至希望將國民黨摒除在外。〔註49〕

當時，中共的軍隊進攻臺灣還不到迫在眉睫的狀況，但是臺灣島內情勢相當不穩，1947年「二二八事件」後，臺灣人民與國民黨統治者之間的關係一直很緊張。而國共內戰爆發後，大批國民黨人及機關湧進臺灣，對臺灣經濟造成很大的壓力，政治局勢也更加混亂。美國此時一方面希望制止大陸人員流向臺灣，另一方面又擔心中共透過下列兩個途徑控制臺灣：（1）利用臺灣人對國民黨的不滿，從內部發動反抗，推翻中華民國政府；（2）南京政府在打不下去時，與中共達成妥協，成立實際上由共產黨主導的聯合政府。當李宗仁代理總統時，美國對於此方面的憂慮就更加嚴重了。〔註50〕而這兩種情況，美國都將失去對臺灣的控制，因此美國此時對臺策略的基本目標是「不讓臺、澎落入共黨手中」，而爲達此目標，最切實的手段就是把這些島嶼同中國大陸分開隔離，而美國則要避免公開地、單方面地爲它負責。

1949年1月15日，國務院遠東司長白德華（Butterworth）寫給美國駐臺北總領事克倫茲（Kenneth c. Krentz）的一封信中說到：

> 我們國務院所有的人都強烈感到我們應該用政治和經濟的手段阻止中國共產黨政權取得對島（臺灣）的控制。……假設如果意料之外之事真的發生了——並且中國人是有辦法妥協的——如果你接到指示要你說服臺灣當局同大陸的任何安排脫離關係，以維持一個分離政權，請不要感到驚奇。不過我們希望在給他們幫助的同時避免太明顯的聯繫。〔註51〕

〔註49〕Grace M. Hawes, *The Marshall Plan for China, Economic Cooperation Administration, 1948～1949*, p108.

〔註50〕資中筠，《美國對華政策的緣起和發展（1945～1950）》，頁288。

〔註51〕資中筠，《美國對華政策的緣起和發展（1945～1950）》，頁289。

2月3日，由美國國家安全會議發佈的「NSC37/2」文件當中提出臺灣問題的決議「（1）當中國情勢發展到美國必須與臺灣任何統治集團打交道時，美國要尋求發展與支持當地非共的中國人政權，最少使其能提供島上小而適當的政府。也要運用我們的影響力阻止難民湧進臺灣，也要繼續尋求與有潛力的臺灣人領袖接觸，在未來利用臺灣人的自主運動，讓此能符合美國利益。（2）政府要慎重明白對在臺灣的統治當局說：a.美國不要看到在大陸的混亂擴散到臺灣澎湖；b.美國尚未被中國統治部門徵求，如果繼續暴政，中國當局將喪失世界輿論的支持，如此則要轉向支持臺灣人自決。（3）美國政府要透過最彈性的機制去進行有活力的經濟計畫以支持臺灣的經濟，協助臺灣人發展維持能生存、自主的經濟。」〔註52〕

另外，賴普翰也曾和麥克阿瑟及其他官員會談過，因此他向國務院提出關於美國臺灣政策幾個建議。首先，臺灣不應該落入共產黨之手；其次，政府不應該為蔣介石的利益而服務，而應該是為人民的利益；最後，美國對臺做出的努力，不應該像在大陸般的三心二意，而是坦白而果斷的計畫。2月9日，他在臺北發出新聞稿，宣稱他將回到華盛頓，將為臺灣爭取更多的援助。然而兩天後，他收到霍夫曼的警告，或許霍夫曼擔心「經合署」將進入另一個與國務院的政策爭論之中，因此，不准賴普翰在公開場合再提到臺灣，直到他們有一個陳述整體狀況的機會為止。賴普翰聽取了他的勸誡，但關於美國增加在臺灣的援助這樣的議題，沒有逃過美國紐約時報記者亨利·利伯曼（Henry Lieberman）的注意，1949年2月18日，他寫了一篇有關美國對於臺灣作為經合署退路感到興趣的文章，他說經合署正在調查當地的狀況，並舉出賴普翰之前的考察，以及農業復興委員會即將進行的考察，並且西屋電器工程師也至臺灣調查臺灣電力的發展潛力。〔註53〕

2月18日，「NCS37/4」發佈，文中附有國務卿艾奇遜所作主題為「美國對於台灣當前位置 The Current Positionof the Unite States With Respect to Formosa」的備忘錄。文中提到「（1）國務院要強化在臺灣的代表，馬上派高階長官前往臺北；（2）他抵達臺北後，將與福爾摩沙長官陳誠見面，把 NSC37/2 的第 2 節告訴他；（3）在對陳誠作陳述後，他接受並且保證照做的話，可以

〔註52〕 Report by the National Secuity Concil on the Current Position of the United States With Respect to Formosa, Feb 3, 1949, FRUS, 1949Ⅸ, pp.281～282.

〔註53〕 Grace M. Hawes, *The Marshall Plan for China, Economic Cooperation Administration, 1948～1949*, p109.

告訴他，美國政府會對臺灣的經濟給予援助，計畫協助臺灣發展與維持生存與自主的經濟；（4）前述如果談妥，經合署分署將派人前往臺灣進行調查，擬定臺灣工業發展計畫，並提出建議；（5）經合署總署也要研究與提出經濟援助臺灣之整體計畫建議；（6）在臺灣官方活動要盡量減少，要盡力勸阻大陸難民雲集臺灣。」〔註54〕臺北總領事克倫茲在 25 日與賴普翰及穆懿爾等人會談時提到「在臺灣的政治與經濟局面尚混沌未明時，經合署沒有必要在臺灣實施進一步的援助，認為把臺灣當作隔離區與大陸分開含有危險。因此對於臺灣問題應該靜觀其變。」〔註55〕而艾奇遜也任命莫成德（Livingston T. Merchant）從南京前往臺北，試探讓臺灣脫離中國的可能性。

　　3月1日，克里夫蘭向霍夫曼報告國家安全會議做出的結論，從參謀長聯席會的紀錄來看，從戰略的角度來看，臺灣是極為重要的，但是當美國運用政治和經濟手段都不足以阻擋中共的力量到臺灣時，他們並不贊成使用任何的軍事力量，因為那需要投入相當大量的兵力。但是，軍方又建議說，鑑於臺灣的重要性，可用少量軍事力量支持政治行動。〔註56〕但這一意見為國務院所反對，認為美國既然最後不打算大規模用兵，此時任何顯示武力的作法都有害無益，對阻擾共產黨擴大影響起相反的效果。國務卿艾奇遜為此竭力反對美國在臺灣顯示那怕是少量的武力，並且要求政府各部門對分離臺灣這一敏感的行動進行「遵守紀律的合作」，要大家牢記，必須「克制對臺灣表現出熱心」。美國雖然通過使用政治經濟方式不讓中共奪取臺灣，但卻又深怕過於明顯的舉動，會引起中共有所藉口攻擊美國分裂中國國土的「帝國主義」宣傳，因此艾奇遜在「國家安全委員會」闡明對臺政策的一次發言即做了這樣明白的闡述，他說：

　　　……我們特別希望避免冒出一個美國製造的收復失地的怪影，公開表示美國在臺灣有利可圖，從而破壞美國在中國正在出現的新地位，這代價是我們付不起的。在我們思想中的一個主要希望之點是：

〔註54〕 Memorandum by the Secretary of State to the Executive Secretary of the National Security Council, Subject: The Current Position of the Unite States with Respect to Formosa, Feb 18, 1949, FRUS, 1949 Ⅸ, pp.288-289.

〔註55〕 The Consul General at Taipei (Krentz) to The Secretary of State, Feb 25, 1949, FRUS, 1949Ⅸ, p.290.

〔註56〕 這個政策由國安會第 35 次會議正式通過，成為 NSC37/5 號文件。詳情參見 NSC37/1、NSC37/2、NSC37/3、NSC37/4、NSC37/5, FRUS, 1949Ⅸ, p.270, 281, 288, 290.

如果想要使我們當前政策在臺灣有任何成功的希望，我們必須小心

掩蓋我們想使該島脫離大陸控制的願望。〔註57〕

最後經總統決策，採納了國務院的意見，暫時排除使用軍事手段，而定為「通過政治和經濟的手段不讓共產黨取得臺灣」。

莫成德於 26 日到達臺灣，臺灣省主席陳誠為了爭取美援，向美方表示贊同成立臺灣「自治政府」，還表示估計蔣介石不會復出，並且說胡適已同意做他的顧問，大陸如成立「聯合政府」，他一定不讓該政府插手臺灣等。但對於蔣介石是否來臺問題，陳誠向美方表示，自己追隨「委員長」20 年，不可能拒絕其來臺。〔註58〕3 月 6 日，莫成德將在臺灣觀察的結果電告國務院，文中他贊成克倫茲的暫緩經合署援助計畫，然而莫成德對陳誠的評價不高，他認為：「陳誠缺乏提供自由而有效率的管理特質，陳忠於蔣，無法依賴他來阻止難民的湧入，雖然大量移民已被抑制。」〔註59〕因此美國得出結論，認為陳誠是「典型的國民黨內最反動且昏庸的一批領導」之一，〔註60〕決定不同他討論經濟援助問題。

莫成德的抵臺灣展開考察，葛里芬在寫給賴普翰的信中將它稱之為「微妙的任務（delicate mission）」，事實上，他還警告賴普翰不要參考莫成德的調查報告。雖然霍夫曼制止賴普翰不要公開場合提到臺灣，但私底下仍然推動他的政策建議，在給霍夫曼備忘錄中提出他對臺灣問題的看法，計畫支持臺灣本島人民應該是美國政策的頭號目標，考慮到這一點，蔣介石以外的臺灣領導人應該被支持，並且應該有個美國人或美國官員提供他幫助及建議。而賴普翰更進一步的建議，工業的替換和重建，農村重建計畫以及醫學計畫應該根據美國人員的建議下建立。在他看來，美國應該先確保臺灣的安全，然後等到人員都安置完成且控制整個臺灣後，再說明他們的意圖，就是將臺灣交給聯合國託管。〔註61〕

〔註57〕 Statement by the Secretary of State at the Thirty-Fifth Meeting of the National Security Council Formosa Problem, FRUS, 1949Ⅸ, pp.294～296.

〔註58〕 Statement by the Secretary of State at the Thirty-Fifth Meeting of the National Security Council Formosa Problem, FRUS, 1949Ⅸ, p.296.

〔註59〕 The Consul at Taipei (Egdar) to the Secretary od State, March 6, 1949, FRUS, 1949Ⅸ, p.297.

〔註60〕 The Consul at Taipei (Egdar) to the Secretary od State, April 28,1949, FRUS, 1949 Ⅸ, p.318.

〔註61〕 Grace M. Hawes, *The Marshall Plan for China, Economic Cooperation Administration, 1948～1949*, pp.109-100.

　　賴普翰在 3 月 9 日給霍夫曼的備忘錄中再次重申他的建議，他強調「我
們應該利用我們的影響力去防止大陸人對此島更進一步的的剝削——中華民
國政府的難民數量現下湧入那座島應該被限制。」他不希望臺灣成為國民黨
的大本營，並建議說：「最重要的是我們應該防止此島成為對抗中國大陸共產
政權的中國軍事堡壘。」同時，懷特公司的塔爾林（Henry Tarring）調查小組
也提出一個為臺灣工業重建的估計，在給賴普翰的信件中葛里芬談到對援助
的建議，「如你所知的，塔爾林及其工程師們提出需要經合署約 21,388,000 美
元（即建議）的援助計畫，這比計畫原先暫訂的金額多出 7,000,000 美元之多。」
葛里芬與賴普翰同意這樣的評估，但是他們卻認為額外的金額不應該用在臺
灣，除非臺灣已完全為美國所控制。〔註 62〕杜魯門政府似乎同意葛里芬的說
法，並且決定將延遲推展進一步額外的援助計畫。賴普翰和葛里芬還強烈建
議不應該把臺灣交至國民黨或共產黨手中，然而，代表承諾的行政領導人尚
未做出準備。

　　1949 年 3 月，美國政府再向國會提出延長〈1948 年援華法案〉的提案同
時，提出了一條修正案，其中包括所謂的「靈活條款」，授權總統決定援助對
象。也就是說，對華援助不一定通過中華民國政府。在討論過程中有議員詢
問負責解釋該議案的白德華：修正案措辭的意圖是不是允許「經濟合作總署」
給那些「既不共產黨又不在中華民國政府統治下的島嶼」援助，白德華做了
肯定的回答。這位議員對臺灣島的表述道出了美國當時對臺灣的設想，即是
繼續通過「經濟合作總署」給臺灣以經濟援助，幫助臺灣建立能「自立」的
經濟。事實上，自 1949 年起，在國務院建議下，美國經濟援助大陸已大量削
減，而增加給臺灣的比例。上海解放前夕，原準備運往上海的貨船奉命轉向
香港時，艾奇遜曾表示，以後這些物資都可運往臺灣。但由於美國當時對省
主席陳誠不放心，〔註 63〕因此對臺經援延宕了一陣子。

　　4 月 6 日，莫成德向艾奇遜提出陳誠留任的評估報告，「陳誠一定會順利
留任，美國也必須以他為主要的交涉對象。……因此，我建議以下列的條件
跟陳省主席公開協商：（1）若是陳誠能遵守 NSC37/2 第二款規定，美國將對

〔註 62〕 Grace M. Hawes, *The Marshall Plan for China, Economic Cooperation Administration, 1948～1949*, p110.

〔註 63〕 1949 年 1 月 15 日，臺北總領事 Krentz 向國務卿艾奇遜提出他對陳誠的看法，認為陳誠是少數幾個迄今仍對蔣介石忠心的人，勢必將臺灣交給蔣政權。FRUS, 1949Ⅸ, p.270.

臺灣提供最多不超過1700萬美元的農復會援助方案，和已經規劃好的肥料援助計畫。（2）除外，經合署將與農復會共同協助臺灣發展自給自足的經濟方案，包括藉由活絡出口貿易，以確保臺灣能賺取外匯，以幫助臺灣銀行實施控制通貨膨脹的貨幣政策。」〔註64〕

4月8日，艾奇遜對國家安全會議重申國務院與經合署在上個月達成的協議：「美國已經準備在臺灣實施肥料配給計畫與農村復興建設，沒有資本支出會被授權，除非臺灣的政治環境能夠有利於美國在該島實施此計畫，否則美國將對此不做任何考慮。」〔註65〕

由於李宗仁在4月21日與共產黨談判失敗，艾奇遜要求莫成德要在「適當時機提醒陳誠先前的限制難民數量的立場，避免進一步影響。」28日莫成德電艾奇遜，他會將25日Edgar的電報內容間接轉給陳誠。同時，經合署的肥料已載運往臺灣途中，價值50萬美元的小麥、棉花亦正陸續運抵臺灣，農復會與懷特公司的計畫，即將展開。〔註66〕

5月4日，莫成德認為整個情勢與他當初到臺灣時已有大的改變，因此透過Edgar發電報分析臺灣在政治、經濟與軍事情勢，他認為臺灣當局為了對抗中共的入侵，勢必要投入大量金錢以建造堅強軍事設施，因此將無法顧及臺灣人民在政治及經濟上的要求。縱使挹注大量美援，執政當局也不可能有效運用美援，甚至只會用於軍事設施。因此他建議美國繼續提供有限度的經濟援助，先直接裨益臺灣人民，不過暫時停止所有的工業重建計畫。〔註67〕他認為「美國應該撤銷經合署在臺灣的計畫，只強化農復會的援助方案，說服臺灣當局使用懷特公司的專業人員擔任臺灣工業的專業顧問。」〔註68〕18日經合署的17,000,000元的撥款，經杜魯門批准後，開始在臺撥用。〔註69〕

〔註64〕The Consul at Taipei (Egdar) to the Secretary od State, April 6, FRUS, 1949Ⅸ, p.308.

〔註65〕Memorandum by the Secretary of State to the Executive Secretary of the National Security Council, Subject:Implementation of NSC37/2 and NSC37/5, April 8,1949, FRUS, 1949Ⅸ, p.p.310～311.

〔註66〕The Consul at Taipei (Egdar) to the Secretary od State, April 28, FRUS, 1949Ⅸ, p.p.318.

〔註67〕張淑雅，《韓戰救臺灣——解讀美國對臺政策》，頁46。

〔註68〕The Consul at Taipei (Egdar) to the Secretary od State,May 4,1949, FRUS, 1949Ⅸ, p.p.324～326.

〔註69〕Memorandum by the Secretary of State to the Executive Secretary of the National Security Council, Subject:Implementation of NSC37/2 and NSC37/5, May 18, 1949, FRUS, 1949Ⅸ, p.p.335～336.

　　然而這樣的建議案也獲得經合署的贊同，尤其對於工業項目的復興。5月11日，葛里芬再度於給克里夫蘭的備忘錄中表達意見，他說他對工業重建方案的看法是「完全消極」的，越來越多的中國官員離開中國，很快的臺灣就成為「國民黨右翼的最後據點」，由於這些人都是極其富有的人，葛里芬認為他們可以容易地提供任何重建項目所需的資金。他的意見在他到臺灣考察後更被加強，並且在6月1日，他告訴國務卿他「最強烈反對」工業項目17,000,000美元的撥款，如果美國不願意確保臺灣的安全，那麼這批撥款將被浪費。〔註70〕

　　事實上，美國軍方跟國務院除了不使用武力介入臺灣外，自1948年秋以後，仍做了很多方的嘗試以確保臺灣，但皆未能盡如人意。〔註71〕雖然賴普翰在與國務卿的會議中強烈的表示想為臺灣人民做些事情，並且希望美國政府從中華民國政府或中共手中接管臺灣，但顯然的美國政府不準備採取強而有力的果斷措施。而賴普翰則做出決定，「目前雖然經合署的任何資金的支出被故意拖延，但在此同時，我們可以將農復會和肥料計畫提前進行。」賴普翰在國會上演說時，極力抨擊中華民國政府的無能，並謂繼續在經濟上及軍事上援助中華民國政府，實為「不實際且不可行」。雖然其反對援助中華民國政府，但卻主張以經合署之五萬美元用於臺灣。〔註72〕事實上，在大陸的任

〔註70〕 *Memorandum to Harlan Cleveland from R. Allen Griffin*, May 11, Griffin Papers.
〔註71〕 由於美國軍方及國務院對於不使用武力介入臺灣有了共識，因此，自1948年秋天來的一段時間，不管在政治、經濟及外交上都做了些嘗試，試圖以非武力的方式，達成確保臺灣不至於落入共產政權之手。根據大陸學者資中筠的說法，主要分成五部分：（1）設法阻止蔣介石進入臺灣，這希望於1949年5月底蔣抵達臺灣後宣告失敗；（2）在臺扶植代蔣勢力，實現分離臺灣的目標，美國原先看好由吳國楨及孫立人牽制蔣之勢力，但隨著韓戰爆發，美國不再作「棄蔣保臺」之想，而吳、孫亦不能見容於蔣，因而分別於1954及1956年分別離臺與遭受軟禁；（3）臺灣地位未定論，但只論調流於對臺灣法律上的意見「各自表述」的狀態，中美雙方亦沒有更進一步動作；（4）經濟援華轉至臺灣，1949年3、4月間，美國對華政策有了轉變，不僅援華軍需品採取「延後起運」，連經援措施亦隨著共軍的南下，而宣告中止，但在對臺的援助卻日益熱絡，然而在無法確定臺灣安全的狀況下，對臺援助亦有所保留，而無法給予一個明確的指示方針；（5）支持臺灣成為聯合國託管，上面4個方法皆無法確保臺灣的狀況下，美國將希望放在聯合國託管上，然而西方盟國對此似乎感到興趣缺缺，加上聯合國託管可能導致中共直接對臺使用武力，但此一時期的美國並不希望在臺使用武力，因此此方式也宣告失敗。資中筠，《美國對華政策的緣起和發展（1945～1950）》，頁292～298。
〔註72〕 「賴普翰主張美援用於臺灣，抨擊中華民國政府反對再予援助，促美事實承認中共政府」，外交部檔案，〈1949年度美援專案〉，檔號：471/0006，頁9。

務確實結束之後，經合署領導人仍然不確信臺灣的管理計畫為何。6月23日，克里夫蘭寫給霍夫曼的信中提到經合署應該「要求國務院給一個關於臺灣將來行動上的決定，這有三種可能性：（A）一個充分資金下的完整且大規模經濟計畫；（B）繼續維持目前的經營規模直到1950年2月15日（這可能花費5至10萬美元，主要項目是化肥計畫，並且可能繼續與懷特公司技術顧問合同）；（C）目前的方案迅速的逐一縮減。他還強調除非決定實施（A）計畫，那麼臺灣條件的惡化會使迅速逐一縮減的方案更有可能實施。〔註73〕

美國國會10月通過7500萬美元「大中國地區」援助款項，而美國國防部則草擬計畫，要把其中6000萬美元用在臺灣，其他1500萬美元則利用於支援大陸的地下工作。海軍上將白吉爾（Oscar Badger）告訴中華民國政府駐美大使館，他認為有助於取得美元的方法，是換下陳誠，改派吳國楨為臺灣省主席，因為華府對陳誠的表現不怎麼讚賞，而曾留學的前上海市長吳國楨，則被視為開明的自由派人士，頗受美國決策者尊重，白吉爾接著說他已經建議派遣一支經濟及軍事顧問團，攜帶若干軍事供應品到臺灣，而且華府當局已經積極考量此建議。〔註74〕中華民國政府在12月認命吳國楨為臺灣省主席，而吳在改組省政府時，也依照美國的期待，任命臺灣人擔任要職。此外，駐美大使顧維鈞也遞交了一封信給國務卿艾奇遜，列舉了臺灣防備所亟需的經濟和軍事援助清單，並對中華民國政府爭取援助的前景表示樂觀。〔註75〕

賴普翰在9月份的一場演說中就已經透露出美國若干軍官主張「必要時不惜採取任何極端行動」，以防臺灣落入不友好方面控制。〔註76〕事實上，美國軍方從9月底開始即已重新考慮要提供中華民國政府軍事援助，也逐漸加強爭取有限度協助臺灣防衛的力度。12月中旬，美國防部長詹森（Louis A. Johnson）向杜魯門總統報告說，參謀首長聯席會議大體上都認同應採取更積極的行動，以免臺灣淪入中共之手；麥克阿瑟將軍也力陳應該防衛臺灣，以免中共利用它來威脅美國在琉球及菲律賓的空軍基地。月底，參謀首長聯席會議完成評估，表示提供臺灣的反共政府「溫和、有明確和密切監督的軍事

〔註73〕 *Memorandum to Paul Hoffman from Cleveland, June 23,* 1949, Griffin Paper.

〔註74〕 FRUS, 1949IX, p.419.

〔註75〕 「華盛頓顧維鈞大使電外交部 1949.12.16」，外交部檔案，〈1949年度美援專案〉，檔號：471/0005，頁72。

〔註76〕 「賴普翰主張美援用於臺灣，抨擊中華民國政府反對再予援助，促美事實承認中共政府」，外交部檔案，〈1949年度美援專案〉，檔號：471/0006，頁9。

援助計畫」，同時加強既有的政治、經濟和心理的援助計畫，將是最能符合美國安全利益的作法。〔註77〕

　　雖然美國軍方希望增加軍事援助，但美國中央情報局在 10 月間做出評估，認為除非美國以軍事佔領並控制臺灣，該島可能在 1950 年底淪陷。當時廣州與重慶中華民國政府守軍快速投降，中華民國政府於當年 12 月撤遷臺灣，都一再增加了中情局評估的份量。此外，美國駐臺代表也指出臺灣民眾對於中華民國政府支持度不高，國民黨內部不團結，以及政權前景不看好。這些建議無疑增強了艾奇遜想擺脫蔣介石及其追隨者的決心，因此對於參謀首長們的軍援臺灣的建議完全無法接受。

　　1950 年 1 月 5 日，美國總統杜魯門聲明對臺灣的未來將「袖手旁觀」，企圖劃清與中華民國政府間的關係，同時也探索與中共及早交好的途徑。然而經濟合作計畫項目下的援助和利用剩餘援華款項的軍事供應品，仍然持續運送到臺灣。而這當中雖然美國也曾照會中華民國政府，除非中華民國政府停止對中國東南沿海的轟炸，否則將不再銷售航空燃料和機油給臺灣。只不過此時美國向中國示好爭取關係正常化吃了閉門羹，國務院也就不再積極推動擺脫中華民國政府的行動，而上述的建議也就一直沒有付諸實施。〔註78〕

　　4 月，美國對臺政策又被拿出來重新評估，主要是北京和莫斯科的關係更為親密；同一時期，中共又佔領了海南島跟舟山群島。這樣的發展似乎預告臺灣的淪陷已迫在眉睫。國務院內部也產生了相當的急迫感，因此開始思考對中共改採較激進的政策。駐臺北和香港的武官也也呼籲華府，應立即援助中華民國政府堅守臺灣，以分散中共對東南亞的軍事威脅。〔註 79〕麥克阿瑟也加入呼籲保臺的行列，麥帥送呈陸軍部的一份報告中指出，一旦美國和蘇聯之間爆發戰爭，「臺灣對共產黨的價值相當於一艘不沈的航空母艦和潛艇供應船，位置理想到可以協助蘇聯執行其戰略。」臺灣若是在戰爭期間落入中共之手，後果將不堪設想，因此建議立即調查防衛臺灣之軍事、經濟和政治需求。〔註80〕

　　由於美國國內反共情緒上升，和北京打交道也一波三折，參謀首長聯席

〔註77〕 張淑雅，《韓戰救臺灣——解讀美國對臺政策》，頁 55～56。
〔註78〕 Momorandum, Sprouse to Merchant, Feb 15, 1950, FRUS, 1950Ⅵ, p.313.
〔註79〕 Momorandum, Rusk to Achson, FRUS, 1950Ⅵ, p.333.
〔註80〕 Momorandum on Formosa by MacArthur, June 14, 1950, FRUS, 1950Ⅶ, p.161～165.

會議在五月時再度建議派遣一個軍事代表團到臺灣，調查臺灣達到自衛能力的軍事需求。國務院雖然還未決定政治上該如何解決臺灣問題，但反對軍援的立場已稍微緩和。5 月 25 日舉行的國務院及國防部聯席會議中，遠東助理國務卿魯斯克同意應該在當時核准的政策範圍內，採取一切措施援助於東亞的反共黨政權。〔註 81〕此時，雖然華府並未做出最後決定，但杜魯門絕不插手保臺的決心已經動搖，從一開始發表「袖手旁觀」言論後的漠不關心，逐漸轉向有限關懷。在 1950 年 6 月韓戰爆發時，美國第七艦隊開始防衛臺灣，此時美國才開始在臺灣實施大量的經濟及軍事援助，以確保臺海的安全。

小結

　　1948 年 6 月濟南為共軍所佔領，震驚了華中華南，在接下來的幾個月裡，經合署中國分署在領導人賴普翰的領導下，持續進行援助工作以減輕沿海各大城市居民的疾苦。除了援助工作的持續進行外，經合署最關切的焦點在於如何處理中共佔領區的工作。援助物資的繼續供應與否，成為經合署與華盛頓當局主要的意見紛歧點。華盛頓當局希望能制止援助物資落入中共之手，而經合署則認為應與任何一個實際政權接觸，包括中華民國政府、共產主義者及其他聯盟，並且認為繼續配給糧食及日常用品，可以保持溝通管道的通暢。

　　就在經合署總署署長霍夫曼訪華實地考察後，霍夫曼明確表達支持賴普翰的建議，認為美國政府應該盡可能的與任何一個掌管中國的政權保持接觸，而且應該持續援助工作。然而事與願違，國務院不願任何援助物資落入共黨之手，只要認為其為共黨所控制，就將所有運送物資的船艦調回或運往他處。這無疑給希望留在中國繼續援助工作的經合署，一個大大的巴掌。也因為如此，在中共佔領區處理庫存資源的經合署官員也失去了與中共談判的籌碼，而僅能眼睜睜的看著中共將經合署的庫存沒收了。

　　1949 年 2 月艾奇遜就任國務卿，提出對華政策採「等待塵埃落定」這樣的說法，使得美國對華政策的態度處於觀望、舉棋不定的狀況。在當時，國務院的立場，是想與中華民國政府劃清關係，認為持續援助只是浪費資源而已。在遲遲等不到任何回應下，蔣委員長夫人甚至飛往美國尋求援助，但結

〔註81〕國防部長詹森 1950 年 4 月 15 日將參謀首長聯席會議的評估報告函送艾奇遜。
　　　　FRUS, 1950 Ⅵ, p.714

果似乎不甚理想，甚至蔣介石都認為其夫人受到屈辱。然而在經過多方的討論後，美國當局仍拒絕中國額外援助的請求。由於美國當時希望能夠與中共交好，用以分化中共與蘇聯的密切關係，然而中共的一面倒政策，卻讓美國似乎吃了閉門羹。但另一方面，杜魯門也拒絕承諾一個龐大到足以改變中國內戰的援助計畫給中華民國政府。他們反對將剩餘的援助物資配發到任何可能會若入中國共產黨手中的地區，也不同意賴普翰堅定且單方面的向臺灣採取行動的建議，因此拒絕提供額外援助資金給幾乎被擊潰的中華民國政府。

　　國共內戰不僅迫使經合署難以施展其援助計畫，而當中共威脅到經合署的援助工作時，許多任務的美國援助物資被轉移當臺灣。1948 年 11 月，當國共內戰共產黨明顯佔優勢時，美國開始擔憂臺灣可能被中共攻佔。美國深怕若不穩定臺灣局勢，臺灣極有可能為中共所奪，因此為掌握臺灣，不僅派出莫成德至臺灣進行調查，並且透過各種非武力的方式，希望能夠維護臺灣安全。然而對臺援助，由於充滿著不確定性，因此有所侷限，僅能用經合署援華計畫的剩餘款項支援臺灣。

　　事實上，大陸的任務確實結束之後，經合署領導人仍然不確信臺灣的管理計畫為何。但儘管如此，賴普翰、葛里芬等經合署官員仍然持續關心臺灣命運，並且希望美國能夠確保臺灣安全。然而由於中情局評估臺灣熬不過 50 年底，國務院一直想與中共建立關係，因此亟欲想與中華民國政府劃清界線。在這樣的情勢下，中華民國政府想要爭取美援甚為困難。但美國國內反共情緒上升，和北京打交道也一波三折，因此華府在 1950 年上半年對臺灣前途的態度，才逐漸從漠不關心轉向有限關懷。而對臺灣的援助，也一直等到韓戰爆發後，美國派遣第七艦隊保衛臺灣才得以確立。

第七章　經合署對臺經援工作(一)
——物資的援助

第一節　戰後臺灣的經濟情形

　　二戰末期，臺灣受到美國空軍劇烈的轟炸，使得臺灣主要城市及港口受到嚴重破壞，大多淪爲廢墟。戰後由於修護器材的缺乏，原有裝備的損毀，使得電力生產量自 1943 年的 12 億千瓦/小時，降至 1945 年的 4 億千瓦/小時。鐵路運輸方面，在 1943 年有 10 億 2 千 700 萬噸/公里，而在 1946 年僅裝載 3 億 3 千萬噸/公里；戰爭最後數年，日本商船幾乎被全部消滅，使臺灣無法自韓國或日本進口農業生產必須之肥料，並且維持基本工業的主要生產原料，包括椰子核、橡膠及原油等，也無法引進臺灣；〔註1〕而臺灣技術及管理人員缺乏，儘管戰後國府派有相當多工程及技術人員來臺，但因日本人的遣返，故人力欠缺甚多；加上工業、交通修復所需資金殊爲龐大，事業單位或工廠固屬難以自籌，而政府財政更是困難，無力支應；同時，許多工業機器設備已老舊，其中不乏原係日本所淘汰停用後運臺整修使用者，不僅再行修復所需費用甚高，器材零件更難尋找補充，故在物力供應上亦極爲困窘。〔註2〕就在人力、財力、物力都極爲短缺的狀況下，要恢復臺灣正常的生產，可說是困難重重。

〔註 1〕U.S. Mutual Security Agency, Mission to China, *Economic Development on Formosa 1951〜1952*, p.10.

〔註 2〕袁穎生著，《光復前後的臺灣經濟》(臺北：聯經出版事業公司，1998)，頁 104〜105。

　　就農業生產的恢復方面，由於日治時代長期採取「農業臺灣」的政策，農業基礎較好。加上美國空軍轟炸，主要目標為軍事措施、機場、港口、交通要道及重要工業，故農業方面所直接受到的損失較小。但是，儘管如此，由於若干水利設施受到戰火的破壞或因戰爭而疏於維護，對於農業生產仍有可觀的影響。由於「民以食為天」，民眾最基本的生活係仰給於農業，故在戰爭結束後，迅速恢復農業的正常生產，實為當務之急。日治時期時，河川的堤防及護岸已完成總長度為 419,153 公尺，而戰爭期間損害者即達 33,243 公尺，且鐵絲蛇籠大部分已逾齡，大多已喪失防洪功能；〔註3〕而灌溉埤圳，日治時期的灌溉面積達 50 萬公頃，光復後，由於埤圳的受損而上失灌溉效能的面積達 26 萬餘公頃，因而導致稻米產量從 1942 年的 117 萬公噸至 1945 年遽減為 63 萬 8 千公噸。因此，在聯合國善後救濟總署臺灣分署的主持下，採取「以工代賑」的方式進行搶修。〔註4〕雖然在水泥供應不足，仍是以就地取材，以土、石等物料為緊急的填充補修，到了 1947 年損害的堤防、護岸及埤圳大致修復完成。並且為了儘早恢復農業生產，國府於 1946、47 兩年，緊急將合計 121,550 公噸的救濟化學肥料撥運來臺，同時傾力修復在臺的化肥工廠，以使農民可以獲得所需化肥，增加生產。在這樣的努力之下，農業生產皆有所恢復，以稻米而言至 1948 年已將產量提升到將近 106 萬 8 千公噸。

　　至於工業及交通的恢復，由於物力、財力的短缺，就僅能採取拆東牆補西牆、拼合移湊的方式，為因陋就簡的整修，先勉強恢復一部份少量的生產或運作，以能開工或營運為首先要務。臺灣電力設備在戰爭期間遭受到嚴重損害，以當時裝置容量最大的兩座發電所，分別是位於日月潭的「大觀發電所」（發電量為 100,000 千瓦/小時）及「鉅工發電所」（43,500 千瓦/小時），這兩所發所在戰爭時遭受美軍的轟炸電，發電設備幾乎全毀，壓力水管亦有所破損；此外，1944、45 年夏秋空前的風雨災害，導致嚴重的山崩，使得全臺較具規模的八個發電所受到嚴重損害。〔註5〕因此光復時全臺的總供電能力，

〔註3〕　臺灣省政府建設廳編，《臺灣省建設統計》第一期（臺灣省政府建設廳編印，1961），頁 56。

〔註4〕　據〈臺灣光婦後之善後救濟〉稱，行政院善後救濟總署臺灣分署曾於其時辦理以工代賑工程 41 件（軍糧的工賑在外），比較大的工程有嘉南大圳、烏山頭水池等修復工程。臺灣銀行經濟研究室編，《臺灣銀行季刊》創刊號，（臺灣銀行金融研究室編印，1947），頁 78。

〔註5〕　袁穎生著，《光復前後的臺灣經濟》，頁 105。

降至僅有 33,720 千瓦/小時。光復後，經過緊急的搶修，至 1945 年底最大發電量已增至 100,000 千瓦/小時，然而欲將日月潭的兩座發電所修復供電，根據當時留用的日籍工程師所提計畫，以及日後美國懷特顧問公司工程師來臺實地考察，估算最少需花費 400 萬美元向外國訂購大批器材，方能完成修復。當時，臺灣電力公司實無此能力負擔，因此該公司僅能竭力利用原來散置各地廢棄不用及損壞待修的器材，並且將之前因為山崩埋於沙中的器材挖出修整運用，完成了許多工程技術專家認為不可能的艱鉅工作，至 1947 年底，全臺總供電量以增至 213,355 千瓦/小時。〔註6〕

　　日治時期日人經營最具規模也最重要的製糖工業，日治時期之製糖廠共 42 家，戰爭期間由於美軍的轟炸，有 15 所受到嚴重的損毀，19 所受到中度損毀，僅有 8 受到輕微損傷或倖免。光復後，由於日籍工程技術人員均遣送返臺，而臺籍技術人員也因戰爭時被日本徵調遠赴南洋而未歸，加上製糖機器大多為第一次世界大戰期間由美、英、德、日等國所設計的老舊機器，器材補充極為困難，據估計僅是修復糖廠機械，就需要外匯資金高達 700 多萬美元，因此糖廠的修復可以說是相當艱鉅。但經過臺糖公司員工的拆廢補用努力下，至 1948 年底已有 32 所糖廠可以開工運作。〔註7〕日治末期受到美國空襲摧毀的工業，儘管未能及時搶修完畢，但在臺灣極其少數的工程人員槍修之下，已有相當成果。嗣至 1949 年以後，其尚待修復者，即繼續傾力進行。

　　關於交通運輸方面，所遭遇的困難，與工業相似。在鐵路方面，由於受到美軍的轟炸，損傷極為慘重，而鐵路為臺灣主要交通工具，因此抗戰勝利後急需重建。然而由於物資及資金的短缺，使得修復過程極其艱辛，臺鐵員工僅能利用有限的資源，自行克服各種困難，基本原則是先行擇要整修，只求能夠通車即可，因此很多路段能夠勉強營運，以配合急迫的需要。其中對於集集支線的搶通極為重要，此線雖然在山區，但因修復日月潭電廠極具關鍵性，電廠修復所需的器材仰賴此線鐵路運補，是以鐵路局特別優先搶修通車。〔註8〕然而在光復前，行車的主要管理、調度、操控人員皆為日本人，因此光復後日籍專業人員的遣送，造成臺鐵運轉調配人力急遽短缺，也因而增加臺灣鐵路修復的困難。

〔註6〕臺灣出版社，《臺灣建設·產業篇》，（臺灣出版社，1950），頁 22。
〔註7〕袁穎生著，《光復前後的臺灣經濟》，頁 106。
〔註8〕《臺灣銀行季刊》創刊號，頁 42。

修復臺灣因戰爭而受到損傷的工業及交通，以使其能夠正常運作，在經過光復之初的兩、三年積極的搶修下，儘管未能到達日治時期的規模及效能，但亦已獲致相當的成果。而爲完成或未至完善的部份，則留待於 1949 年以後繼續傾力進行。然而，1948、49 年大陸局勢急遽變化，有許多的工業遷移至臺灣，其中以紡織業爲代表，雖然設備老舊，但對臺灣而言，亦具有相當的建設；同時，國府遷臺，有較多的工程技術人員的補充，但財力、物力仍無著落，亦需仰賴美國的援助。經過幾年的積極修復，至 1952 年第一期四年經建計畫前，工業生產與交通運輸亦大多恢復至日治時期的水準。

1949 年 10 月 1 日，「中華人民共和國」在北京宣佈成立，隨即獲的許多國家的承認。10 月 4 日，美國國務院重申美國承認國府爲中國唯一合法政府，然而是否承認中共政權，卻讓美國現在一個進退維谷的困境之中。那時候，國府雖然仍然獲得承認，但美國政府已經停止給予援助，這由 1950 年度美國對外援助預算中未列有中國之援助金額，即可證明。這種態度繼續到 8 個月後的韓戰爆發，直到那個時候美國才知道，共產黨在遠東的擴張實爲世界和平的一大威脅，美國必須聯合其他民主國家堅決抵抗。

早在國府撤臺前，臺灣已是經合署中國援助計畫中的一個重要地區，因此，1948 年 6 月 25 日史迪曼爲團長的工業調查團即以抵臺進行調查。當時美方認爲，由於日治時期工業化臺灣的結果，臺灣不僅有豐富的農業資源，甚至連電力及運輸系統都非常完善，加上 80% 以上的識字率人口，臺灣的生活條件可以說遠遠超乎中國大陸。〔註9〕

經濟合作總署中國分署正式成立後，臺北設有辦事處，負責臺灣的美援運用配給事宜，辦事處負責人爲柯瑞格（Loris Craig）。美援第一期援款原定爲 2 億 7 千 5 百萬美元，適時大陸局勢正在迅速惡化中，因此僅動用 1 億 7 千萬左右，其中約有 893 萬 8 千美元物資運來臺灣，主要爲原油及燃料油、化學肥料與原棉，於 1949 年間到達。〔註10〕

1949 年 5 月 26 日，美援機構部份遷臺，美援會聯絡員張肇元，經合署分署代理署長葛里芬夫婦，該署工業重建組格林、農復會委員沈宗瀚、美方委員穆懿爾與嚴家淦在香港送別經合署分署長賴普翰後，即搭乘軍機自港來臺。

〔註 9〕Kozlowski, Francis Xavier, *Cold War influence on United Stated Taiwan policy, 1945～1952*, State University of New York at Binghamton,1990. pp.15～16.

〔註10〕袁穎生著，《光復前後的臺灣經濟》，頁 212。

5月27日，上海淪陷，美援僅存臺灣部份，葛里芬、格林、穆懿爾、張肇元和嚴家淦在經合署臺灣辦事處開會，討論如何利用美援建設臺灣。由於當時經合署中國分署及美援運用委員會皆在中國大陸，因此為使利用美援能夠充分與臺灣省政府合作，決定成立「臺灣美援聯合會」，故經合署、美援會、臺灣省政府各派代表參與此會。6月2日上午，召開首次會議，嚴家淦宣布該委員會成立的宗旨，是為配合自助方案，發揮美援會、政府經合署合作之效用。〔註11〕

　　6月6日，臺灣省主席陳誠宴請經建人員，決定今後經濟政策為自給自足，建設重點為肥料、電力、水利及交通四大部門。22日，柯瑞格發給經合署電報，說明他對美援聯合會及懷特公司在臺的看法及意見：

> 美援聯合會盡力結合在此地所有貿易、工業、農業單位邁向單一而有
> 秩序，而不單只充當美援顧問委員會使用的頭銜。省府選擇此名字是
> 為了政治上的理由，確信委員所作建議一定會遵照辦理。顯然地，依
> 法屬於經合署援助的所有事務由我決定，至於特殊事項另以信函通
> 知，做必要政策指引。另外，建議把懷特公司暫時留在此地，有益正
> 進行中的工作，工業顧問及從大陸到臺灣的工業材料與設備安排，需
> 要他們的協助。此工作我們僅支付小額費用，但對臺灣是無價的。此
> 時若我們將懷特公司移走，對中國是困窘的，他們對省府提供協助且
> 聽任反動集團增加支配力。懷特公司全體離開意味著美援的結束，而
> 使有秩序的分配物品發生困難，也許我會失去全島倉庫中如肥料等物
> 資的控制。由於軍隊干涉島上事務，此時臺灣是少有希望的，但在此
> 處的朋友鼓勵我們留下來與協助目前的倉儲品分配直到臺灣問題解
> 決。我們沒有失去希望，工業計畫一定會完成。〔註12〕

　　懷特工程公司，早在1948年即派5位專家來到臺灣，對臺灣的資源和經濟狀況進行調查和研究，並參與擬訂最初的對臺援助計畫。50年代懷特公司在美臺援助中具有雙重身份，駐臺美國經援使團的援助計畫評估機構和臺灣的經濟技術顧問，它一面向臺灣派送各部門的專家，並一面向美援運用委員會提供技術和經濟方面的諮詢。國務院中國經濟事務官員巴奈特（Robert W. Barnett）向遠東司助理國務卿魯斯克（Dean Rusk）的報告中稱：「在福爾摩沙擁有懷特工程公司對美國政府來說是十分幸運的，它可為國府官員和私營機關所用。狄寶

〔註11〕〈臺灣美援聯合會成立〉，《中央日報》第3版，民國38年6月3日。
〔註12〕Craig to ECA, telegram, June 22, FRUS, 1948, Ⅷ, p.99.

賽（Val de Beausset，懷特公司工程師）先生在能幹的臺灣（中華民國）經濟學家、工程師和工業管理人員中享有令人稱羨的受尊敬地位。」〔註13〕

　　6 月 27 日，葛里芬向霍夫曼提出「臺灣情勢」的報告。他指出「臺灣經濟繼續惡化，相信此時發行新臺幣是不顧死活以阻擋惡化擴大，軍隊擁入會進一步衝擊臺灣經濟。」而擁入臺灣的軍隊人數據估計有 37 萬 5 千人，而且繼續增加中，軍隊主要是敗軍，紀律狀況不良。軍隊、家屬及難民的增加，使得日常物資短缺，幾乎是上海淪陷時的翻版。〔註 14〕報告中也提到經合署對臺灣的貢獻，一般可分為三類：（1）工業復興計畫，1700 萬美元已分配給此計畫，但支出許可尚未得到華盛頓的核准。分署建議的支出總額或任何部份在目前政治經濟情況下要依 2 月時分署長指示的說法辦理，此經電傳華盛頓。感覺上如此無法阻擋經濟惡化或改變政治命運，除非島上政權與美國政府採取必要方法重建社會、政治和經濟。同時，懷特公司有 9 位工程師住在臺灣，這些工程師對於島上主要工業生產提出建議。其經理塔爾林同意他們的建議，協助最近因軍隊及海上難民造成徹底失序的基隆港恢復作業。塔爾林經理想要繼續此顧問工作直到復興計畫被拋棄，無疑地這組人員的技術協助是很有效的，因此建議繼續此顧問工作直到美國政府支持國民黨政權或可能的獨立繼承者。（2）經合署的商品計畫，4 萬噸氮肥分配到島上倉庫，這些肥料主要是交換半年後的稻穀，由農復會負責監督。有很小規模的棉花計畫，每月提供 900 捆棉花給紡織廠，讓工廠生產到 11 月，現存在神戶的一些棉花將運往臺北，維持繼續生產。我們有些麵粉與棉紗存貨用來銷售以支撐經合署及懷特公司員工的費用和美援會的管理費用。也有相當數量的醫藥用品，在 1947 年約值 1 百萬美元，部分免費，部分售出以支付醫藥分配與臨床活動費用。（3）與盟軍最高司令部（Supreme Commander of the Allied Powers，SCAP）的貿易關係，此時經合署最重要的工作是促進臺灣與 SCAP 的貿易關係。臺灣今年的精糖產量 64 萬噸，為最近幾年最高產量。在本會計年度，SCAP 從臺灣購買 10 萬噸糖，滿足日本的需求。〔註15〕

〔註13〕 Barnett to Rusk, October 3, 1951, FRUS., 1951, Ⅶ, p.1823；如要瞭解狄寶賽先生與懷特公司在美援臺灣中扮演的角色及貢獻，可參考由國立臺灣大學圖書館出版的「美援臺灣與狄寶賽先生」紀錄片（臺北：國立臺灣大學圖書館，2006）。

〔註14〕 *The Formosan Situation June 27, 1949. Griffin Papers.*

〔註15〕 *The Formosan Situation June 27,1949. Griffin Papers.*

　　1950 年，美國總統杜魯門聲明對臺灣的未來將「袖手旁觀」，宣布不再給予國府任何「軍事援助與勸告」，並說「因爲美國政府認爲臺灣的資源足夠他們、適應他們認爲保衛該島的一切必需」，但也主張美國將繼續給國府經濟援助。然而這主張已引起臺灣當局人心惶惶，深怕美國會因此對臺灣棄而不顧，因此，15 日穆懿爾再度發表言論，指出他認爲中共並未獲人民支持，而要在東南亞對抗中共的言論，「經援臺灣」是有其重要性。而美援聯合會發表鄭重聲明，美經援物資源源運臺絕未終止。同日，霍夫曼主張經援臺灣建議使用經援餘款。〔註16〕5 月 22 日香港英文報紙德園西報與工商日報報導「美國經濟合作總署臺灣分署即將關閉」一項消息，爲平息質疑，穆懿爾 24 日再度鄭重聲明經合署將繼續在臺工作，並且美國計畫延長援華。〔註17〕

　　6 月韓戰爆發，美方爲區域安全之考慮，宣布派遣第七艦隊防護臺灣海峽，並且將國府於 1949 年度內未用的援款餘額之運用期限，延至 1951 年 6 月底止。是年 2 月 15 日起至 6 月 30 日止，美國政府對臺灣共撥援款 850 萬美元，全部用於採購物資進口，以助臺灣穩定經濟，此爲美援對臺灣的第一批正式撥款，與 1948 年間自大陸援款中劃撥一部份支持臺灣復原工作的情形有別。此筆援款之運用，大部分係自美國採購原棉、肥料、黃豆、小麥等物資進口，非屬支持某一特定計畫之用。

　　經合署中國分署署長穆懿爾 8 月 8 日，召開中外記者會。會中宣布 1951 年會計年度中 7 月至 9 月間三個月（即 1950 年 7 月至 9 月）援臺計畫費用達 800 萬美元以上，再加上由韓轉運來臺價值 280 萬美元的經合署肥料，此計畫已經美國國會通過。援臺物資，由年初的每月平均價值 200 萬美元，提升到平均每月 380 萬美元。除供給主要物資外，經合署並加重於機械零件的供應，並對主要工業貢獻技術上的意見。而經合署主要協助的工業，包括有水電、鐵路、通訊系統、公路及汽車交通。此項關於採購主要物資從事復興建設所用之美援款項，皆無須臺灣當局償還。另外，「對等基金」機制亦在臺灣展開，因此當美援物資運抵臺灣及配銷時，國府應依照美元比值計算該項物資價款之臺幣等值，立一存款帳戶，或將美援物資出售時所得款項，存於臺灣銀行。而此對等基金，除非經合署同意，不得動用。〔註18〕由此可見，韓戰爆發後，

〔註16〕　〈穆懿爾建議繼續經濟援華〉，《中央日報》第 3 版，民國 39 年 1 月 16 日。
〔註17〕　〈穆懿爾鄭重聲明經合繼續工作〉，《中央日報》第 1 版，民國 39 年 5 月 24 日。
〔註18〕　〈經合署昨宣布，今秋經濟援臺計畫〉，《中央日報》第 1 版，民國 39 年 8 月 9 日。

美國援臺計畫已由過去消極經援轉爲積極建設臺灣的工業計畫設定。

10 月 6 日，經合署中國分署署長穆懿爾向經合署總署提出援華成果報告，指出臺灣「今年可產出歷史上最高數量的食米」，可望超過之前的 140 萬公噸的最高峰，不僅可供應 800 萬人口所需，亦有少量盈餘。他將之歸功於美援當中所提供之 14 萬噸化學肥料，及臺灣省政府供應的 9 萬 8 千噸肥料所促成。報告書中提到工業復興，懷特公司工程專家已協助公私各界以其有限的資源做最有效使用，工業計畫主要集中於鐵路、港口、電力、礦業和森林的發展，由於計畫中以重建臺灣重要公共事業爲其中一部份工作，而經合署乃以所必須之設備和零件，提供給臺灣的電力系統、鐵路、公路及通訊系統等，並擴充肥料製造設備。報告中還提到，自 7 月到 9 月所運到的商品和工業項目，每月平均爲 330 萬美元，也就是 1951 年會計年度第一季的總額已達 1000 萬美元。〔註 19〕

1951 年 3 月 17 日，經合署分署署長穆懿爾應聯合國中國同志會之邀，在省參議會會場演講經合署在臺工作概況。其大意爲，經合署在臺計畫有三個目的：（1）協助維持臺灣經濟穩定；（2）增加生產及出口數量，以建立長期的經濟基礎；（3）改善人民生活。關於計畫則分爲 4 部份：（1）貨物計畫，即美援物資，主要是肥料、棉花、布匹、原油等，約值 3300 萬美元；（2）工業計畫，即工業設備，如鐵路、電力等項目，約值 1200 萬美金；（3）農業計畫，歸農復會負責執行，其計畫達 225 種，約爲 280 萬美元；（4）等值基金計畫，包括農復會和懷特公司顧問組之新臺幣支出。穆懿爾最後對於臺灣的復興表現加以讚揚，認爲臺灣當局爲自給自足做出相當努力，其成果也令人滿意。〔註 20〕《中央日報》在 20 日的「社論」也針對穆懿爾的此場演講做出評論，認爲此演講明白指出經合署對臺經濟復興的貢獻，並且可以幫助糾正過去常有的殷切盼望軍事援助及財政援助，而忽略經濟援助的錯誤觀念。社論還認爲經合署的在臺工作，在臺灣當局的密切合作下，必能完成臺灣復興的艱辛任務。〔註 21〕

4 月 24 日，美國經合署總署決定在 1951 年的年度計畫原訂援臺款項美金 4,000 萬元外，續撥 1,600 萬元，作爲 1951 年 6 月底前增援臺灣之用。而自 7

〔註 19〕 〈穆懿爾報告經總，援華有成果〉，《中央日報》第 1 版，民國 39 年 10 月 8 日。
〔註 20〕 〈穆懿爾應聯合國中國同志會之請，演講經合在臺工作全文〉，《中央日報》第 6 版，民國 40 年 3 月 19 日。
〔註 21〕 〈經合署在臺灣的工作（社論）〉，《中央日報》第 3 版，民國 40 年 3 月 20 日。

月開始的 1952 年度經援臺灣計畫，將於 5 月送交國會討論。據稱，中華民國政府向美國申請的 1952 年的經援款項，為美金 7,500 萬美元。而由於經合署中國分署及農復會的良好工作，已經極具成效，再加上臺灣在國際反共陣營中地位重要，使得臺灣在下半年度能夠獲得較多經援款項的希望大增。〔註 22〕

為了減輕農民對於國軍軍費的負擔，農復會主委蔣夢麟曾寫一封信給經合署總署署長福斯特，說明經援需與軍援配合。6 月 25 日，經合署分署宣稱：華盛頓總署已增撥 4,170 萬美元為 1951 會計年度（1950 年 7 月至 1951 年 6 月）經濟援華款項，加上原本會計年度已經援華的 5,600 萬美元，總計為 9770 萬美元。增撥的 4,170 萬美元當中，半數用於經合署之經常計畫，其餘半數為美軍顧問團軍事計畫之經濟支援。〔註 23〕此項對軍方方面之特別支助，代表著經合署在臺基本工作方針範圍的擴大，已從單純經援層面擴及對軍方的支援。

8 月 24 日，美國參議院軍事暨外交委員會通過 75 億 3 千 5 百萬美元的軍事、經濟上的援外計畫，然總數較原計劃案削減 9 億美元，美總統杜魯門對削減經費深感不滿，認為第四點援外計劃案深受打擊。〔註 24〕29 日，經合署分署署長穆懿爾召開記者會，宣稱美國此次軍援及經援臺灣的數量相當大，但可能較原訂計畫短少 9,000 萬美元，但案子仍在美國參眾兩院討論中。〔註 25〕

1952 年 1 月 1 日，美國共同安全總署（Mutual Security Agency）成立，經濟合作總署走向熄燈號，其將使用 73 億美元援外款，接續經合署的工作，當然也包含援助臺灣。〔註 26〕而美共同安全總署駐華分署成員，大多沿用過去經合署中國分署員工，並持續進行 FY1952 年度計畫的工作，而農復會也持續存在進行其工作。

綜合來看，美國在臺灣所實施的經濟合作計畫，自始即具三大基本目標：一、協助臺灣獲得經濟之穩定；二、支援軍事防禦計畫；三、增進臺灣經濟

〔註 22〕〈本年度每隊臺經援，將續撥千六百萬元〉，《中央日報》第 1 版，民國 40 年 4 月 24 日。

〔註 23〕〈經合署配合軍援，追加本年度援款〉，《中央日報》第 1 版，民國 40 年 6 月 26 日。

〔註 24〕〈美七十五億援外案，參院兩委員會通過〉，《中央日報》第 2 版，民國 40 年 8 月 26 日。

〔註 25〕〈美經合署中國署長穆懿爾招待記者〉，《中央日報》第 2 版，民國 40 年 8 月 30 日。

〔註 26〕〈美共同安全總署今日起成立〉，《中央日報》第 2 版，民國 41 年 1 月 1 日。

生產能力，以求自給自足。經合署中國分署先於 1948 年在臺灣成立辦事處，在臺灣進行經濟援助的工作。1949 年秋，臺灣受到戰時損壞的生產力仍未完全恢復，基本產品已不足應付迅速增加的臺灣本島人口所需，加上由大陸撤遷至臺的 200 多萬人，臺灣的經濟負擔，幾無法承受。因此，美國當時對臺的經援計畫，以「救援及復舊」為主。在 1949 至 1951 年間，美國經由經合署資助輸入的商品及其他經濟必需品共約 7,500 萬美元。主要的進口商品中，包括可以迅速銷售以供人口及工業消費之商品，及協助控制通貨膨脹之商品。另外，糧食、藥物、紡織品及燃料的輸入，可以直接提供人民的需要。而為了著手重建臺灣農業及工業的重建，亦進口化學肥料及基本建築材料。以下針對各種產業性質的不同加以探討。

第二節　原料與物資的援助

一、化學肥料的援助

臺灣光復後，國府為復興農村增加糧食生產，積極籌措化肥料供應，1946 年即成立肥料運銷委員會，專責辦理配銷業務。至 1949 年為配合糧食增產政策起見，將該委員會撤銷併入糧食局，在該局之下設立肥料運銷處，主辦肥料業務。然而戰後臺灣所留下來的肥料工廠破壞不堪，肥料公司雖盡可能恢復生產，但數量仍然不夠。因此 1949 年至 1952 年經合署中國分署協助糧食局購買肥料，組織了「美援運用委員會相對基金」由嚴家淦主持，並以農復會為主，生產機關（肥料公司）、配銷機構（糧食局）等相關機關成立一個肥料小組，由沈宗瀚先生負責，牽涉單位包括臺灣省政府、國府經濟部。〔註27〕糧食局每年會同有關機關參照全省稻米及其他農作增產計畫，訂定肥料供需計畫，以自產肥料優先供應，不足之數向國外採購補充。

根據共同安全總署中國分署於 1953 年所發表的「Economic Development on Formosa 1951～1952」一書中提到，化學肥料的進口在經合署中國分署的會計年度計畫中屬於大品項項目，在 1951 年會計年度計畫（以下稱『FY1951』）中，編列有 312,105 公噸，價值 20,778,295 美元進口；而在 1952 年會計年度計畫（以下稱『FY1952』）中則編列 224,140 公噸，價值 17,584,762 美元的化

〔註27〕黃俊傑編，《中國農村復興聯合委員會史料彙編》，頁 231。

學肥料進口。這些可以補充臺灣在 1951 年生產 110,573 公噸和 1952 年生產 149,848 公噸，及由國府兩年進口超過 174,000 公噸化學肥料的不足。〔註28〕

臺灣於 1948 年第二期稻作開始辦理「肥料換穀」制度，其辦法為由農民繳交蓬萊稻穀 1.5 公斤交換硫酸錏 1 公斤，稻穀 1.9 公斤交換磷酸錏 1 公斤，稻穀 2 公斤換交換硝酸錏 1 公斤。〔註29〕1950 年第一期稻作，美援肥料 6 萬噸進入臺灣，〔註30〕使得肥料供應更趨穩定，而其換穀比例逐年調整，其比率如同下表：

表 7-1　1950 至 1952 年肥料換穀比率及其折價

年　度	稻穀市價	硫酸錏		過磷酸鈣		氯化鉀	
	元/公噸	換穀比例	現金折價	換穀比例	現金折價	換穀比例	現金折價
1950 年 1 期	946	1.2	1,135	0.4	378	—	—
1950 年 2 期	707	1.0	704	0.4	382	—	—
1951 年 1 期	867	1.0	867	0.4	347	1.5	1,300
1951 年 2 期	809	1.0	809	0.4	324	1.5	1,214
1952 年 1 期	1,297	1.0	1,297	0.4	519	1.5	1,946
1952 年 2 期	1,496	1.0	1,496	0.4	598	1.5	1,244

資料來源：朱海帆，《肥料論文集》，臺灣肥料股份有限公司叢刊第三十七種，（臺灣肥料股份有限公司，1984），頁 66。

臺灣超過 650,000 個農家大多數將這些肥料使用在稻米及甘蔗的生產上面，而除甘蔗肥料由臺灣糖業公司自行籌購供應外，稻作及其他雜糧所需肥料均由糧食局肥料運銷處委託縣市及鄉鎮大約 360 個農會透過「肥料換穀」的方式配給給農民。〔註31〕肥料配給方式最初規定雜作肥料以現金配售，稻作肥料可由農民選擇用現金購買或以同等價值之稻穀交換，至 1948 年第二期改為稻作肥料應全部以稻穀交換，實施肥料換穀制度，1951 年第二期起為鼓勵一般缺乏現穀交換肥料之農民領用肥料，規定農民提領稻作肥料得自由選

〔註28〕U.S. Mutual Security Agency, Mission to China, *Economic Development on Formosa 1951～1952*, p.18

〔註29〕袁穎生著，《光復前後的臺灣經濟》，頁 109。

〔註30〕吳湘湘，《晏陽初傳》，頁 562。

〔註31〕U.S. Mutual Security Agency, Mission to China, *Economic Development on Formosa 1951～1952*, p.19.

擇以現穀交貨或以貸款方式提領。〔註32〕

　　化肥的使用主要在增加土地生產力，據估計使用化肥硫酸銨可使稻米生
產增加至三倍之多。〔註33〕農民可以透過「肥料換穀」穩妥的獲得所需的肥
料，肥料的使用總量增加，使的許多農產品生產量大為增加，政府則可因此
掌握較多的糧食，穩定經濟。加上 1949 年，國府更實施「三七五減租」，使
農民的增產意願大為提升。〔註34〕隨著化學肥料使用總量的提高，戰後下降
的稻米生產量逐漸提升，據估計，當時申請每一公斤的硫酸銨能提升 2.3 公斤
的稻米產量。每一公頃的肥料使用量從 1945 年的 4 公斤到 1952 年的 460 公
斤，而糙米的單位面積產量也從 1945 年每公頃 1,273 公斤增加到 1952 年每公
頃 1,998 公斤。這與日治時期的 1934 至 38 年期間平均每公頃使用 532 公斤化
肥，單位面積生產量每公頃為 2,021 公斤的收益已頗為接近。〔註35〕

表 7-2　臺灣光復初期稻米、甘蔗、甘藷產量變動（單位：公噸）

名　稱	日治最高	1946	1947	1948	1949	1950	1951	1952
稻米	1,402,414	894,021	999,012	1,068,421	1,214,523	1,421,486	1,484,792	1,570,115
甘蔗	12,835,395	1,006,526	796,012	3,113,062	6,193,818	5,860,958	3,584,997	4,800,883
甘藷	1,769,985	1,330,506	1,782,798	2,002,865	2,166,048	2,200,834	2,021,719	2,090,463

說明：日治時期最高產量年份分別為稻米（1938）、甘蔗（1939）、甘藷（1937）
資料來源：《臺灣省糧食統計要覽》，（臺灣省糧食局編印，1962）

　　表 7-2 可以得知，臺灣光復後至 1952 年間，此三種農產品皆逐年成長，
雖然至 1952 年甘蔗的年產量仍不及日治時期最高點，但也都比 1946 年皆成
長數倍，而稻米跟甘藷甚至超越日治時期的最高產量。1949 年，國府撤遷至
臺，據估計約有 250 萬人湧進臺灣，對於稻米糧食的需求比例大增。臺灣稻
米耕地面積從 1949 年的 747,675 公頃，增加至 1952 年的 805,000 公頃，僅僅
增加約 7%左右。然而稻米的產量卻從 1949 年的 121 萬公噸增加至 1952 年的
157 萬公噸，提升了約 1/4。〔註36〕雖然種子改良及獎勵生產稍微擴大了稻米

〔註32〕黃俊傑編，《中國農村復興聯合委員會史料彙編》，頁 245。
〔註33〕U.S. Mutual Security Agency, Mission to China, *Economic Development on Formosa 1951～1952*, p.18
〔註34〕袁穎生著，《光復前後的臺灣經濟》，頁 109～110。
〔註35〕U.S. Mutual Security Agency, Mission to China, *Economic Development on Formosa 1951～1952*, pp.18～19.
〔註36〕華松年，《臺灣糧政史》（臺北：商務印書館，1984），頁 324～326。

的生產，但主要的原因應該還是化肥使用率的增加。

　　若以戰後初期的農業生產，以農業生產指數予以檢視，此項係數在 1953 年始編而溯自戰後起，除編制總係數外，並編制農產、林業、漁產、畜產等四大類指數，從而可以顯現出全體農業生產的變動狀況。從表中可以看出，戰後至 1952 年，雖然四大類指數中只有畜產指數是逐年皆有成長，其餘三大類指數皆出現過衰退的現象，特別是林產的起伏甚為劇烈。然而以總體來看，從 1946 年至 1952 年，整體農業生產指數提高了 1.3 倍，其中，農產的提升幅度較小，亦有 1.1 倍。農業生產如此的大幅增加，對安定歷經戰火浩劫的臺灣民生與經濟，足有重大貢獻。

表 7-3　臺灣光復初期之農業生產指數變動

年份及區分	指數（基期：1946 年＝100）					年增率（%）				
	總指數	農　產	林　產	漁　產	畜　產	總指數	農　產	林　產	漁　產	畜　產
項數	64	55	2	4	3	64	55	2	4	3
1947	126.2	125.0	133.8	120.9	135.9	26.2	25.0	33.8	20.9	35.9
1948	157.3	153.6	256.9	164.4	148.4	24.6	22.9	98.7	36.0	9.2
1949	186.3	189.9	219.0	162.9	177.1	18.4	23.4	-17.6	-0.9	19.3
1950	197.8	201.4	289.4	165.7	181.7	6.2	6.1	32.1	1.7	2.6
1951	206.8	191.7	326.7	187.8	292.2	4.5	-5.0	12.9	13.3	60.8
1952	229.5	209.3	397.6	235.5	312.5	11.0	9.2	21.7	25.4	6.9

資料來源：《臺灣生產統計月報》第 1 期，（臺北市：經濟部、臺灣銀行合編，1957）

二、原棉、棉紗和棉布

　　臺灣在日治時期雖有紡織工業，以麻紡織且以編織麻布袋為主，棉紡織並無重要性。臺灣光復後，由於 1948、49 年期間，有若干的大陸的棉、毛紡織工廠遷臺或來臺設廠，嗣在美援恢復後，美援物資中有棉花、棉紗及羊毛，於是棉紡織工業，乃至毛紡織工業都建立起基礎，特別是棉紡織工業發展迅速。〔註37〕1950 年 11 月，臺灣區生產事業管理委員會副主任委員尹仲容曾指出：「進口布不如進口紗，進口紗不如進口棉花」的政策，〔註38〕為以後臺灣的紡織工業定下方向。

〔註37〕袁穎生著，《光復前後的臺灣經濟》，頁 116。
〔註38〕尹仲容，〈一年來的臺灣生產情形與展望〉，《中國經濟月刊》第 4 期（1952.01），頁 1～2。

在 FY1951 計畫共有 57,778 包，價值 12,611,000 美元的原棉，由經合署中國分署進口，其中約有 10,420 包被供作軍隊使用。在 FY1952 計畫中進口 62,478 包，價值 11,185,999 美元，全部供民眾使用。〔註39〕從表 7-4 來看，美援 1951、52 兩年的原棉進口佔全部棉花進口的九成以上，而原棉進口從 1951 年的 9,642 公噸增進到 1952 年 12,217 公噸，甚至到 1953 年原棉進口更擴展至 26,341 公噸，〔註40〕這主要是臺灣營運中的紗錠逐漸擴大規模，因此才會有如此變化。

表 7-4　1950～1952 年臺灣原棉進口量值表數量（公噸）；價值（千元臺幣）

年　度	一般進口		美援進口		總　計	
	數　量	價　值	數　量	價　值	數　量	價　值
1950	368	2,148	3,207	22,401	3,575	24,819
1951	14	98	9,628	93,163	9,642	93,261
1952	1,359	11,566	10,858	94,047	12,217	105,613

資料來源：趙既昌，《美援的運用》，頁 141。

另外，紡織成品的進口，美援在 FY1951 計畫中提供民眾使用的 11,070 包棉紗以及提供軍方使用的 6,725 包棉紗，價值約 6,067,000 美元；FY1952 計畫更編列了 3,000 包棉紗及 3,835,999 碼的棉布供一般民眾使用，而供應 9,941 碼的棉布給軍方製作軍服，總價值約 3,863,000 美元。由於 1949 年大量軍民的湧進，臺灣本地生產的紡織品不敷使用，因此需進口一些紡織成品以彌補了本地生產與需求量之間的差距。但從 FY1951 至 FY1952 計畫進口紡織成品項目編列的縮減，可以反映出臺灣紡織工業在提供島上居民使用能力的增加，據估計 1952 年臺灣紡織品的生產價值已達到 10,510,415 美元。〔註41〕

1951 年，40 萬袋製造麻布的黃麻纖維進口臺灣，主要是用來製造米、糖出口用的袋裝材料。到了 1952 年，由於臺灣本地生產的黃麻纖維已夠本地使用，遂不再進口黃麻纖維。〔註42〕

〔註39〕U.S. Mutual Security Agency, Mission to China, *Economic Development on Formosa 1951～1952*, p.19.
〔註40〕趙既昌，《美援的運用》，頁 141。
〔註41〕U.S. Mutual Security Agency, Mission to China, *Economic Development on Formosa 1951～1952*, p.19.
〔註42〕U.S. Mutual Security Agency, Mission to China, *Economic Development on Formosa 1951～1952*, p.19.

三、黃豆及食用油

植物性食用油爲臺灣主要食用油，爲民生必需品之一，其中以沙拉油最爲重要，其原料爲黃豆，臺灣民間稱之爲「大豆」，本島產量有限，絕大部分需仰賴進口，初期多由美援供應，對臺灣人的生計而言是一個至關重要的商品項目。〔註43〕

一般民眾使用來說，FY1951 計畫編列了 32,398 公噸，價值 4,130,000 美元，及 FY1952 編列了 33,434 公噸，價值 4,585,000 美元的黃豆進口臺灣；而供應軍方使用上，FY1951 編列了 7,952 公噸及 FY1952 年編列了 4,249 公噸兩年總價 1,809,000 美元的黃豆製品進口。〔註44〕表 7-5 顯示出，黃豆的進口在 1952 年進口 101,626 公噸，幾乎爲 1951 年黃豆進口了兩倍之多。〔註45〕而爲了彌補臺灣本地花生產量的不足，1951 年經合署中國分署也進口了 5,927 公噸，價值 1,859,000 美援的花生進入臺灣。根據經合署中國分署的黃豆協助計畫，黃豆及花生的運載和處理，以及加工成品的分發和銷售皆由「農復會」所監督。〔註46〕

表 7-5　1950～1952 年臺灣黃豆進口量值表數量（公噸）；價值（千元臺幣）

年　度	一般進口		美援進口		總　計	
	數　量	價　值	數　量	價　值	數　量	價　值
1950	26,728	32,606	20,526	14,540	47,254	47,146
1951	39,772	82,726	24,345	34,897	64,117	117,623
1952	56,291	133,778	45,335	64,532	101,626	198,310

資料來源：趙既昌，《美援的運用》，頁 142。

以當時的飲食來看，中國人的飲食幾乎沒有奶製品和遠低於美國人消耗的肉製品，動物性蛋白質的取得不易，因而必須依賴植物性蛋白質的補充。黃豆跟花生擁有最豐富植物性蛋白質與油脂，黃豆除製造「大豆沙拉

〔註43〕趙既昌，《美援的運用》，頁 147。
〔註44〕U.S. Mutual Security Agency, Mission to China, *Economic Development on Formosa 1951～1952*, p.20.
〔註45〕趙既昌，《美援的運用》，頁 142。
〔註46〕U.S. Mutual Security Agency, Mission to China, *Economic Development on Formosa 1951～1952*, p.20.

油」外，炸油所剩的「豆渣」則能製成「豆餅」。豆餅可當作農田的有機肥料，亦能作爲養豬飼料使用。〔註47〕黃豆起源於中國，直到20世紀初期中國仍是全世界最大的黃豆生產國，主要產地在中國東北地區。日治時期臺灣即從東北輸入大量黃豆，〔註48〕然而當時東北爲中國共產黨所控制，加上臺灣當地所產黃豆的量與質都難以滿足臺灣人民的需求。因此，黃豆的進口勢在必行。

　　日治時期豆餅的供應可謂充足，平均每年進口豆餅量爲19.03萬公噸，最低爲1937年亦有15.26萬公噸。戰後初期臺灣的豆餅供應乃由聯合國善後救濟總署以救濟物資形式供應，但數量卻微乎其微，1946至1948年年均豆餅的進口量僅大約5千公噸。相較於臺灣的需求，猶如杯水車薪。1950年，美援物資逐漸運抵臺灣，美援黃豆除了用來製作豆類製品供應民眾食用外，另一項主要用途則爲壓榨提煉沙拉油。當時爲了發展食用油工業，臺灣遂不再進口「豆餅」。此後至1960年間臺灣豆餅的供應乃由糧食局所主導，糧食局將美援黃豆委託民間製油廠加工、製造食用油與豆餅後，再將豆餅調撥至各農會配售。〔註49〕據美國共同安全總署臺灣分署統計，1951至52年間美援總共生產出每個重55磅（1lb＝0.454公斤，55lbs＝24.97公斤）的豆餅2,146,623個，是由63,223公噸的美援大豆及花生所產生，佔此兩年全部分發豆餅當中的90％。〔註50〕若以表7-6來觀察，1950年所生產豆餅的僅爲5,368公噸，以1949年臺灣所產的養豬頭數1,362,159頭來計算，每頭豬每年平均僅能分得3.94公斤，遠遠不及日治時期由臺北帝大山根教授所估計每頭豬養育至90公斤，所需豆餅的117.77公斤。〔註51〕雖然1951、52兩年所生產的豆餅仍遠

〔註47〕日治時期，南滿州鐵道株式會社爲推廣豆餅的銷路，曾委託臺北帝國大學教授山根甚信，研究如何利用豆餅搭配臺灣自產的碎米、米糠、魚粉甘藷與甘薯蔓，共同調配適合臺灣之養豬飼料，已補充豬隻所需蛋白質。劉志偉，〈國際農糧體制與臺灣的糧食依賴：戰後臺灣養豬業的歷史考察〉，《臺灣史研究》第16卷第2期（2009.06），頁124～125。

〔註48〕劉志偉，〈國際農糧體制與臺灣的糧食依賴：戰後臺灣養豬業的歷史考察〉，《臺灣史研究》第16卷第2期，頁124。

〔註49〕劉志偉，〈國際農糧體制與臺灣的糧食依賴：戰後臺灣養豬業的歷史考察〉，《臺灣史研究》第16卷第2期，頁125。

〔註50〕U.S. Mutual Security Agency, Mission to China, *Economic Development on Formosa 1951～1952*, p.20.

〔註51〕劉志偉，〈國際農糧體制與臺灣的糧食依賴：戰後臺灣養豬業的歷史考察〉，《臺灣史研究》第16卷第2期，頁128。

低於山根教授所要求的量，但其量的成長確有顯著的進步。而豬隻的養殖數量，也從 1950 年的 136 萬頭，增進到 1952 年的 226 萬頭，對臺灣養殖業亦有相當大的貢獻。

表 7-6 1950～1952 年臺灣豆餅生產及配售狀況

年　份	配售豆餅數（公噸）	前一年底養豬頭數	每頭平均量（公斤）
1950	5,368	1,362,159	3.94
1951	25,369	1,619,958	15.68
1952	47,223	2,261,866	20.88

資料來源：臺灣省糧食局，《中華民國臺灣省十六年來之糧政》（臺北市：臺灣省糧食局，1962），頁 85。

四、小麥及麵粉

雖然臺灣人主要的糧食為稻米，然而 1949 年來自大陸的 250 萬移民中，有許多是主食小麥產品的北方移民。因此臺灣本地的麵粉需求大大的提升到每年超過 108,000 公噸，然而 1952 年臺灣卻僅能生產 15,155 公噸的小麥。島上的麵粉加工能力，估計也僅能生產出 51,480 公噸的麵粉。〔註52〕因此為了滿足臺灣每年對小麥麵粉的需求，必須進口小麥及麵粉。

在 FY1951 計畫中，經合署中國分署進口 20,865 公噸的小麥及 28,045 公噸的麵粉，總價值 8,391,999 美元供一般百姓使用。另外額外進口 8,391 公噸，價值 1,090,000 美元的麵粉供給軍隊使用；FY1952 計畫中，供應市民的小麥的進口減少至 4,112 公噸，而麵粉則提升至 32,646 公噸，總價為 6,059,999 美元。〔註53〕然而就小麥實際進口數量來看（表 7-7），1950、51 兩年小麥的進口完全依賴美援，而 1952 年卻未有任何美元小麥進口，這是因為麵粉的進口從 1951 年的 48,210 公噸大量增加到 1952 年的 98,577 公噸，〔註54〕因而小麥的進口值大幅縮水。

〔註52〕李守華，〈臺灣小麥需求之計量分析〉，《臺灣銀行季刊》第 20 卷第 4 期（1969.12），頁 105～106。

〔註53〕U.S. Mutual Security Agency, Mission to China, *Economic Development on Formosa 1951～1952*, p.20.

〔註54〕葉仲伯，〈臺灣之麵粉工業〉，《臺灣銀行季刊》第 17 卷第 1 期（1966.03），頁 34。

表 7-7　1950～1952 年臺灣小麥使用量值表　　　　　　　　　數量（公噸）

年　度	國外進口			本地產量	總　計
	一般進口	美援進口	總　計		
1950	—	3,445	3,445	19,100	22,545
1951	—	21,913	21,913	15,165	37,078
1952	6,532	—	6,532	16,604	23,136

資料來源：李守華，〈臺灣小麥需求之計量分析〉，《臺灣銀行季刊》第 20 卷第 4 期，頁 106。

　　日治時期的臺灣雖有幾家麵粉工廠，但僅有基隆麵粉廠稍具規模，年產能力約 1 萬公噸左右，其他數家小產年產能力合計約 6 千至 1 萬公噸左右。原料小麥大多由國外進口，本島所生產的麵粉亦遠不足供應臺灣的需求。戰爭期間，臺灣遭受盟軍轟炸，小麥進口遭受交通阻絕，在 1942 年遂停止進口，各麵粉廠呈現癱瘓狀態。1945 年國府接管時，麵粉生產僅存 500 公噸。戰後臺灣各麵粉廠陸續恢復生產，但因小麥供應不足，未能充分開工，每年臺灣自產麵粉僅在 6 千公噸以下，所需麵粉大多仰賴進口。直到 1950 年美援小麥進口後，臺灣本地所產麵粉才得以增加，從 1950 年的 9,102 公噸到 1952 年的 16,026 公噸，甚至到了 1953 年已經增加到 69,697 公噸，甚至到了 1956 年以不再需要進口麵粉。〔註 55〕可見美援小麥的進口對於臺灣麵粉加工業，提供甚大助力。

第三節　本土工業戰略性原料的供應

　　除了主要進口為滿足人民基本消費需求的物資外，美國的經濟援助計畫亦進口一些工業材料用以延續或擴大日治時期所沿襲下來的臺灣工業。而這些材料中，尤其以能源物資最為需要，包括石油及其他礦物的進口。

一、石油及石化製品

　　在美國的經濟援助計畫下，石油及石化製品是 1951、52 年最大的礦物進口商品。FY1951 計畫中，經合署中國分署編列了 11,160,000 美援的石油及石

〔註 55〕趙既昌，《美援的運用》，頁 146～147。

化製品進口，包括 239,999 公噸的原油、2,360 公噸的石油和一般居民使用石油焦碳（petroleum coke）7,582 公噸。另有 5,360,000 美元的軍事投資，包括 50,800 公噸的原油、15,598 公噸的潤滑油和 31,500 公噸的航空汽油；在 FY1952 計畫下，則提供總價約 3,379,000 美元的石化製品供民眾使用，包括 139,882 公噸的原油、少量的潤滑油及石油焦炭進口抵臺。軍事計畫上面則進口 40,219 公噸的原油及 12,457 公噸的潤化油，總價約 2,547,000 美元。而 1951 年實際進口的石油產品為 273,089 公噸，價值為 6,746,000 美元；1952 年進口石油產品為 254,792 公噸，價值為 11,761,534 美元。〔註56〕

二、磷鹽石及黃鐵礦

臺灣農業因為土壤性質關係，對肥料的依賴性極高，因此必須發展肥料工業，力求自給自足，方可挽回每年因為肥料進口的外匯消耗。因此臺灣光復之初，即致力於肥料工業的復原及擴建。在戰後初期，臺灣肥料公司積極復原及成立高雄硫酸錏場擴建生產設備，該兩單位先後獲得美援協助，從事增產工作。當時，臺灣當局視肥料工業為一公用事業，因大部分人口之經濟生活安定，有賴廉價而充足的肥料供應，稻米及其他糧食之產量與價格，亦大有賴於肥料之供應與價格而定。〔註57〕

臺灣的肥料工業從 1943 年至 1952 年產量從 30,129 公噸增加到 154,153 公噸，約增加了 5 倍之多。其中在 1952 年兩家肥料工廠生產磷肥（過磷酸鈣 calcium superphosphate）大約 70,000 公噸，約臺肥公司總生產量的一半，需要大量的磷鹽石及黃鐵礦（硫化鐵）。經合署臺灣分署在 FY1951 計畫中進口 39,944 公噸的磷鹽石，價值約 936,561 美元。FY1952 計畫進口 19,810 公噸磷鹽石，價值 549,000 美元。而實際進口則為 1951 年進口 49,769 公噸，價值 1,467,000 美元。1952 年則進口 39,366 公噸，價值 936,581 美元；而在黃鐵礦方面，在 FY1951 計畫中進口 9,100 公噸，而在 FY1952 計畫進口 33,232 公噸。在至，臺灣磷肥的生產從 1947 年的零生產到 1950 年的 6,728 公噸，而在 1952 年更增加 5 倍到 33,232 公噸的生產量。〔註58〕

〔註56〕U.S. Mutual Security Agency, Mission to China, *Economic Development on Formosa 1951～1952*, pp.21～22.

〔註57〕美國國際合作署駐華共同安全分署，《臺灣之經濟發展（1951～1955）》（臺北：駐華共同安全分署新聞處，1965.01），頁 40～41。

〔註58〕U.S. Mutual Security Agency, Mission to China, *Economic Development on*

此外，臺灣造紙工業主要產品之一為製造多層堅韌的牛皮紙袋，供應臺灣肥料公司及臺灣水泥公司的需求。〔註59〕經合署中國分署在 FY1951 計畫中，進口 1,820 公噸的硫磺，以補充臺灣製造硫酸銨和牛皮紙張。並且在 1951 年進口 193 公噸的牛皮紙，及 1952 年的 323 公噸牛皮紙和 1,913 公噸的牛皮紙漿（硫酸鹽針葉木漿）〔註60〕。

三、鐵、鋅、錫、馬口鐵

戰爭末期，臺灣煉鐵業在廠房受到盟軍轟炸而遭受嚴重損害而幾乎停產。戰後陸續加以整頓，漸有工廠從事銑鐵生產或熔煉廢鐵，並有一家煉鋼設備。此類工業除了國內廢鐵外，大抵仰賴進口廢鐵、鐵礬石、鐵礦砂、鋅、錫及其他金屬與礦砂。〔註61〕

為了培植於 1949 年成立的臺灣煉鋼廠，經合署中國分署在 FY1951 計畫進口 1,572 公噸的薄板鋼材，用以生產黑鋼片（不銹鋼）及白鐵。而在 FY1952 計畫下授權進口鋼材 2,800 公噸、錫 2,500 公噸和鋅板 210 公噸。然而由於美國罷工而使得採購發生困難，而將計畫遲推至 1953 年鋼材才得以交付，包括提供給汽車及坦克製作及修理油箱用的黑鋼片 1,800 公噸，用來使用在建築及白鐵產品的鍍鋅鋼板 1,200 公噸。

臺灣機械工業協會的成員以及臺灣工礦股份有限公司，在經合署中國分署 FY1951 計畫中資助生鐵 958 公噸，用以生產機車及機器的零件和生鐵管等。1952 年為了重起「汐止」高爐的運作，FY1952 年計畫進口 8,183 公噸鐵礦。〔註62〕

鳳梨工業乃為戰後臺灣易賺取外匯之第二位工業，1952 年共出口 240,000

Formosa 1951～1952, p.22.

〔註59〕 美國國際合作署駐華共同安全分署，《臺灣之經濟發展（1951～1955）》，頁 43。

〔註60〕 以前是用牛皮做成，現今則主要以木材纖維為原料，透過化學方法而製得。牛皮紙中木漿含量幾乎是 100%，此外只加入少量澱粉、明礬和膠以使改善紙張外觀和強度。牛皮紙的製作原料主要是含有長纖維的針葉樹（如雲杉、松樹等），以硫酸鹽製漿法從原料中抽取出來。一般認為通過此法製得的紙質纖維強度最高。參自維基百科，網址：http://zh.wikipedia.org/zh-tw/%E7%89%9B%E7%9A%AE%E7%BA%B8

〔註61〕 美國國際合作署駐華共同安全分署，《臺灣之經濟發展（1951～1955）》，頁 45。

〔註62〕 U.S. Mutual Security Agency, Mission to China, *Economic Development on Formosa 1951～1952*, p.22.

箱鳳梨罐頭，賺進外匯 260 萬美元。〔註63〕爲了供應足夠的罐頭，FY1952 計畫中供應臺灣本地需求估計約 2/3 的 2,400 公噸的馬口鐵。總計在 1951、52 年美國援助計畫下進口馬口鐵 21,000 箱，足以製造 600,000 箱罐頭，對食品加工業甚有裨益。〔註64〕

四、其他物資

在前一節即有指出，當時中國人的飲食習慣中缺少動物性蛋白質的攝取。因此，從 1951 年至 1952 年初進口 2,953 公噸，價值 499,000 美元的醃製魚（鹹魚）抵達臺灣。約有 2/3 的醃製魚是透過農會在春節前分發給各地農民，用以補充臺灣農民所欠缺的動物性蛋白質，僅存的 1/3 才交由商人販售。另外，在 1951 年，約有 1,000 公噸、價值約 521,100 美元的奶粉跟煉乳進口到臺灣，跟醃製魚一樣，透過迅速的銷售而取得相對基金。〔註65〕

戰後初期臺灣因爲物資匱乏，菸葉種植未上軌道，1946 年菸葉的總產量僅 350 公噸。雖然公賣局極力鼓勵農民種植菸葉，但至 1952 年也僅將近 9,000 公噸。〔註66〕爲了提高公賣局香菸的量與質，用以提高其在本島與外國香菸的競爭力，因此經合署中國分署在 FY1951 年計畫進口 375 公噸，價值 703,000 美元的維吉尼亞菸葉提供給公賣局。〔註67〕這也帶給國庫一筆相當的收入，1952 年由公賣局上繳國庫就高達 4.21 億新臺幣，爲全國賦稅收入的 17.82%，而這當中菸類銷售就佔了公賣局總收入的 68.92%。〔註68〕

戰後初期臺灣牛隻幾乎都作爲耕畜之途，因此臺灣皮鞋及皮革製品所用之皮革皆爲進口。過去皮革主要從大陸進口至臺，然而 1949 年之後此進口路線已被阻絕，因此經合署中國分署在 1952 年即進口 1,071 公噸，價值 882,207 美元的皮革抵臺，提供皮鞋及皮革製品業者使用，以緩和逐年增加的消費需

〔註63〕美國國際合作署駐華共同安全分署，《臺灣之經濟發展（1951～1955）》，頁 53。
〔註64〕U.S. Mutual Security Agency, Mission to China, *Economic Development on Formosa 1951～1952*, p.22.
〔註65〕U.S. Mutual Security Agency, Mission to China, *Economic Development on Formosa 1951～1952*, p.21.
〔註66〕蕭明治，〈戰後臺灣菸草產業之發展（1946～1998）〉（臺中：中興大學歷史研究所碩士論文，2000），頁 34～35。
〔註67〕U.S. Mutual Security Agency, Mission to China, *Economic Development on Formosa 1951～1952*, p.21.
〔註68〕蕭明治，〈戰後臺灣菸草產業之發展（1946～1998）〉，頁 135～141。

求。而與大陸赤化後所造成同樣情況的還有牛油及椰子油，爲臺灣製造肥皂所需之材料。經合署在 1951、52 兩年進口了共 3,563 公噸的牛油以及 362 公噸的椰子油，提供臺灣肥皂協會 84 家私有工廠協助。屬於公營的臺灣工礦股份有限公司的 12 家工廠也分別獲得 1951 年 17,242 公噸、1952 年 17,146 公噸牛油的協助，以滿足臺灣臺灣島上的最低消耗需求。〔註69〕

小結

　　臺灣在日治末期，由於受到盟軍空軍的劇烈轟炸，遍地滿目瘡痍。戰後欲恢復正常生活，則必須先行予以整修。然而戰後臺灣無論在人力、物力及財力都極爲短缺，因此在復原工作上，充滿著困難。而在台灣各界的努力之下，許多工作在東補西湊、因陋就簡的整修下，勉強恢復一部份或少量的生產與運作。1948、49 年大陸局勢急遽變化，有許多的工業遷移至臺灣，其中以紡織業爲代表；同時，國府遷臺，有較多的工程技術人員的補充，但財力、物力仍無著落，亟需仰賴美國的援助。然而由於大陸局勢持續惡化，因此第一期援款當中僅有將近 900 多萬美元物資送抵台灣，主要爲原油及燃料油、化學肥料與原棉，大多於 1949 年抵達。

　　國府遷台後，1950 年初，雖然中美兩國曾以換文的方式將援助協定予以延長。但實際上，由於美國在 1950 年初中情局的「臺灣熬不過 1950 年」的評估後，即對臺灣採取「袖手旁觀」的立場，對臺灣不再提供軍事援助，但經濟合作計畫下的援助和利用剩餘援華款項採購的軍事供應品，仍持續運送到臺灣。而經合署在懷特公司的協助下，在其有限的資源下盡可能的協助臺灣重建復原。然而此時美國對臺灣施以的援助，不僅沒有計畫性，且對於工業建設的援助，亦未能盡如人意。但此時期的美援注入，確有安定臺灣湧入大量難民所陷入的信心危機。韓戰爆發後臺灣地位從隱性白區變成顯性白區，因此美援對臺灣的必要性是顯而易見的，美方爲區域安全之考慮，宣布將國民政府於 1949 年度內未用的援款餘額之運用期限，延至 1951 年 6 月底止。這段期間的援臺行動，不僅始有計畫性的經援臺灣，尤其在工業建設上更是持續且全力的支持，不管在經費的使用，以及技術的改進上，都透過懷特公司加以協助支援。甚至還不斷的追加援款金額，以求臺灣工業能夠達到

〔註69〕U.S. Mutual Security Agency, Mission to China, *Economic Development on Formosa 1951～1952*, p.21.

「自給自足」的目的。

　　而在經合署對臺灣的物資援助上，大部分係自美國採購原棉、肥料、黃豆、小麥等物資進口，非屬支持某一特定計畫之用。由於 1948 年後，大量難民湧入臺灣，造成臺灣物資缺乏，因此民生物資的供應變得相當急迫，故這些物資雖並非生產物資，但對臺灣當於的援助確有如及時雨，尤其在一切都未穩定之時，這些民生物資的援助，有安定臺灣局勢之作用。以肥料而言，其為增加糧食生產所必須，而在農復會的積極推廣農村復興運動下，臺灣的農業發展獲得相當的成果，而於其後達到自給自足的成就；原棉、黃豆、小麥則為紡織、榨油及麵粉工業的原料，此三項物資乃美援臺灣前十年期中進口物資之大宗，對於臺灣民營工業之發展有重大貢獻，亦對爾後其他工業之興起產生很大影響。〔註 70〕

〔註 70〕趙既昌，《美援的運用》，頁 11。

第八章 經合署對台經援工作(二)
——重建計畫的實施

第一節 電力、交通運輸的發展

　　臺灣的交通與電力由於戰時遭受盟軍轟炸，損失嚴重，戰後初期臺灣電力恢復及交通運輸整修，儘管在人力、物力、財力具有重大困難，但在非常急迫的情勢下，仍立即全面展開，先以能夠勉強維持通車及發電運轉爲原則，俾能配合與支持其他產業的修復，再逐步的改進、加強、提升與擴展。美援供應抵台後，復原工作獲得大大的協助，復原情形就更爲快速。以下茲分述各方面的整修恢復情形。

一、電力

　　發展電力爲臺灣工業恢復生產及擴展的鎖鑰。臺灣雖有山脈、河流、降雨賦予臺灣據估計約有 300 萬千瓦的水力發電潛力，但由於山脈地勢崎嶇，水壩和發電渦輪機的建造，既費時又昂貴，加上又有洪水、颱風或地震的損壞之虞，故其經營與維修更顯困難且昂價。〔註1〕日治時期，日本人成功地將供電網絡擴展整個西部主要都市。在戰時，其於東部發展小規模的電力系統，提供沿海地區鋁及鎳工廠所使用。〔註2〕臺灣電力設備在二戰期間遭受盟軍轟炸而損失慘重，發電裝置容量從日治時期的最高負載 320,000 千瓦遽降至

〔註1〕 美國國際合作署駐華共同安全分署，《臺灣之經濟發展（1951～1955）》，頁 29。
〔註2〕 U.S. Mutual Security Agency, Mission to China, *Economic Development on Formosa 1951～1952*, p.22.

34,000 千瓦，各種工業因電力的供應不足而無法充分生產或復工。〔註3〕

　　戰後，隨著日籍工作人員的遣返，1946 年 5 月台灣電力公司成立，台籍工程人員在吉米懷特公司工程顧問的技術指導，以及由美國駐亞西屋電力公司提供貸款下，一面搶修各發電供電設備，一面利用舊有設備予以整修。此間，在有限的外國資源資助下，對備件及設備老舊的 3,000 噸的變壓器進行修復、重新安置等工作。1949 年 10 月，受到戰爭轟炸、颱風損害及缺乏維修的日月潭的「大觀」及「鉅工」發電所的巨大渦輪機又再度的發動，帶來 143,500 千瓦電力。其他的水力、火力發電站，也在積極努力搶修之下，逐漸恢復供電。尖峰負載由 1945 年的 34,000 千瓦增至 1950 年的 181,000 千瓦。〔註4〕

　　由於臺灣工廠與人口激增，加上電力設備過於老舊，因此電力供應漸感不足，經合署為協助臺灣電力建設，在 11 月 1 日核准 1951 年度電力計畫 5 項，決議撥款 374 萬 8 千美元，作為辦理五項電力設施所需經費。此五項計畫包括：（1）輸電及配電系統之保養；（2）天冷水力發電工程；（3）台北發電分廠變壓器之增設；（4）立霧發電所之重建；（5）北部發電廠粉煤機之增設。〔註5〕這些電力設施之項目，大多為 8 月 8 日，由懷特公司狄卜賽給王崇的函件中所建議之採購授權項目，由此可見懷特公司狄卜賽在臺灣工業重建中具有其重要地位。

　　配電系統在二戰期間受到颱風、轟炸及缺乏維修而損害。經過美援的支助下修護 10 個變電所，並另外擴充 32 個變電所，使得總負載容量擴增到 258,794 千伏安（KVA），為日治時期最高負載容量的 37% 以上。1950 夏天經合署中國分署撥款 450,000 美元從國外購買變壓器及其他必要設備提供與新竹變電所，為一所新建造的肥料工廠提供可靠的電力。工程在 1952 年完成，該所擁有 72,000 千伏安變電容量。〔註6〕

　　1950 年 12 月，大台北地區的烏來水電廠第一部機成功完工，其發電量為 11,250 千瓦，成功的證明臺灣電力公司有足夠的能力在沒有外援的協助下完成大規模的工程計畫。經合署確信，美國的經濟援助將美金投入擴大臺灣

〔註3〕 趙既昌，《美援的運用》，頁 159。

〔註4〕 U.S. Mutual Security Agency, Mission to China, *Economic Development on Formosa 1951～1952*, pp.22-23.

〔註5〕 〈明年電力計畫，經合署已核准〉，《中央日報》第 6 版，民國 39 年 11 月 2 日。

〔註6〕 U.S. Mutual Security Agency, Mission to China, *Economic Development on Formosa 1951～1952*, p.23.

電力設施將是一項良好的投資；[註7] 1951 年 12 月，東西聯絡輸電線的完成，更豎立另一里程碑。台電在 1950 年獲得美援後，即開始興建東西聯絡輸電線，自東部的立霧發電廠起橫越高聳的中央山脈至萬大發電廠，全長 44 公里，把 16,000 千瓦的電力傳送到西海岸。經合署中國分署獲悉高壓電塔的採購會被延遲，台電於是先使用木桿在一年內先完成建設，使東西電力連成同一系統。[註8] 而一條平行的高壓電塔輸電建設亦持續進行（1954 年完工），為此經合署（後由共同安全總署續接）提供價值 1,064,000 美元的電塔材料。

　　儘管在 1951 年 10 月花蓮發生地震，近 1/3 的建築夷為平地，不久又遭遇大洪水的襲擊。立霧發電廠的第一部發電機，發電量達 16,000 千瓦，該工程於 1951 年 12 月完成。而第二部發電量達達 16,000 千瓦的發電機，因需大修及換裝，其資金由共同安全總署提供，也預計於 1953 年秋天完工（最後遲至 1954 年 3 月始發電）。[註9]

　　第二批水力發電工程為位於台中大甲溪的天輪發電廠，該廠初步工程為日人所建，後由台電接續其工程。分水閘及第一部 26,500 千瓦發電機於 1952 年 9 月完成；第二部發電機 26,500 千瓦發電機也預計於 1953 年 7 月完成（實際完成時間為 1953 年 9 月）。天輪發電廠工程的費用及傳輸設備由經合署及共同安全總署提供 4,443,000 美元，並且按當地幣值的新台幣 44,600,000 元（約 4,300,000 美元），當中的 17,000,000 新台幣由相對基金支付。[註10]

　　烏來、立霧和天輪發電廠的復原及擴展，共新增 52,750 千瓦的發電能力。1952 年末，臺灣電力的裝置容量來到 231,000 千瓦。表 8-1 為戰後臺灣電力裝置容量及發電量的演變狀況。從表 8-1 來看，1949 年到 1952 年四年間，臺灣電力公司發電量增加了 61%，裝置容量則增加 55%。臺灣電力公司於 1952 年更擬定一個更大型的電力發展五年計畫（1953〜1957），此計畫目標為將當時的水力發電量 275,000 千瓦、火力發電 55,000 千瓦，共 330,000 千瓦的總發電量，增加 301,000 千瓦，分別是水力發電 215,000 千瓦、火力發電 86,000 千瓦。（隨後，臺灣電力公司此一計畫併入國府的工業四年計畫，而依四年計畫

〔註 7〕U.S. Mutual Security Agency, Mission to China, *Economic Development on Formosa 1951〜1952*, p.23.

〔註 8〕趙既昌，《美援的運用》，頁 159。

〔註 9〕美國國際合作署駐華共同安全分署，《臺灣之經濟發展（1951〜1955）》，頁 30。

〔註 10〕U.S. Mutual Security Agency, Mission to China, *Economic Development on Formosa 1951〜1952*, p.22.

之要求，加以若干修正。）〔註11〕

表8-1　戰後（1945～1952）臺灣電力裝置容量與發電量統計表

年　份	裝置容量（千瓦）	發電量（百萬千瓦每小時）
1945	119,000	357
1946	80,000	471
1947	101,000	577
1948	130,000	843
1949	149,000	857
1950	181,000	1,040
1951	217,000	1,292
1952	231,000	1,382

資料來源：U.S. Mutual Security Agency, Mission to China, Economic Developmenton Formosa 1951～1952, p.23.

　　由於臺灣河流傾斜度大，山谷坡度陡峻，故儲水量小，因而每到旱季，實際可靠發電量及裝置容量均告遞減，也因此穩定的火力發電可以補充水力發電的不足。然而火力發電比率過低，在日治時期最高峰僅佔總發電量的 18％，不能發揮平衡作用。〔註12〕因此，戰後臺灣電力公司除了極力恢復與擴展水力電廠的發電量外，亦發展火力發電量及改進原有的火力發電廠。首先實行的為資助台北近郊的松山火力發電廠，在現有的人力、物力下加裝一部 5,000 千瓦的發電機，由共同安全總署供給美金，購買發電機零件及鍋爐，使自大陸運來之一部發電機，得能安裝使用。另並以相對基金支付當地之費用，預計於 1952 年底能夠完工（實際於 1953 年 8 月完工發電）。〔註13〕

　　1950 至 52 年，美國經濟援助台電總計 12,323,000 美元，為美援臺灣工業中的最大一筆，總共有 13 項工程計畫。除了由美國援助的美元外，另有相對基金提供台幣 56,457,000 元，大約 5,481,262 美元（1 美元＝10.3 台幣換算）。另外臺灣電力公司所擬定的「五年計畫」，估計要花費 3,000 萬美元和台幣 5.55

〔註11〕美國國際合作署駐華共同安全分署，《臺灣之經濟發展（1951～1955）》，頁 30。
〔註12〕U.S. Mutual Security Agency, Mission to China, *Economic Development on Formosa 1951～1952*, p.25.
〔註13〕美國國際合作署駐華共同安全分署，《臺灣之經濟發展（1951～1955）》，頁 32。

億元。〔註14〕

二、交通運輸

（一）鐵路

鐵路系統為臺灣最重要的交通運載工具，必須維持其安全暢通。故在戰後，首重路線的修復與維護，其中包括路基的檢修，涵洞的疏通，翼牆的修補，將腐朽的枕木更換，或注油延長其使用期限，將磨損與鏽蝕嚴重的橋樑予以更換或加固，將行車號誌及連鎖裝置予以整理；再來為火車站、房屋、倉庫、月台、天橋等修繕。而因應需求，建築竹東支線，並且延展為內灣支線，路長27.9公里，於1951年完成。加上其他零星短距離的增建的12.4公里，全臺的鐵路里程數由1945年的899.5公里增為939.8公里。另外，在國府遷台後，台鐵將西部幹線鐵軌一律改為重軌，並提升橋樑的載重量等級，並將一部份的重要的橋樑重建，而這些都需要美援的協助。〔註15〕

臺灣鐵路運務主要由政府營辦的鐵路局主持，另有部份則利用臺灣糖業公司、臺灣林產管理局及少數煤礦鐵路設備。〔註16〕1945至49年，在經過臺灣鐵路局的努力復原後，鐵路營運有著顯著的進步，如客運增加50%，貨運噸位增加一倍。但在大陸撤退，經合署開始在臺業務時，鐵路系統情況仍然極為敗壞。據估計，兩百萬根枕木中約有半數已告腐朽，影響行車安全及有效管理而迫使班車減低速度。多數鐵路幹線的鐵軌，每公尺的負重程度僅達30公斤，然而重機火車頭卻需要每公尺負重37公斤之鐵軌，並且有部份鐵軌因使用過度而產生蝕薄的狀況。在經合署中國分署FY1951計畫下，總計提供1,619,000美元的援助，包括購買425,000根枕木以及7,000公噸37kg/m的鐵軌。另外約有1/6的鐵路橋樑鏽蝕嚴重，1/3橋樑負重量不足，因此再提供價值170,000美元的橋樑鋼料，以及價值864,000美元的修理物資及修理火車頭與車廂間之設備。而為了更有效的調度及改善鐵道車輛的通訊狀況，經合署還進口了價值191,000美元的電話與電話線，提供在火車上安裝。〔註17〕經合

〔註14〕U.S. Mutual Security Agency, Mission to China, *Economic Development on Formosa 1951～1952*, p.25.

〔註15〕袁穎生著，《光復前後的臺灣經濟》，頁122～123。

〔註16〕美國國際合作署駐華共同安全分署，《臺灣之經濟發展（1951～1955）》，頁33。

〔註17〕U.S. Mutual Security Agency, Mission to China, *Economic Development on Formosa 1951～1952*, p.26.

署在 FY1951 計畫中還資助了 10 個來自日本的載客車廂，價值 191,000 美元，該車廂與鐵路局改裝的四個車廂，用於行駛台北與高雄間，每日對開一次，即為不分等級之「平等號」火車。〔註18〕

經合署在 FY1952 計畫中則持續推動規模較小，價值 1,124,000 美元鐵路系統的維護和發展。除了提供 172 座生鏽及負重度不足的鐵道橋樑改善及替換外，並提供了鐵軌切換器的改善，以及進口 373 公噸的鐵軌予以更換。電氣設備的安裝提供了 5 個自動連鎖信號塔，並改進鐵路電話系統，以提供更大的效率與安全。

表 8-2　戰後（1945～1952）臺灣鐵路客運量及貨運量統計表

年　份	乘客（千人）	乘客/公里（百萬人）	貨運量（千公噸）	千公噸/公里
1945	40,124	1,636	2,561	383
1946*	43,264	1,533	2,336	330
1947	46,677	1,719	3,544	509
1948	58,652	1,997	4,636	630
1949	69,760	2,446	5,862	794
1950	69,389	2,114	6,395	885
1951	73,522	1,990	6,481	939
1952*	62,426	1,693	7,913	1,139

說明：*1946、1952 年不包括東岸系統
資料來源：U.S. Mutual Security Agency, Mission to China, Economic Development on Formosa, p.27.

在上述的改善下，隨著人口增加與經濟逐漸恢復，從表 8-2 來看，客運人數在 1946 年尚不及 4,500 萬人次，增加到 1952 年約 6,300 萬人次；貨運方面，則由 1946 年的 2,336,000 公噸，增加到 1952 年的 8,231,000 公噸，大致可以顯示出生產的增加。若以每公里公噸來看，則由 330,000 公噸/公里增加到 1,139,000 公噸/公里，表示鐵道的負重及牽引營運效率頗有提升。

（二）公路

公路客貨運為戰後鐵路運輸之重要輔助，在台灣交通上佔有相當重要的地位。1946 年 8 月台灣省政府成立公路局，其主管業務包括公路工程、運輸

〔註18〕美國國際合作署駐華共同安全分署，《臺灣之經濟發展（1951～1955）》，頁 34。

與監理三大部門，從事公路之重建與發展。1949 年國府遷台後，積極修築省縣各主要公路，並添置各項運輸設備。為此項工程費用及採購，需款甚鉅，當時政府財力有限，無法全數負擔，尤其是採購築路機器及儀器所需外匯，更感匱乏，故自 1951 年起，即申請美援。〔註 19〕

公共汽車業務，幹線約有 1,739 公里，鄉村道路約 4,550 公里。至 1952 年底台灣公路局擁有汽車約 460 輛，〔註 20〕大部行駛於主要幹線上；支線公共汽車業務大部由 17 家民營公共汽車公司辦理。台北、基隆、高雄三大都市皆有其市營公共汽車，其他城市亦有民營汽車公司，經營短途之業務。〔註 21〕

公共汽車的替換，始於 FY1951 計畫，當時約有汽車 150 輛經由工業計畫及物資計畫獲得資助而購入。一般言之，器材價款於貨品到達時或到達以前，即由受授機構以台幣繳付相對基金帳戶。購入汽車之分配為台灣公路局 289 輛，民營及市公共汽車管理處 334 輛。除由經合署計畫下資助購買汽車外，國府亦曾動用外匯購買公共汽車。〔註 22〕

表 8-3　戰後（1946、1950〜52）台灣公路客運人數統計表人數單位：千人

年　份	公路旅客運輸					市營公車
	乘客人數		載客量（乘客──公里）			乘客人數
	公路局	民營公車	公路局	民營公車	總人數	
1942*	9,414	無記錄	112,111	64,904	177,015	無記錄
1946	1,968	7,765	31,829	無記錄	31,829	無記錄
1950	15,681	13,276	204,927	140,120	345,047	33,729
1951	22,214	28,975	312,999	291,510	604,509	57,406
1952	37,279	44,546	569,837	443,445	1,013,282	79,260

說明：*1942 年為日本最高人數。
資料來源：U.S. Mutual Security Agency, Mission to China, *Economic Development on Formosa*, p.27

各公共汽車單位，由於設備改善，班次大增多，載客量均大為增多。由表

〔註 19〕趙既昌，《美援的運用》，頁 168〜169。
〔註 20〕袁穎生著，《光復前後的臺灣經濟》，頁 124。
〔註 21〕U.S. Mutual Security Agency, Mission to China, *Economic Development on Formosa 1951〜1952*, p.27.
〔註 22〕美國國際合作署駐華共同安全分署，《臺灣之經濟發展（1951〜1955）》，頁 35。

8-3 來看，台灣公路局的客運人數由 1946 年的 1,968,000 人次增加到 1952 年的 37,279,000 人次，為日本最高峰時期的 3.96 倍而，載客量也由 1946 年的 31,829,000 人公里增加到 1952 年的 569,837,000 人公里；民營公車的乘客人數在 1952 年也達到 44,546,000 人次，載客量也達 443,445,000 人公里。市營公車則由 1950 年的 33,729,000 人次增加到 1952 年的 79,260,000 人次，增加 1.34 倍。由此可看出，在幾年的改善後，台灣客運在行車效率上有著顯著的提升。

　　卡車運載總數在 1951 年及 1952 年分別為 1,866,000 公噸和 2,596,000 公噸；運載量分別為 1951 年 51,026,000 公噸公里及 1952 年 63,669,000 公噸公里。由於沒有先前 V-J 的運載統計，因此無從比較，但在增加卡車數量及改善道路狀況下，確實比日治時期帶來更多的貨運。〔註23〕

　　戰後，國府即參酌大陸的道路區分，將臺灣既有的道路區分為省道 1,165.8 公里，縣道 2,209.4 公里，其餘鄉道約為 13,717.1 公里，均列有「道路臺賬」；省道為混凝土或瀝青路面道路，僅佔 6.82%，縣道及鄉道皆為碎石路。1952 年，政府為加強對道路的管理及維護，予以全面清查，乃不論是否可通行汽車，只列計寬在三公尺以上的道路，於是總里程減為 15,619.3 公里，其中省道增為 1,364 公里，縣道增為 2,815.1 公里，鄉道大減為 10,554 公里，另外劃分原本為鄉道的市道為 885.6 公里。為了提高公路的行車速度、加強行車的安全，故改進路面與強固橋樑或予以改建，並且將部分碎石路之南北縱貫公路該鋪瀝青路面為當時首要工作。〔註24〕1952 年，在省道及市內街道的改良及鋪裝路面，總共編列了 4,200 萬新台幣及軍方 100 萬新台幣，大部分補助款項來自於相對基金。根據這個計畫公路局預計修理 1,335.6 公里，鄉及市鎮政府則利用自己的資源修護市鎮街道 9,784 公里。經合署在 FY1951 及 FY1952 計畫中總共審定了 370.4 萬美元，其中 2,944,000 美元的材料已於 1952 年底送達。〔註25〕

　　西螺大橋建築工程為當時最壯觀的工程，也是最早的公路計畫之一。西螺大橋，全長達 1988 公尺，於 1952 年耶誕節完工。在 FY1951 及 FY1952 計畫中，共計美金 1,193,000 美元及相對基金新台幣 11,000,000 元，自美國購入約重 20,000 公噸的橋樑鋼材，建立於日本人在 1937 年建築的橋礅上。1953

〔註23〕U.S. Mutual Security Agency, Mission to China, *Economic Development on Formosa 1951～1952*, p.28.

〔註24〕袁穎生著，《光復前後的臺灣經濟》，頁 123。

〔註25〕U.S. Mutual Security Agency, Mission to China, *Economic Development on Formosa 1951～1952*, p.28.

年 1 月 28 日西螺大橋正式通車，使得縱貫公路暢通無阻，可省去 4 小時的車程。〔註 26〕而爲了即早歸還相對基金，以減除贈款之必要，故在西螺大橋完工後設立收費站，開台灣橋樑收取受益費之先河。不到 10 年，即以將全部建設費用收回。〔註 27〕

（三）港埠船舶

　　高雄及基隆南北兩港爲台灣內陸與外界交通系統的重要銜接點，但兩大港埠戰時都遭到慘重轟炸，許多航道爲沈船所阻塞，只能勉強航行 300 噸以下的船隻，兩大港口的吞吐量從 1939 年的 6,684,000 公噸，至 1946 年削減到 992,000 公噸。〔註 28〕戰後，爲了讓大型船隻得以進港補充救援物資，因此台灣港埠的重建，即以清除航道、修復碼頭爲首要任務。然而由於欠缺大型機具的情況下，做此工作極爲困難，但在港務人員的兩年多的辛勤努力下，許多設施逐漸恢復使用，航道中的沈船亦大部分打撈而出，另一部份則於海底支解或炸毀，至 1948、49 年間逐漸恢復。〔註 29〕

　　1945 至 1950 年期間港口區域大掃除之後，FY1952 計畫展開重建工作，購買船貨處理及遞送設備，並重建碼頭及工廠。1949 年由於一艘軍火船爆炸而遭毀的高雄港十號碼頭，〔註 30〕也在 FY1952 計畫開始重建。由相對基金提供 29,961,000 新台幣，當中 29,125,000 新台幣花在疏浚工程、建設防波堤，以及高雄、基隆、花蓮、蘇澳和台中港的養護及發展，當中包括高雄港 10 號碼頭的重建。另外，在 FY1952 計畫中也提供 191,000 美元授權基隆港、高雄港購買起重機、發動機、鏟車處理港務。〔註 31〕

　　經過幾年港務人員在美援支助下的努力，港埠的運載功能逐漸恢復，到 1949 年吞吐量已達 2,588,000 公噸，雖不及日治時期的最高峰，但比起戰後初

〔註 26〕美國國際合作署駐華共同安全分署，《臺灣之經濟發展（1951～1955）》，頁 36。
〔註 27〕趙既昌，《美援的運用》，頁 170。
〔註 28〕U.S. Mutual Security Agency, Mission to China, *Economic Development on Formosa 1951～1952*, p.29.
〔註 29〕袁穎生著，《光復前後的臺灣經濟》，頁 124。
〔註 30〕就在港埠重建工作如火如荼進行時，高雄港十號碼頭卻在 1949 年 8 月由於一艘軍火船在碼頭卸載彈藥，不慎爆炸而遭毀，這場爆炸造成 87 人死亡、300 多人受傷，碼頭及附近倉庫的損害據估計約 6,000,000 新台幣。U.S. Mutual Security Agency, Mission to China, *Economic Development on Formosa 1951～1952*, p.29.
〔註 31〕U.S. Mutual Security Agency, Mission to China, *Economic Development on Formosa 1951～1952*, p.29.

期已增加 1.6 倍。其後因對大陸的進出口停頓，僅於對金門、馬祖的少量進出口，因而年又回增爲 2,258,000 公噸。〔註32〕

（四）電信

日治時期日人曾建立一套相當完整的電話電報系統，但由於受到戰爭的損害、並且缺乏維修，加以社會日趨繁榮，至 1951 年，除了國際廣播的現代化廣播電台外，已全然不敷使用。〔註33〕故在 FY1951、FY1952 計畫中，共有美金 1,363,000 美元列入計畫，已供重建及擴充之用。經合署中國分署曾資助台北 4,000 線路的自動交換機一具，並爲其他區域添購電話、電線及配備。〔註34〕

至 1952 年底，電信交換機容量增至 39,363 門，已超過日治時期的最高紀錄，然用戶數爲 24,609 戶，尚有所不及。但是，長途電話的有線電路先在 1949 年、無線電路繼在 1951 年，都超過日治時期最高峰。另外，相對應於時代進步與需要，1949 年開辦前所未有的國際電話、電報業務。在此等演變中，設備與服務都頗有改進。〔註35〕

第二節　產業生產的恢復

一、礦藏及礦業

台灣礦藏雖較屬有限，然而戰後煤礦產量幸能足以應付工業方面的正常需要，黃鐵礦、銅礦雖不豐富，亦差可足用。而硫磺若能充分開發，則可應付可能之需要。

（一）煤

煤礦業在日治時期曾有部分開發，然採礦機器及設備在戰爭期間遭到重創，加上年久失修破舊不堪，亟待重整。由於台灣電力公司火力發電廠的擴建及台灣工業的發展，煤礦資源的開發，更顯重要。〔註36〕

〔註32〕袁穎生著，《光復前後的臺灣經濟》，頁 124。
〔註33〕U.S. Mutual Security Agency, Mission to China, *Economic Development on Formosa 1951～1952*, p.29.
〔註34〕美國國際合作署駐華共同安全分署，《臺灣之經濟發展（1951～1955）》，頁 37。
〔註35〕袁穎生著，《光復前後的臺灣經濟》，頁 125～126。
〔註36〕U.S. Mutual Security Agency, Mission to China, *Economic Development on Formosa 1951～1952*, p.29.

台灣煤礦藏量約有 15,000 萬公噸，煤層厚度大都不及一公尺，多處且不及半公尺，煤層又極陡斜，故當時全臺 212 處煤礦皆規模不大，僅 24 處每日產量在 100 公噸以上。〔註37〕1952 年，一項出售日本 200,000 公噸煤炭的合約被簽署，然而據估計自 1952 年 12 月起台灣本島每月即需要 150,000 的非焦煤及20,005 公噸的焦煤，由於生產成本高，相對煤炭生產量低，因此要以煤炭持續成為主要出口項目是不可能的事，除非生產的的質與量有效的提昇。〔註38〕

經合署中國分署以美金及相對基金資助煤礦改良計畫，係針對兩大目標：第一，在開掘新礦以充分應付工業需要之前，維持現有煤礦之產量，其中有多數已相當老舊，開掘將盡。其次，乃根據適當之勘查及初步工程資料，協助若干大型煤礦之發展以應付經濟上之需要（包括若干新肥料工廠及火力發電廠之需要）。〔註39〕在 FY1951 及 FY1952 經合署計畫提供 893,000 美元的資金支助煤礦業，並且在 1952 年底價值 124,000 美元的設備已抵達台灣並已使用。電纜、滑車、輕軌鐵軌、風管、發電機、幫浦、牽引機、抽風機和卡車底盤零件的大量採購，用以促進煤礦行業的恢復及擴展。1952 年，相對基金貸款 850 萬新台幣，並且接受支助 200 萬新台幣。而貸款當中約有 208,000 新台幣用在四人煤礦工業技術援助小組，用以調查台灣煤礦工業的需要。〔註40〕

（二）金、銅、硫化礦

金屬礦方面之發展大多在協助金瓜石金銅礦業務的重建及開展工作。日本人在 1938 年曾經成功生產 2,914 公噸的黃銅礦和 1,501 公斤的黃金，以及少量的銀。黃金產量在戰時迅速下降，但黃銅礦（50％）依舊維持每年至少2,000 公噸的生產量。戰後精銅的生產卻沒有超過 1,000 公噸，1951 年為 504公噸、1952 年 720 公噸。然而鑑於銅在電力發展的重要性，以及世界缺銅狀況嚴重，促使臺灣對銅資源的重新開發。經合署在 FY1951 及 FY1952 批准684,000 美元資助購買採礦必要設備和材料，目標是每日開採出 500 公噸的銅礦。到了 1952 年 12 月，價值 570,000 美元的設備已經送抵並已開始營運。〔註41〕

〔註37〕美國國際合作署駐華共同安全分署，《臺灣之經濟發展（1951～1955）》，頁 38。
〔註38〕U.S. Mutual Security Agency, Mission to China, *Economic Development on Formosa 1951～1952*, pp.29～30.
〔註39〕美國國際合作署駐華共同安全分署，《臺灣之經濟發展（1951～1955）》，頁 38。
〔註40〕U.S. Mutual Security Agency, Mission to China, *Economic Development on Formosa 1951～1952*, p.30.
〔註41〕U.S. Mutual Security Agency, Mission to China, *Economic Development on*

　　台北與基隆之間的 6 處硫礦和 17 個硫化礦礦場都爲私人所擁有，在 1952
年成功的將硫礦與硫化礦的產量提升，分別超過 1951 年的 83％與 400％。這
兩種礦物質爲製造化肥的必要原料，而臺肥公司是臺灣硫化礦的唯一買家。

（三）鹽

　　臺灣的鹽產量遠超過本地的需求，是臺灣相當重要的一項出口產品，並
約有 1,500 個鹽農家庭在公營的台鹽及台鹼公司的鹽田工作。由於臺灣鹽巴的
取得是採用日曬的方式，面臨陰晴不定難以控制的臺灣氣候，因此鹽的生產
量難以控制。

表 8-4　戰後（1948～1952）鹽產量統計表

年	1943（日治最高）	1948	1949	1950	1951	1952
鹽（公噸）	465,210	375,912	266,145	178,389	284,252	329,750

資料來源：U.S. Mutual Security Agency, Mission to China, *Economic Development on Formosa*, p.31.

　　根據 FY1952 年計畫，經合署中國分署批准了 132,000 美元來協助鹽業的
大量生產，在鹽田安裝窄軌鐵路系統，降低鹽的生產成本。並由相對基金貸
款 6.5 億新台幣，改善鹽的運輸及鹽田的生產條件。然而年底下雨及寒冷等氣
候因素，1952 年年產 400,000 的目標並沒有實現。海關對於鹽的出口統計分
別是，1950 年 203,210 公噸、1951 年 239,050 公噸、1952 年 184,412 公噸，
最大買家爲日本，另外還有韓國、菲律賓及琉球等買家。〔註42〕

二、製造及加工

　　製造及加工包括各種主要的生產性企業，電力、運輸、交通、煤礦及其
他礦採工業僅供給能量或助力，然而經濟財富之產生則賴農業生產及使用此
等之製造工廠與加工工廠。〔註43〕以下爲幾項重要產業擇要而述：

（一）肥料

　　肥料工業在化學工業佔有重要地位，且除電力設備外，亦爲經合署擴建

　　　　Formosa 1951～1952, p.30.
〔註42〕U.S. Mutual Security Agency, Mission to China, *Economic Development on Formosa 1951～1952*, p.31.
〔註43〕美國國際合作署駐華共同安全分署，《臺灣之經濟發展（1951～1955）》，頁 40。

工廠方面投資最大的部門。台灣肥料產量為公營台灣肥料公司及高雄硫酸錏廠所控制。由於美國於 1951 及 52 年經濟援助所進口平均每年價值 2,000 萬美元的肥料，僅佔這兩年使用量 840,000 公噸的 6/10，再加上日後幾年肥料被使用在農作生產上會逐漸增多，因此台灣肥料工業若能以合理的價格生產450,000 公噸肥料，那將會產生巨大的經濟利益。〔註44〕經合署的經援即朝著此一目標展開。

美援計畫之方針為根據台灣肥料公司及高雄硫酸錏廠所具之基礎而擴建台灣肥料工業，使其盡最大可能利用當地原料，而在氮肥方面則以接近自給自足的目標。〔註45〕FY1951 與 FY1952 計畫批准價值 1,945,000 美元的設備提供台灣肥料公司及高雄硫酸錏廠，以提高硫酸銨（銨態氮肥）的產量從每年6,000 公噸提昇到 60,000 公噸，並且透過興建石灰窯燃燒生石灰以節省製造氰氨化鈣（別名石灰氮、氰氨態氮肥）時所需使用的焦煤。〔註46〕（註：氰氨化鈣能使植物葉子脫落，可製成脫葉劑和除草劑；亦可作為肥料，適用於酸性土壤，目前已很少使用。）

表 8-5　1950～52 台灣肥料生產統計表　　　　　　　　　　　　單位：公噸

年	氰氨化鈣	過磷酸鈣	溶磷肥	硫酸氨	氨　水	總　數
1941	12,647	17,482	零	零	零	30,129
1950	20,885	37,790	零	零	零	58,675
1951	47,582	54,211	3,697	4,592	131	110,573
1952	68,070	62,065	12,665	5,731	318	148,849

資料來源：U.S. Mutual Security Agency, Mission to China, *Economic Development on Formosa*, p.33.

國府為了硫酸鹽的擴充提供相等數量的金額 150 萬美元，另外也批准了2100 萬新台幣的中長期貸款用於肥料工業的發展，其中 750 萬新台幣用於高雄硫酸錏廠的擴充，750 萬新台幣則用於台肥基隆廠的擴充以及位於新竹第五廠的興建。另外還有 500 萬新台幣將用於完成興建花蓮與基隆兩個大型化肥

〔註44〕U.S. Mutual Security Agency, Mission to China, *Economic Development on Formosa 1951～1952*, p.32.
〔註45〕美國國際合作署駐華共同安全分署，《臺灣之經濟發展（1951～1955）》，頁 41。
〔註46〕U.S. Mutual Security Agency, Mission to China, *Economic Development on Formosa 1951～1952*, p.32.

廠的工程研究。〔註47〕

在美元的支助下，台灣的肥料工業有著顯著的成長。尤其在 1951 年，其總產量不僅為 1950 年的兩倍，更增加許多不同種類的化肥。

（二）紡織業

日治時期，台灣雖有紡織業，但僅以麻紡織、且以編織麻袋為主，棉紡織並無重要性。戰後，由於在 1948、49 年間，有許多大陸的棉、毛紡織工廠遷台或來台設廠，於是紡織工業漸在台灣佔有其重要地位。〔註48〕

經合署中國分署對於台灣紡織業的協助沒有一個準確的措施，大多以美金墊購零件及機器，或由美援提供棉花原料。〔註49〕在 FY1951 及 FY1952 美國經濟援助計畫中批准 1,275,000 美元提供給民間紡織工業向國外購買機器，而價值 5891,000 美元的設備亦於 1952 年送達並營運中。協助此一新興產業的發展，不僅因為台灣人日常衣著需求量的擴大，而且可以節省台灣政府急需的外匯。〔註50〕

從 1952 年開始，共同安全總署資助紡織機器的進口建立在貸款基礎上，根據受援者與美援會（CUSA）所簽訂的合同，在合同簽訂之時必須支付 20％，當機器購買的信用憑證簽發後再支付 40％，最後機器抵達之時再支付規定的 20％。〔註51〕

台灣紡織工業的紗錠，從 1951 年初的 40,000 錠迅速增加到 1952 年末的 130,000 錠。1952 年，棉紗產量 20 支線（count，棉紗的單位）有 67,087 包，30 支線 6,937 包，10 支線 566 包，每包 400 磅重。1952 年總和 74,596 包幾乎為 1951 年 39,567 包的兩倍，以及 1950 年 18,769 包的 4 倍之多。台灣島上超過 70 家的紡織廠，大部分為民間經營，在 1952 年生產 8,930 萬碼棉布，幾已可以滿足台灣本土據估計 9,600 萬碼的年度需求，而在 1950、51 年的生產量分別是 3,970 萬碼和 5,560 碼。〔註52〕

〔註47〕 U.S. Mutual Security Agency, Mission to China, *Economic Development on Formosa 1951～1952*, p.33.

〔註48〕 袁穎生著，《光復前後的臺灣經濟》，頁 116。

〔註49〕 美國國際合作署駐華共同安全分署，《臺灣之經濟發展（1951～1955）》，頁 42。

〔註50〕 U.S. Mutual Security Agency, Mission to China, *Economic Development on Formosa 1951～1952*, p.36.

〔註51〕 U.S. Mutual Security Agency, Mission to China, *Economic Development on Formosa 1951～1952*, p.37.

〔註52〕 U.S. Mutual Security Agency, Mission to China, *Economic Development on*

戰後的紡織工業地位，快速提升，至 1952 年已至少佔逾製造業總產值 19 ％，或更有過之，但在日治時期的最高時期亦未占至 2％。證諸一般先進工業國家的產業發展歷史，皆係由紡織工業首先發展，而台灣在進入 1950 年代之初，亦以初奠基礎，正進入先進國家發展的軌跡運行。〔註53〕

（三）紙漿及紙

台灣紙漿及造紙工業大部為公營的台灣紙業公司所控制，該紙業公司係 1946 年合併日人 5 家紙漿造紙公司及 1 家林場而成。1951 年，台灣紙產約有 65％（以價值論）為台灣紙業公司所產。〔註54〕經合署中國分署對造紙及紙漿工業的計畫，乃在提高效率、減低成本，以及減低造紙原料及化學藥品的消耗。援助款項被批准 327,000 美元，用於安裝處理甘蔗渣來作為造紙原料的設備，以及購買鋼鎖、電鋸、鍊條、絞車、纜繩、剝皮機以及輕軌鐵路。〔註55〕

FY1952 計畫通過提供 15,000 美元和 640,000 新台幣，其中大部分係供給民間小型製紙工廠進口各式堅韌紙漿以便製造台肥及水泥公司所需紙袋。在有些情況下，此類紙漿進口乃記入台肥公司或水泥公司帳戶，而由各製紙工廠製成紙袋，收取加工費或其他費用。紙漿售予製紙公司所得款項存入相對基金帳戶，往往貨甫抵埠即可存入。〔註56〕

此外，尚有一家美籍顧問公司與台灣紙業公司展開長達 6 個月的合作，除了幫忙解決台紙一些不利因素下運作的問題外，並且制訂一套可以充分運用當地資源以減低生產成本及擴大生產量的計畫。〔註57〕

（四）金屬及金屬製品

如欲確言戰後台灣有多少家金屬及金屬製品工廠，頗為困難，因多數工廠不僅出產基本金屬，亦將金屬加工成為半製成品或成品，或再利用此等產品為原料製造成機械或器具。在這出產基本金屬各廠中，最大者當堆公營的台灣鋁業公司，為台灣當時唯一的鋁錠製造者。此外，台灣尚有 26 家從事銑

　　　　Formosa 1951～1952, p.36.
〔註53〕袁穎生著，《光復前後的臺灣經濟》，頁 121。
〔註54〕美國國際合作署駐華共同安全分署，《臺灣之經濟發展（1951～1955）》，頁 43。
〔註55〕U.S. Mutual Security Agency, Mission to China, *Economic Development on Formosa 1951～1952*, p.37.
〔註56〕美國國際合作署駐華共同安全分署，《臺灣之經濟發展（1951～1955）》，頁 44。
〔註57〕U.S. Mutual Security Agency, Mission to China, *Economic Development on Formosa 1951～1952*, p.37.

鐵的生產或熔煉廢鐵，並有一家擁有煉鋼設備。〔註58〕

由於此類工業大部分仰賴進料，故經濟合作總署中國分署對此門工業的協助的主要目標爲增進效率，利用台灣低廉的勞工與加工費用，提高品質之質地，而提高產品價值。FY19541 及 FY1952 批准共計 328,000 美元給金屬工業會員，協助他們進行小規模的維護及發展工程。由於原料供應的不確定性，使得生產成本相對較高，而本地市場的限制也侷限了台灣金屬產業大規模的發展。1952年，有兩家公司開始製造低價格單車，與日本進口單車競爭。據估計到了 1953年，台灣每年已能生產至少 50,600 輛單車以滿足台灣本土的需求。〔註59〕

相對基金提供 150 新台幣的貸款，配合同等投資金額給民營企業台灣高爐公司重開日產 30 公噸鋼鐵產量的汐止高爐。此外，相對基金也提供 2,940,000新台幣貸款給予台灣鋁業公司，用以購買製造設備，包括 2,500 至 3,000 公噸的衝壓機一座。〔註60〕

（五）鹼

戰後公營的大型台灣鹼業公司及 33 家民營小廠，生產燒鹼、氣態及液態氯、鹽酸、漂白粉和其他化學產品，其生產量在很大程度上取決於台灣紙漿及紙業公司對於燒鹼和液態氯的需求。FY1951 及 FY1952 計畫下通過 411,000美元供給台灣鹼業公司，而價值 67,000 美元的設備及原料已經送達並安裝。工程包括建造一個全新高檢測漂白粉廠，利用過剩的氯並製造高檢測漂白粉出口。還包括提供安裝氯氣在液化及運輸過程中所需之冷凝器的壓縮機及設備。另外，相對基金還提供 250 萬新台幣貸款從事投資高測試漂白粉廠的設立。〔註61〕

（六）糖業

日治時代，台灣已有簡單農業加工業，其中最重要者爲製糖。戰後初期，台灣糖業實際即爲公營台糖公司，蔗糖輸出是政府主要外匯來源，佔台灣當時所有工業生產價值 13～14%，因此協助製糖工業的發展，乃政府重要目標

〔註58〕美國國際合作署駐華共同安全分署，《臺灣之經濟發展（1951～1955）》，頁 45。
〔註59〕U.S. Mutual Security Agency, Mission to China, *Economic Development on Formosa 1951～1952*, p.32.
〔註60〕U.S. Mutual Security Agency, Mission to China, *Economic Development on Formosa 1951～1952*, p.32.
〔註61〕U.S. Mutual Security Agency, Mission to China, *Economic Development on Formosa 1951～1952*, p.34.

之一。〔註62〕

　　FY1951 計畫中同意提供 199,000 美元與台糖公司，進行公司運輸系統、測試與生產模式的改進工程。糖業的出口大約佔台灣外匯 60%，其中最大的出口國爲日本，並積極擴展東南亞及近東的訂單。1952 年，由於國際食糖產業競爭激烈，使得台糖必須降低出口日本的價格，從每公噸 150 美元下降到 115 美元，再加上國內生產的問題，使得台糖公司遭受不少損失。爲了節省甘蔗的收購與鼓勵農民種植，台糖公司支付與農民甘蔗價格與稻米價格連結，特別是稻米價格低迷之時。然而稻米價格卻連年上升，甚至在 1952、53 兩年的批發價格上漲了 86.1%。同時間，如上面所述，糖的價格在 1951 年卻下降 35 美元（比 1950 年下降 23%）。因此，爲了鼓勵農民種植甘蔗，相對基金在 1951 年通過台糖公司 1.93 億新台幣的貸款，用以獎勵農民持續種植甘蔗。貸款以每公頃 1,200 元新台幣的比率提供給農民，在 1952、53 在作物收成後分 18 個月償還貸款。根據隨後的調查發現，超過 90% 的貸款被農民用來購買甘蔗幼苗並支付農場勞動的工資，只有小部分用來繳稅、家庭消費及購買肥料之用。〔註63〕1950 至 53 年台灣蔗糖產量及出口量變化情形見下表：

表 8-6　1950～53 台灣蔗糖產量及出口量統計表

年份	1950	1951	1952	1953
生產量（公噸）	612,322	350,761	520,454	882,152
出口量（公噸）	525,881	464,124	388,611	623,510

資料來源：U.S. Mutual Security Agency, Mission to China, *Economic Development on Formosa*, p.37.

（七）食品加工

　　戰後之初，台灣麵粉工業設備簡陋，到了 1952 年產量還不過 16,026 公噸，但由於大量美援小麥進口，麵粉工廠相繼成立，麵粉供應逐漸能自給自足。美援對麵粉工業的援助，除進口大量小麥外，主要以美援貸款進口部分機器設備。〔註64〕

〔註62〕趙既昌，《美援的運用》，頁 148。
〔註63〕U.S. Mutual Security Agency, Mission to China, *Economic Develop ment on Formosa 1951～1952*, pp.37-38.
〔註64〕趙既昌，《美援的運用》，頁 146～147。

　　鳳梨加工業乃爲台灣賺取之外匯在各種工業中僅次於糖業，而這當中最主要的爲公營之台灣鳳梨公司。美援提供了 25 萬美元的貸款給予公營的台灣鳳梨公司，用在建置現代化罐頭設備，提升台灣鳳梨罐頭的質量，使其在國際市場上更具競爭能力。此外，台灣菸酒公賣局也得到 45,000 美元的貸款來設置現代化的生產設備。〔註65〕

第三節　農復會在台灣的工作

　　1949 年 8 月，農復會遷台，繼續在台灣推行農村復興運動。農復會在台灣期間擁有高級技術和行政官員 250 餘人，其中包含許多美籍委員和專家。當經合署在 1948 年 12 月由霍夫曼宣布停止在大陸的援華計畫時，唯一持續推動的即爲農村復興運動，而其成效亦是經合署美援中，最令人津津樂道的。因此，當農復會撤遷至臺灣後，通過該組織長期而連續的運作，利用它們豐富的知識及經驗，加上美國的經濟援助，對臺灣的土地改革、農會組織的改進，生產技術的改良、水土資源的開發利用、農村環境建設等，農復會皆積極的參與和協助實施。可以說，農復會的對於推動臺灣農業現代化，起了至關重要的作用。

　　1949 年春天農復會委員及專家曾經到臺灣各地考察，研究如何協助臺灣農業的復原。視察結果皆認爲臺灣情形與大陸不同，臺灣被日本佔領 50 年，在工業及農業建設上頗爲進步。在當時臺灣全島和平安全，開發各種資源，尤其對於農業之開發與工業之發展，同時並進。臺灣的土壤與氣候適宜種植甘蔗、香蕉、鳳梨及茶，而這些產品每年均有出口，賺取外匯，以供臺灣農工業發展之用，故對臺灣經濟發展甚爲重要。〔註66〕

　　國民政府撤遷到臺灣後，爲了穩固政權，在經濟上首先進行了土地改革。土改的完成，有助於農業生產力的提升，農業秩序的穩定及農業復興基礎的奠定。民國 37 年，臺灣全省的農民人口計有 3,779,652 人，佔臺灣總人口數的 56%。在 597,333 農戶中，自耕農佔 35%，半自耕農佔 26%，佃農佔 39%。〔註67〕全省耕地約有 56.33% 是佃耕地，其餘 43.6% 爲自耕地。農業以小農經營爲主，每一農民平均耕地不到一甲。農地地租平均爲全年生產量的 50%

〔註65〕U.S. Mutual Security Agency, Mission to China, *Economic Develop ment on Formosa 1951～1952*, p.38.

〔註66〕「一九四九年初農復會對台灣的考察」，黃俊傑編，《中國農村復興聯合委員會史料彙編》，頁 90。

〔註67〕趙旣昌，《美援的運用》，頁 117。

～70%，佃租既高，農場經營又復微小，故農民經濟極形貧困。〔註68〕因此，農復會主任委員蔣夢麟非常強調土地改革的必要性，他主張全力協助臺灣當局推動土地改革。〔註69〕1947 年，臺灣省政府開始將省有公地出租於農民耕種，所繳地租，規定不得超過 25%。1949 年初，臺灣省政府決議放領公地 1 萬甲予農民，佃農可以向政府申請購買，地價逾 5 年至 8 年內按照土地等則與肥力分期償還政府。至該年 5 月，已有 4 千甲放領完成。此外，從 1949 年 4 月起，臺灣省政府在農復會的協助下推動「三七五減租」，積極減低私有地租額，使其地租不超過正產物之 37.5%。農復會認為這方案的實施，需要正確的調查、廣大的宣傳、嚴格的監督，因此為協助計畫成功，先後撥款 67,000 美元，作為補助實施用的印刷、訓練、視察宣傳等一部份的費用。三七五減租方案分為四部份：1.將租額減至土地正產物收穫量 37.5%；2.減輕佃農額外負擔，押租金減為法定地租的 1/4，超過時，地主應該將超額退還佃農，如原未收取押租，地主不得藉減租而要求收取，嚴禁地主預收押租；3.保障佃權，規定最低三年、最高六年不得撤佃或取消租約；4.租約登記與換訂。臺灣減租計畫實施的結果，計有 35 萬佃農受惠。〔註70〕

1949 年 9 月，農復會兩次派遣高級人員調查減租工作推行的成果，發現這計畫在農民熱烈擁護下已獲得廣大的成功。而當時最麻煩問題之一，即佃農以供給勞力，改善承租耕地的水利設施，但地主仍須由佃農負擔水費的一部份，這是地主用以減少因減租所損失的方法，而若干佃農因此憂慮減租辦法是否將於次期繳租時實施。政府當局努力宣傳消除佃農心理上疑慮，最後由地政局水利局會同水利協會聯合規定統一水租繳納辦法，予以解決。減租後農地較多的大佃農，大都受益而可望逐漸為自耕農，唯小佃農因耕作不多，受惠仍少。並且仍偶有地主退佃問題，因此仍有不少爭執情形出現。

為減少和即時解決租佃糾紛，農復會於 1951 年建議建立減租督導檢查制度，以宣導政令、制止退耕及調處糾紛。〔註71〕12 月，農復會成立「土地組」，選任在大陸從事多年地政工作的高級專業人員充當各區的督導專員，全面介入臺灣土地改革政策的推行工作，並且各縣市的檢查員也是經過訓練挑選的土地專業人才。由於他們富有成效的工作，使得在減租當中最敏感的的租佃

〔註68〕吳湘湘，《晏陽初傳》，頁 558。
〔註69〕李若松，〈曹聚仁麾下的蔣夢麟〉，《傳記文學》第 60 卷第 5 期，頁 40。
〔註70〕吳湘湘，《晏陽初傳》，頁 558～559。
〔註71〕趙既昌，《美援的運用》，頁 119。

糾紛日趨減少。另外，爲確保三七五減租能夠順利實施，農復會在 1951 年 5 月減租條例公布時，提出組織租佃委員會的建議，該委員會由地主、佃農及自耕農三方代表組成，以求協調租佃關係和得到農民的支持與合作。該建議被臺灣省政府所接受，租佃委員會在台灣各縣市與鄉鎮普遍設立。〔註 72〕租佃委員會經由選舉產生，基本上能代表地主與農民雙方的意見，委員會在對減租的宣傳和輔導方面，在減租中一些技術性工作的協商方面，如對耕地主要作物全年總收穫量標準的議定，對災歉年地租減免的查勘和議定等，以及對租佃爭議的處理等方面，都發揮了積極的作用。

1951 年 8 月 20 日農復會對外宣布，將提撥新台幣 107,950 元補助台省辦理公有耕地放領計畫，按實施計畫全部經費需 122 萬元，農復會原則上同意補助半數。此次核款將用於 1951 年下半年第一期計畫費用，其餘補助經費，農復會將於隔年視計畫工作進度情形再行考慮撥款。第一期預計放領公有耕地 3,600 公頃，第二期放領耕地面積可達 5 萬公頃，如以每戶承領 2 甲耕地計算，預計有 43,000 農戶可承領農地，若以每戶平均 7 人計算，將可使超過 30 萬農民受惠。農復會土地組組長湯惠蓀表示，此舉將使耕者有其田及限田措施大大跨進一步，政府此次爲扶植自耕農，以身作則先行放領公有耕地，將對進一步實行土地改革發生重要示範作用。〔註 73〕

而在台灣水利灌溉系統的改善方面，臺灣水利灌溉，自清季移民開始，至日治時期的擴充，統計有灌溉設備的田畝，佔全省耕地面積 60% 以上，全省大小灌溉工事有 3,493 處。農復會在遷駐台灣後，即分派工程師視察，認爲協助臺灣改善灌溉事業，應自開源與節流雙方入手。即著重於舊溝渠整修以開源，並減低引水損失，提高單位水量的灌溉面積以節流。是年 11 月 20 日以後，農復會核定水利計畫八項，總計貸款 16 萬 6 千餘美元，是農復會在台灣協助水利工程的開始。〔註 74〕

另一個臺灣農業改革的重大工作，爲農會合併改組。臺灣農會在日治時代就已出現，爲執行日本殖民政府有關臺灣農民的經濟政策，農會組織主要成員多由日本政府所指派。戰時爲增產糧食，適應作戰需要，將農會演進成省、州廳（縣）、街庄（鄉鎮）三級組織。一般農業統制、計畫生產的實施、

〔註 72〕 趙既昌，《美援的運用》，頁 119。
〔註 73〕 〈農復會撥款十萬，補助放領公地費〉，《中央日報》第 3 版，民國 40 年 8 月 21 日。
〔註 74〕 吳湘湘，《晏陽初傳》，頁 560。

農村日用品與生產必需品的配給、政府的糧食集中收購等都由這三級農會辦理。〔註 75〕農復會遷設臺北後，發覺日治時期有許多良好的農業制度已被廢除，各地農會業務衰微，機器與儀器之設備多被搬走或需要修理。各地農事試驗所及推廣機關亦復如此。因此，除了對一些水利設施整建工作加以協助外，負責農業復興的「農復會」決定恢復日治時期的農業機構為農業生產的先決條件。〔註 76〕而農復會委員們所構想的的農會是美國式的，具有草根民主色彩的農民組織，「他們努力於將日本統制式的台灣農會，改革成具有民意基礎的農民組織。」〔註 77〕

　　戰後初期，由於合作社與農會並立，發生不少問題，包括：1.農會與合作社之業務與財務糾紛迭起，爭執叢生；2.農民為求自己解決問題，需同時加入此兩項組織而加重負擔；3.原為農民基層組織的農事小團體及農事實行組合，因無法律依據而告解體，而農會亦未依農會法設分會或劃分小組，影響工作推行；4.新設之鄉鎮農會既無財產，經濟來源又未得圓滿解決，形同虛設。〔註 78〕因此，1949 年初，農復會向台灣省政府主席建議三事：1.新農會的活動範圍與任務必須妥為規定，務使在新環境中能有適合其新責任新工作的的方案；2.農會的正當經濟來源必須恢復加以保障；3.對於農會人事的管理，農會各種設備的運用，與各農會業務的管理法規等，政府均不容稍有忽視。7 月20 日，省政府公布〈台灣省農會與合作社合併辦法〉及實施大綱，並成立合併督導委員會積極進行，至 10 月 10 日所有會員、社員的資格審查完畢，結果計有會員 727,218 人，佔農戶數 66.47%，非會員有 208,660 人，佔農戶數的 28.89%。〔註 79〕翌年 1 月 6 日，新舊農會正式交接，於是臺灣有新改組成立的 1 處省農會、縣農會 8 處、市農會 9 處、鄉鎮區農會 317 處，另有農事小組 4903 處。〔註 80〕

　　然而農會與信用社合併後，組成份子異常複雜，有公務員、地主、商人、工人、農民等，形成官民不分、農工商併陳的混合組織，結果農會為非農民

〔註 75〕黃俊傑，《農復會與台灣經驗》（臺北：三民書局，1991），頁 109。
〔註 76〕「一九四九年初農復會對台灣的考察」，黃俊傑編，《中國農村復興聯合委員會史料彙編》，頁 91。
〔註 77〕黃俊傑，《農復會與台灣經驗》，頁 109。
〔註 78〕葉龍彥，〈臺灣光復初期的農會〉，《台北文獻》直字 113 期（1995.09），頁 32。
〔註 79〕陳聰勝，〈臺灣農會組織之研究〉（台北：政治大學經濟研究所博士論文，1977.07），頁 1 之 31。
〔註 80〕吳湘湘，《晏陽初傳》，頁 561～562。

所操縱，不免忽視農民的利益。據統計，在全省鄉鎮區農會中，其農業會員數不足 50%者，佔農會總數的 29%，在 40%以下的佔 20%，在 30%以下者佔 13.4%，農業會員太少的農會，很難真正代表農民利益，不但其農業會員很少有主持這一組織的機會，其實際業務也著重於非農業會員。〔註81〕有鑑於此，1950 年 9 月，農復會特別邀請美國康乃爾大學農村社會學專家安德生博士（W. A. Anderson）來台，對台灣農業問題展開深入考察研究，並提出具體改進建設。安德生指出臺灣的農業危機是農會中非農民會員問題，台省政府參酌安德生所提報告，組織臺灣農會改進會。1952 年 8 月 23 日，行政院採納安德生的建議，公布〈改進臺灣各級農會暫行辦法〉，規定農會承辦農村的供銷、推廣和信用三種業務，並重新進行會員資格審查，至 1954 年 2 月台省各級農會改組完成，其組織系統大致不變，但組織聯繫更為密切。〔註82〕

日治時代的臺灣種子繁殖計畫採用嚴格督導制度及津貼方式。尤以日本人喜食蓬萊米，希望臺灣多種蓬萊米，少種本地稻，對種植蓬萊米的稻農給予津貼，米價高於本地，故這一繁殖計畫能推行順利。農復會到達台灣之後，也深覺恢復日治時代之種子繁殖工作實極為重要，故自 1949 年第二期稻作開始，即予此種工作以經濟及技術上的協助，當時實行種子繁殖工作的的主要目的是在使此種制度將來得以自足。農復會為了達到此目的，因此提倡下列事項：

（一）經由各農會教育農民使彼等瞭解使用優良純種之價值及利益。

（二）加強育種工作藉以造成更新及更佳之品種供繁殖之用。〔註83〕

如果農民的確認識推廣比較本地種優良而有利，農民自然願意付出較高的代價而獲得，如此種子繁殖工作才能自給。〔註84〕為了對量種繁殖及推廣工作給予協助，進而協助各項作物的改良或欲種工作，在 1949 年至 50 年間，農復會給予總值 29,216,249 美元補助繁殖種子計畫。〔註85〕

臺灣因為冬季太暖，蔬菜往往不能結實，種子常自日本或中國內地運至，

〔註81〕 程朝雲，〈戰後臺灣農會的制度改革（1950～1954）〉，《玄奘人文學報》第 8 期，（新竹：玄奘大學，2008.07），頁 283。

〔註82〕 陳聰勝，〈臺灣農會組織之研究〉，頁 1 之 33。

〔註83〕 「恢復日治時代種子的繁殖工作」，黃俊傑編，《中國農村復興聯合委員會史料彙編》，頁 85。

〔註84〕 吳湘湘，《晏陽初傳》，頁 562～563。

〔註85〕 「恢復日治時代種子的繁殖工作」，黃俊傑編，《中國農村復興聯合委員會史料彙編》，頁 85。

據估計每年須耗 50 萬元購買外地菜種。戰後初期，由於運輸困難，種子甚感缺乏。國共內戰，大量大陸人口湧入，不僅糧食呈現短缺，蔬菜更形不足，價格也因此相對提高。農復會協助增加蔬菜產量及種子外，又協助臺灣農事試驗所赴各地考察農家栽種的蔬菜，檢定種子的優劣，以便將來推廣時可得大量種子。考察結論如下：1.臺灣蔬菜種子自給計畫可以實行；2.瓜類、豌豆、大豆及其他自交作物種子，如加以指導，農家可以大量生產，因此類蔬菜種子並不缺乏；3.十字花科種子如甘藍、花椰菜、蘿蔔、白菜等蔬菜，並無純粹良種供農家栽種，因此此類良種甚感需要；4.臺灣蔬菜種子缺乏問題，可以設立蔬菜種子農場解決，尤其在地勢較高地區，可以試辦；5.馬鈴薯的生產不夠臺灣實際需要，可用高地與低地輪種法繁殖。這一結論，成為後來工作的提示南針與道路，此後，臺灣蔬菜不僅自給有餘，且可大量輸出，賺取外匯。〔註86〕

　　但當時臺灣農業設備的老舊，農復會撥出資金補助更新農業的基礎設施。1949 年，臺灣鄉鎮農會所有的稻穀和肥料倉庫都破舊不堪，僅有的穀倉僅能容納稻穀 30 萬公噸。而隨著糧食生產的增加，原有的糧倉無法滿足實際需要。臺灣當局從 1950 年代起，實行資金來源的三對等措施，即由農復會、糧食局和接受補助的農會各負擔 1/3 的經費，修繕和興建稻穀、種子及肥料穀倉。農復會還早在戰後初期，即補助鄉鎮農會陸續更新碾穀設備，使平均碾米率由 76% 提高到 80%，大大減少其中損耗。〔註87〕

　　此外，在對臺灣農業肥料、農藥及新技術的引進也投入大量資金並加以應用指導。農復會補助省府舉行各種短期訓練班，就糧食生產、一般農業推廣、特種農業的管理及肥料的分配等予以訓練。而肥料的供給方面，臺灣光復之後，臺灣的肥料就以美援為主要供應來源，1950 年臺灣第一期稻作所使用的 6 萬噸美援化肥，全部是由各級農會按糧食局分配計畫實行分配。〔註88〕而鑑於堆肥不但能保持地質，且為增產優良種子之必要條件，故農復會資助在嘉義、台中、北斗及花壇之原始種田及採種田中修建五所堆肥舍。〔註89〕而農復會認為臺灣有比較健全的農會組織，農民對於藥劑的應用甚有認識，並有相當技術人員可以從事這項工作，故對病蟲害防制工作可以大規模進

〔註86〕 吳湘湘，《晏陽初傳》，頁 562～563。

〔註87〕 趙既昌，《美援的運用》，頁 130。

〔註88〕 吳湘湘，《晏陽初傳》，頁 562。

〔註89〕 「恢復日治時代種子的繁殖工作」，黃俊傑編，《中國農村復興聯合委員會史料彙編》，頁 88。

行。曾多次撥款補助實施，並協助設廠自製殺蟲要等。

表 8-7　1950～1952 年主要進口肥料量值表數量（公噸）；價值（千元台幣）

年　度	一般進口		美援進口		總　計	
	數　量	價　值	數　量	價　值	數　量	價　值
1950	137,907	69,985	149,801	87,565	287,708	157,550
1951	89,242	70,977	145,486	102,326	234,728	173,303
1952	93,691	109,038	309,367	232,379	403,058	341,417

資料來源：趙既昌，《美援的運用》，頁 141。

　　農復會對臺灣農村衛生工作，最大計劃為協助修復 77 所鄉鎮自來水廠，使當地居民有足夠的清潔水可使用，不需汲取溝渠的污水。1946 年，美國羅氏基金會曾協助臺灣省衛生處設立防治瘧疾傳染。其後，羅氏基金會停止在華工作。於是在 1949 年 11 月，農復會通過撥予臺灣省瘧疾研究所補助費，以便繼續辦理。是年 12 月，農復會又決定協助台北結核病防治中心為台北縣屬小學兒童 5 萬多人做結核菌素反應測驗、X 光透視和治療等。〔註90〕1951 年 2 月 16 日，經合署更計畫在台增設保健站 110 所，使臺灣保健站總數達 269 所之多，由經合署供應醫療器材及技術指導。在經合署的支持下，農復會將供給相當 20 萬美元的台幣，作為地方政府修繕屋宇、醫療人員服裝及其他費用。保健站的工作主要集中於學校衛生、產婦兒童保健及傳染病防治等。經合署發言人說：「過去兩年內用地方貨幣支付保健費用達 800 餘萬美元，結果證明花費這筆錢非常值得。」〔註91〕

　　農復會同時決定將曾在四川推行的加強鄉村衛生機構計畫應用於臺灣省，通過 1 個資助 13 縣市衛生所、42 個鄉鎮衛生所、1 個鄉村醫院、1 個巡迴醫療隊的計畫，委託省衛生處及有關縣市主持。1949 年台灣全省僅有衛生所 104 處，其中只有 54 所或 56% 稍具形式，其餘皆陷於停頓狀態。農復會計畫在兩年期間完成一鄉（鎮）或一區設立衛生所一所。〔註92〕農復會同時又進行三項計畫：1.協助國立臺灣大學動物系做防制日本住吸血病蟲的計畫；2.

〔註90〕吳湘湘，《晏陽初傳》，頁 563。
〔註91〕〈出席糧產會議歸來，沈宗瀚返抵台北〉，《中央日報》第 3 版，民國 40 年 2 月 18 日。
〔註92〕「衛生所的設立」，黃俊傑編，《中國農村復興聯合委員會史料彙編》，頁 433。

訓練臺灣省縣籍公共衛生人員，並加強中和鄉衛生所以為學員實習場所，由台北保健館主持；3.補助台北醫事職業學校學生實習鄉村衛生。〔註93〕

小結

　　電力在台灣不僅提供照明，亦提供臺灣工業的機械生產動力，其在整個產業的復原來講，實扮演著經濟開發的原動力，亦可以說電力乃是產業復原的火車頭。戰後臺灣電力株式會社轉變成臺灣電力公司後，即積極搶修因戰爭、天災而遭受破壞臺灣電力。1950 年後，在美援的的經費、物資支助下，成果相當豐碩，甚至被經合署認為是「最具投資報酬」的一項援助工程。在台電人員的積極搶修下，到 1952 年臺灣電力已幾乎搶修完成，而發電量也逐漸恢復，從 1950 年的 10 億 4,000 萬度，增加到 1952 年的 14 億 2,000 萬度，甚至超越日治時期最高點。

　　交通運輸的復原，也是臺灣產業復甦的一大重要指標，不管是農產品的運輸或是工業原料、產品的運送，都需依賴交通網路的活絡。臺灣交通運輸由於遭受戰爭的破壞，整個交通網路，不管是在是鐵路、公路、港埠，在戰後人力、物力、財力具有重大困難時，但在非常急迫的情況下，仍立即展開修復工作。而美援的挹注，更使得交通建設得以復原及擴建。在鐵路的復原上，到 1952 年不管是客運量或客運量都有著明顯的成長；而在公路運輸上，其成長更是明顯，不管是乘客數或載客量，都遠遠超越日治時期的最高量，而西螺大橋的興建，更是大大縮短南北交通的距離；高雄、基隆港埠的復原，許多大型船隻得以進出，而使得外來物資得以卸載，使得戰後短缺資源的臺灣，能夠在外援的支持下，得以迅速復興的重要因素之一。

　　而美援在其他工業物資的支助，使得臺灣許多工業產量得以復興，甚至在美援支持下持續擴展，許多工業亦呈現不少顯著的成長。在食品工業方面，製糖業以及鳳梨加工業的成長，不僅可以滿足臺灣因大陸大量移民而迅速擴充的需求，甚至可以出口以賺取外匯，雖然不及日治時期在工業生產中所佔的產值，但已為當時短缺外匯的臺灣，貢獻良多；在棉紡織業上，戰後臺灣紡織業迅速提升，至戰後已逾製造業總產值 19%，正好符合一般先進工業國家的產業發展歷史，皆係由紡織工業首先發展，而台灣在進入 1950 年代之初，亦以初奠基礎，正進入先進國家發展的軌跡運行；至於在其他產業上，不管

〔註93〕吳湘湘，《晏陽初傳》，頁 564。

是肥料工業或是造紙業等工業，都深受美援的支助而有大幅成長，為臺灣日後工業化發展奠下不錯的基礎。

　　農復會一直是經合署援華工作中最成功的一個項目，當 1948 年 12 月由霍夫曼宣布停止在大陸的援華計畫時，唯一持續推動的即為農村復興運動，因此，當農復會撤遷至臺灣後，通過該組織長期而連續的運作，利用它們豐富的知識及經驗，加上美國的經濟援助，對臺灣的土地改革、農會組織的改進，生產技術的改良、水土資源的開發利用、農村環境建設等，農復會皆積極的參與和協助實施。可以說，農復會的對於推動臺灣農業現代化，起了至關重要的作用。農復會在台灣期間，主要的工作有三：一是土地改革運動的積極推動者，二是改組農會的倡導者，三為美援的接受者及發放者。可以說，在台灣農業經濟的發展經驗中，農復會是一個具有重要歷史地位的機構，由於它的努力，從而奠定臺灣農業與農業復興的基礎，由於農業的發展，進而「由農業發展工業」，才有臺灣 1960 年代之後工業起飛與現代化的實現。

第九章　結　論

　　二戰期間，美國將中國視爲其東亞最佳盟友，因此對於戰爭期間或戰後的中國，不管在經濟、物資甚至軍事上都給予援助。戰後，租借法案隨之結束，而聯合國善後救濟計畫亦於 1947 年停止，爲了延續對華援助，1948 年美國國會通過「1948 年援華法案」。然由於國共內戰的關係，援華法案的通過充滿了曲折複雜的爭取過程，美國不管在馬歇爾調停或魏德邁使華時，都希望中國政府能夠更加民主，且國民政府官員能夠更加廉潔而有效率，也因此時常以這幾項改革作爲其撥放援款的要求。也就是說，美國希望由「國民黨」去創造一個更爲民主且清廉的政權。並且基於其反共的立場，都較偏袒國民黨政權，然而在經過幾年的援助後，美國發現國民黨似乎是一個「扶不起的阿斗」，在不想驟然退出的前提下，只好施與小規模的援助，以此「買時間」給予國民黨自清門戶的機會，明知無效卻可向世人召示美國已問心無愧。〔註1〕

　　經濟合作總署中國分署於 1948 年 7 月成立，分署署長爲賴普瀚，副署長爲葛里芬。賴普瀚啓程至中國之前的兩個月，他和他的工作計畫團隊仔細的研擬即將於中國施行的援助工作計畫，此項援助計畫分爲「食品及日常用品（商品）」、「工業重建」、「農業復興」三個方面。

　　1948 年援華法案實施之後，最初計劃提存援款約 7 千萬美元，續辦援華救濟委員會所移留的上海、北平、天津、青島、南京、廣州及汕頭等七個城市的糧食配給計畫，並另舉辦緊急施糧計畫。鑑於以往的經驗及迭次之失敗，經合署中國分署特別制訂詳細辦法以加強供應物資的管理，自到岸之時起，

〔註 1〕 王綱領，〈1948 年的美國援華法案〉，頁 142。

以迄於最後使用為止。然而，這項計畫有如其他的援助計畫一樣，難以避免陷入中國日趨惡化的經濟混亂中。儘管在遏止通貨膨脹上經合署無能為力，但在食品及日用品的供應上，仍有相當的成功，不管在瀋陽、天津等都市皆有效的援助許多因戰亂而湧入都市的難民。除了糧食援助之外，經合署援華的物資還包括棉花、石油與肥料，這些物品皆經過選擇，認為可以暫時維持中國國內經濟與社會安定最重要者。

經合署的援華計畫，其目的乃在於盡量給予中國長遠的利益，而非給予逐日之救濟。原計畫中，有 1/4 係關於工業之建設與補充，1/10 係關於農業之建設者。為完成此項計畫起見，經合署運出各種貨物，以盡更大之努力，補助和改進中國生產及運輸工具。然而，中國內戰規模之擴大與殘酷，阻止了此項計畫之如期完成，亦已改變了全部計畫之形式。破壞日益擴展，交通運輸以及整個經濟之脫節無此之甚。故一切工業補充與建設之計畫，不得不於 1948 年 12 月間予以放棄。原建設之款項，改用以購買物品以供消費——購買糧食、棉花，石油保持百姓及工業、運輸的生機。

農業復興聯合委員會成立時，華北、東北以為中共所控制，故將做重點放在華南及西南。工作內容原訂為晏陽初所提的改進農業生產，發展農業教育中心，美方代表則加上鼓勵中國自助。後來因共軍將南下，工作重心改為堰堤之修理，公共衛生之改善及疾病的控制。農復會在大陸只存在短短的 16 個月，雖然面臨戰亂不已的狀態，但它仍用其微少的經費施行其改善農村生活的工作，而雖然農復會在許多建設上都有著完善計畫，尤其農村土地改革的公平追求上，更是其所努力的一大方向，事實上其也於各處實施減租計畫，然實因時間太短，故未能見到成效。但其在大陸所做的，不管是農民教育、衛生醫療改善、農產品種改良，都具有相當成果。農復會在大陸一年多的活動，農村的復興計畫一直被經合署領導者列為最重要的工作項目。

1948 年秋天，國共內戰共產黨明顯佔優勢時。經合署除了援助工作的持續進行外，最關切的焦點在於如何處理中共佔領區的工作。援助物資的繼續供應與否，成為經合署與華盛頓當局主要的意見紛歧點。華盛頓當局希望能制止援助物資落入中共之手，而經合署則認為應與任何一個實際政權接觸，以保持溝通管道的通暢。然而，1949 年 2 月艾奇遜就任國務卿，提出「等待塵埃落定」的對華政策，使得美國對華政策的態度處於觀望、舉棋不定的狀況。國共內戰不僅迫使經合署難以施展其援助計畫，而當中共威脅到經合署

的配給中心時，許多任務的美國援助物資被轉移到臺灣。

　　然而此時美國深怕若不穩定臺灣局勢，臺灣極有可能爲中共所奪，因此爲掌握臺灣，不僅派出莫成德至臺灣進行調查，並且透過各種非武力的方式，希望能夠維護臺灣安全。然而對臺援助，由於美國對華政策充滿不確定性，因此有所侷限，僅能用經合署援華計畫的剩餘款項支援臺灣。而對於經援臺灣的政策，美國政府一直未有更精確的指示，這造成經合署官員在對臺援助顯得難以施展身手。韓戰爆發後臺灣地位從隱性白區變成顯性白區，因此美援對臺灣的必要性是顯而易見的，這段期間的援臺行動，不僅始有計畫性的經援臺灣，尤其在工業建設上更是持續且全力的支持，不管在經費的使用，以及技術的改進上，都加以協助支援。甚至還不斷的追加援款金額，以求臺灣工業能夠達到「自給自足」的目的。這段期間美方官員對於臺灣的的進步甚感滿意，不僅經合署分署長穆懿爾直誇臺灣乃受援國當中配合度極高的國家，更於1951年8月同意臺灣代購經援物資，這不僅使臺灣使用美援能夠更加便利且具效能，也因而大大提升臺灣工業發展的能力，爲往後的臺灣工業化、現代化奠下成功的基礎。

　　農復會一直是經合署援華工作中最成功的項目之一，當1948年12月由霍夫曼宣布停止在大陸的援華計畫時，唯一持續推動的即爲農村復興運動，因此，當農復會撤遷至臺灣後，通過該組織長期而連續的運作，利用它們豐富的知識及經驗，加上美國的經濟援助，對臺灣的土地改革、農會組織的改進，生產技術的改良、水土資源的開發利用、農村環境建設等，農復會皆積極的參與和協助實施。可以說，農復會的對於推動臺灣農業現代化，起了至關重要的作用。農復會在臺灣期間，主要的工作有三：一是土地改革運動的積極推動者，二是改組農會的倡導者，三爲美援的接受者及發放者。可以說，在臺灣農業經濟的發展經驗中，農復會是一個具有重要歷史地位的機構，由於它的努力，從而奠定臺灣農業與農業復興的基礎，由於農業的發展，進而「由農業發展工業」，才有臺灣1960年代之後工業起飛與現代化的實現。

　　綜合以上論述，筆者得到以下幾點結論：

一、美國援華的目的是培養中國成爲戰後於東亞的最佳盟友，然而由於中國的內戰不已，加上國民政府行政效率不良及弊端不斷，美國對於援助中國感到有心而無力。然而，基於對中國的道義，以及美國國會中國集團議員的要求下，美國通過了〈1948年援華法案〉。相對於其他「援外計畫」

的援款，中國獲得的的確相形短少。然對於戰後急需復興的中國而言，卻也未嘗不是一股及時雨，只要能夠好好運用，對於中國經濟復興仍具有相當之助益。

二、經合署中國分署的成立，主要是針對中國情勢需求，分成「食品及日常用品（商品）」、「工業重建」、「農業復興」三項計畫。而其領導者賴普瀚及葛里芬兩人的職責分工細膩但又時而重疊，他們兩人既不缺錢也不缺職業，他們來到中國只是爲了想替這偉大的文明古國做些事，他們只是想替飽受戰禍的中國人民給予幫助，因此其工作的對象是「人」，而不是「政府」。然而，美國日愈強烈的反共立場，使得經合署援助無法擴及中共佔領區。甚至當中共越過長江後，美國爲了避免經合署的援助物資落入中共之後，遂於 12 月 21 日宣布停止援華計畫，而將物資轉運往臺灣，僅剩下農復會在大陸繼續其工作。

三、綜觀整個經合署在華工作，雖然說有許多的項目（尤其工業重建）未達到使中國政府走向「自給自足」的目的，然而其在糧食的供應，使得很多受到戰亂之苦的難民能夠得到糧食的救援。而源源不絕的進口糧食，更使得囤積之風得以減緩，且分配機構的嚴格管制，使物資流入黑市數量大爲減少，也有效的減低物價上升速度。而棉花的供應，也帶動了整國中國紡織工業受戰亂之害後得以重新復工，並且使數百萬中國人民的生活因而得到改善。

四、國民政府撤遷至臺後，經合署中國分署也將其工作重心移往對臺援助。在 1949 年，由於情勢未明，美國對於臺灣的援助政策也未有明確指示，因此韓戰前對臺灣的援助僅撥用「1948 年援款」餘額。韓戰爆發後，美國確立中共爲其維護東亞安全的最大危機，因此確立其力保臺灣的政策，不僅派遣第七艦隊守護臺灣，更是全力經援臺灣，不僅在年度預算計畫中將臺灣納入援助對象，更屢屢追加援助款項；不僅在物資上的援助，更在工業發展全力之援臺灣，不管是在器材或技術的援助，甚至後來更增加軍事上的援助。因爲這段時期經合署工作努力成效可見，以及臺灣（中華民國）政府的努力配合，因而大大提升臺灣臺灣工業發展的能力，爲往後的臺灣工業化、現代化奠下成功的基礎。

五、在所有經合署的援華計畫項目中，農村復興計畫的工作一直最令人樂道，並且其成果也是可見的。雖然在大陸時期，因爲內戰及政局混亂，

使得農復會的工作努力受到侷限，但農復會諸位委員仍思有所作為，因此提出一項積極性的方案。雖然在面臨一系列軍事及政治的全面崩潰之下，農復會的許多復興農村方案或計畫，就有如一杯杯潑向火海中的水，雖不起任何作用，但其志卻可嘉。而農復會在大陸所推行計畫的經驗，尤其土地改革、農會改組等，卻是日後在臺灣進行農村改革可以值得借鏡之處。因此，當農復會撤遷至臺灣後，利用它們豐富的知識及經驗，加上美國的經濟援助，對臺灣的土地改革、農會組織的改進，生產技術的改良、水土資源的開發利用、農村環境建設等，農復會皆積極的參與和協助實施，從而奠定臺灣農業與農業復興的基礎。

附件：美國經濟合作總署中國分署組織表

1948 年美國經濟合作總署中國分署組織圖（1948/7/1）

華盛頓總署負責人：保羅・霍夫曼（Paul Hoffman）
中國事務負責人：哈倫・克里夫蘭（Harlan Cleveland）
中國分署：領導人賴普翰（Roger D. Lapham）副領導人葛里芬（R. Allen Griffen）

地方辦公室 領導人		廣東 Herry T. Samson	南京 Philip K. Crowe	北京 Ritchie Davis	天津 James T. Ivy	青島 Peter Hopkins	台北 Loris Craig
食品及日用品	糧食	A. M. Hurt					
	石油	C. Osborn					
	棉花	Harry Witt					
	肥料	A. Viola Smith					
JCIRR*		Charles Stillman					
JCRR**		Chiang Mon-li, T.H.Shen, Y. C. Jeams Yee, Raymond Moyer, John E. Baker					

說明：*Joint Commission on Iindustrial Reconstruction and Rehabilitation；
　　　**Joint Commission on Rural Reconstration
資料來源：Grace M. Hawes, *The Marshall Plan for China, Economic Cooperation Administration, 1948-1949*, p.43.

美國經濟合作總署中國分署組織表（1949/11/3）
Economic Cooperation Administration China Mission Taiwan

Economic Advisor
Loris F. Craig

Chief ECA Representative
Raymond T.Moyer*
Administrative Assistant
Vera C.Durham*

Executive Officer
James T. Ivy
Secretary
Elizabeth A. Buell*

Chief of Program
Loris F. Craig
Commodity Distribution Officer
George Durand Wilder*
Supply Officer
Maldwyn Bebb
Medical Supply Officer
Leone I. Doane*
Medical Supply Clerk
John Cross

Hongkong Office
Officer – in – Charge
John C. Kassebaum
Fiscal Officer
George H. Seitz
Clerk – Typist
Jacqueline
Flannery

Budget Analyst
Doris Bebb*
Administrative Assistant
Mary Loh*

Administrative Officer
Albert G. Swing*
Personnel Clerk
Vivien H.Stone*
Administrative Services
Travel
Property Records
Communications

Controller
Howard I. Smith*
Administrative
Accountant
Kathleen Nicoson*
Taiwan End-Use Accounts
George Durand Wilser

* Concurrently responbile for JCRR funtion
APPROVED
Jonh B. Nason Director, China Program
Raymond T. Moyer Chief ECA Representative

徵引書目

壹、中文部分

一、文獻、檔案、回憶錄

1. 《外交檔案》，台北：中央研究院近代史研究所檔案館

   471/0001〈1949 年度美援專案 0001〉

   471/0002〈1949 年度美援專案 0002〉

   471/0003〈1949 年度美援專案 0003〉

   471/0004〈1949 年度美援專案 0004〉

   471/0005〈1949 年度美援專案 0005〉

   471/0006〈1949 年度美援專案 0006〉

   471/0028〈美國援華之經過〉

   471/0033〈美通過 1948 年援華法案〉

   471/0036〈美援文件〉

   471/0043〈美援情報〉

   471/0044〈美援統計資料〉

   475.1/0001〈美國經濟合作總署 ECA〉

   475.1/0004〈美國經濟合作總署所發表之消息〉

2. 《經濟檔案》，台北：中央研究院近代史研究所檔案館

   19-02-008-01〈行政院美援運用委員會組織章程〉

   20-16-130-09〈行政院美援運用委員會工作簡報〉

   36-01-005-009〈美援運用委員會工作報告〉

3. 《中央日報》，民國 36 年 1 月～民國 41 年 6 月

4. 美國經濟合作總署中國分署新聞處，《美國經合署的援華工作》（美國經合署中國分署新聞處，1949）

5. 美國國際合作署駐華共同安全分署，《臺灣之經濟發展（1951～1955）》（臺北：駐華共同安全分署新聞處，1965）

6. 周秀環編，《農復會史料》第一冊組織沿革（一）（台北：國史館，1995）

7. 周秀環編，《農復會史料》第二冊組織沿革（二）（台北：國史館，1995）

8. 周秀環編，《臺灣光復後美援史料》第一冊（台北：國史館，1995）

9. 周秀環編，《戰後外交部工作報告》（台北：國史館，2001）

10. 黃俊傑編，《中國農村復興聯合委員會史料彙編》（台北市，三民書局，1991）

11. 美援運用委員會新聞處，《中美合作經濟概要》（台北市：美援運用委員會，1960）

12. 臺灣省政府建設廳編，《臺灣省建設統計》第一期（南投縣：臺灣省政府建設廳編印，1961）

13. 臺灣銀行經濟研究室，《臺灣銀行季刊》創刊號，（臺灣銀行金融研究室編印，1947）

二、研究著作

（一）書籍

1. 中共代表團駐滬辦事處紀念館編，《中國解放區救濟總會在上海》（江蘇：學林出版社，1996）

2. 孔華潤著、張靜爾譯，《美國對中國的反應——中美關係的歷史剖析》（上海：復旦大學出版社，1997）

3. 文馨瑩，〈美援與台灣的依賴發展（一九五一～六五）〉（台北：自立晚報社文化出版部，1990）

4. 王成勉，《馬歇爾使華調處日誌（1945 年 11 月～1947 年 1 月）》（台北：國史館，1992）

5. 王綱領，《抗戰前後中美外交的幾個側面》（臺北市：樂學出版社，2008）

6. 王德春，《聯合國善後救濟總署與中國（1945～1947）》（北京：人民出版社，2004）

7. 司徒雷登著、閻人俊譯，《在中國五十年：司徒雷登回憶錄》下冊（香港：求精出版社，1955）

8. 史景遷著、張連康譯，《知識份子與中國革命》（台北市：絲路出版社，1994）

9. 石源華《中華民國外交史辭典》（上海：上海古籍出版社，1996）

10. 安後暐，《美援與台灣職業教育（1950～1965)》（台北市：國史館，2010）

11. 朱庭光主編，《外國歷史名人傳‧現代部分》下冊，（北京：中國社會科學院出版，1984）

12. 池振南，《鈔票上的中國近代史》（香港：香港太平書局，2010）

13. 吳湘湘，《晏陽初傳》（台北：時報文化出版有限公司，19811）

14. 李文志，《「外援」的政治經濟分析——重構「美援來華」的歷史圖像（1946～1948)》（台北市：憬藝企業，2003）

15. 李本京，《蔣中正先生與中美關係——從白皮書公佈到韓戰爆發》（台北：黎明文化事業公司，1992）

16. 杜魯門（Harry S. Truman）撰、天鐸譯，《杜魯門回憶錄》（台北：民族晚報社，1956）

17. 林炳炎《保衛大臺灣的美援》（台北：林炳炎——台電電力株式會社資料中心，2004）

18. 舍伍德（Sherwood）原著、福建師範大學外語系編譯室譯，《羅斯福與霍普金斯》（北京市：商務印書館，1980）

19. 邵玉銘，《中美關係研究論文集》（台北：傳記文學出版社，1980）

20. 邵玉銘，《中美關係研究論文集》（台北市：傳記文學出版社，1980）

21. 段承璞，《台灣戰後經濟》（台北：人間出版社，1992）

22. 孫同勛譯，《不朽的美國歷史文獻》（台北：新亞出版社，1976）

23. 張玉法，《中華民國史稿》（台北：聯經出版事業公司，1998）

24. 張玉法，《中華民國史稿》二版（台北：聯經出版社，2001）

25. 梁敬錞，《中美關係論文集》（台北：聯經出版事業公司，1982）

26. 梁敬錞，《史迪威事件》（增定二版）（台北市：台灣商務印書館，1988）

27. 陳永發，《中國共產黨革命七十年》修訂版（上）（台北：聯經出版社，2001）

28. 陳玉璽，《台灣依附型發展——依附型發展及社會政治後果：台灣個案研究》（台北：人間出版社，1992）

29. 黃俊傑，《農復會與台灣經驗》（臺北：三民書局，1991）

30. 資中筠，《美國對華政策的緣起和發展（1945～1950)》（重慶：重慶出版社，1987）

31. 趙既昌，《美援的運用》（台北：聯經出版社，1985）

32. 劉國興，《評估美國杜魯門總統之中國政策》（台北：台灣商務印書館，1984）

33. 劉進慶《台灣戰後經濟分析》（台北：人間出版社，1992）

34. 簡復聰，《美國對華政策的演變和研究》（台北市：大中國圖書公司，1985）

35. 袁穎生，《光復前後的臺灣經濟》（台北市：聯經出版事業公司，1998）

36. 張淑雅，《韓戰救臺灣——解讀美國對臺政策》（臺北：衛城出版社，2011）

37. 臺灣出版社，《臺灣建設・產業篇》，（臺灣出版社，1950）

38. 華松年，《臺灣糧政史》（臺北：商務印書館，1984）

（二）研究論文

1. 林秀美，〈魏德邁與中國〉（台北：淡江大學美國研究所，碩士論文，1988）

2. 莊榮輝，〈美國學者對中美關係發展（1949～1958）的看法〉（台北：中國文化大學史學研究所，博士論文，2000）

3. 陳俊宏，〈美國對華經濟援助之研究（一九三七～一九四八）〉（台中：東海大學政治學研究所，碩士論文，1995）

4. 陳聰勝，〈臺灣農會組織之研究〉（台北：政治大學經濟研究所博士論文，1977）

5. 黃春森，〈魏德邁與中國，1944～1947〉（台北：文化大學中美關係研究所，碩士論文，1989）

6. 葉偉濬，〈戰後美國軍經援華之研究（一九四六年～一九四九年）〉（台北：中國文化大學中美關係研究所，碩士論文，1981）

7. 蕭明治，〈戰後臺灣菸草產業之發展（1946～1998）〉（臺中：中興大學歷史研究所碩士論文，2000）

（三）期刊

1. 王成勉，〈馬歇爾使華訓令之檢討〉，台北：《近代中國》雙月刊，第 120 期，1997 年 8 月，頁 110～129。

2. 王成勉，〈馬歇爾與中國——國務卿任內之探討〉，台北：《國史館刊》，第 22 期，1996，頁 205～238。

3. 李若松，〈曹聚仁麾下的蔣夢麟〉，台北：《傳記文學》第 60 卷第 5 期（1992.05），頁 39～41。

4. 李黎明、祝國紅，〈魏德邁來華『調查』及其對美國對華政策的影響〉，西安：《唐都學刊》第 21 卷第 4 期 2005 年 7 月，頁 149～156。

5. 孫同勛撰、王綱領譯〈近年來美國學者對 1940 年代後期中美關係的新解釋〉，台北：《世界華學季刊》4：3，民國 71 年 09 月，頁 41～54。

6. 孫勇，〈論山東解放區的善後救濟工作——以國民政府行政院善後救濟總署的活動為例〉，山東：《山東省農業管理幹部學院學報》2004 年第 26 卷第 6 期，頁 103～107。

7. 程莉，〈中國農村復興聯合委員會述論〉，池州：《池州師專學報》第 19

卷第 2 期（2005.04），頁 77〜82。

8. 程朝雲，〈戰後臺灣農會的制度改革（1950〜1954）〉，新竹：《玄奘人文學報》第 8 期，（2008. 07），頁 279〜308。

9. 葉龍彥，〈臺灣光復初期的農會〉，台北：《台北文獻》直字 113 期，（1995.09），頁 21〜42

10. 趙剛印，〈1945〜1947 年行政院善後救濟總署論述〉，福建：《黨史研究與教學》（總第 147 期）1999 年第 3 期，頁 56〜59。

11. 趙綺娜，《美國親國民黨國會議員對杜魯門政府中國政策影響之評估》，台北：中研院歐美所，《歐美研究》，21 卷第 3 期，1991，頁 83〜129。

12. 趙慶寺，〈外援與重建：中國戰後善後救濟簡評〉，上海：《史林》2006 年第 5 期（2006.10），頁 71〜75。

13. 趙慶寺，〈合作與衝突：聯合國善後救濟總署對華物資禁運述評〉，安徽：《安徽史學》2010 年第 2 期，頁 45〜48。

14. 尹仲容，〈一年來的臺灣生產情形與展望〉，《中國經濟月刊》第 4 期（1952.01），頁 1〜2。

15. 劉志偉，〈國際農糧體制與臺灣的糧食依賴：戰後臺灣養豬業的歷史考察〉，《臺灣史研究》第 16 卷第 2 期（2009.06），頁 105〜160。

16. 李守華，〈臺灣小麥需求之計量分析〉，《臺灣銀行季刊》第 20 卷第 4 期（1969.12），頁 103〜121。

17. 葉仲伯，〈臺灣之麵粉工業〉，《臺灣銀行季刊》第 17 卷第 1 期（1966.03），頁 27〜38。

貳、英文部分

一、政府出版品、檔案、日記

1. Department of State, *Foreign Relations of the United States, 1946, Vol. IX, The Far East: China*, Washington, D.C.: United States Government Printing Office, 1972

   Foreign Relations of the United States, 1946, Vol. X, The Far East: China, Washington, D.C.: United States Government Printing Office, 1972.

   Foreign Relations of the United States, 1947, Vol. VII, The Far East: China, Washington, D.C.: United States Government Printing Office, 1972.

   Foreign Relations of the United States, 1948, Vol. VII, The Far East: China, Washington, D.C.: United States Government Printing Office, 1973.

   Foreign Relations of the United States, 1948, Vol. VIII, The Far East: China, Washington, D.C.: United States Government Printing Office, 1973.

Foreign Relations of the United States, 1949, Vol. Ⅷ, The Far East: China, Washington, D.C.: United States Government Printing Office, 1973.

Foreign Relations of the United States, 1949, Vol. Ⅸ, The Far East: China, Washington, D.C.: United States Government Printing Office, 1973.

Foreign Relations of the United States, 1950, Vol. Ⅵ, East Asia and The Pacific, Washington, D.C.: United States Government Printing Office, 1976.

2. Register of the Robert Allen Griffin Papers, 1942-1971.

    Box 2

                American Firms in Shanghai

                China Relief Mission

                Collected memoranda and letters, 1945～1951

                Economic Cooperation Administration (ECA)

                China, 1948～1949

                Aid Program

    Box 3

                Griffin, R. Allen - Trip to Washington, D.C., January, 1949

                Joint Commission on Rural Reconstruction

                Lapham, Roger D.

                Correspondence, press conference, speech

                Daily schedule, 1948～1949 (incomplete)

    Box 4

                Office memoranda, 1948～1949

                Office reports, 1948～1949

                Crisis

                Final Report - Cotton Program——Tientsin

                Future China Aid

                General Situation Report——Tientsin

    Box 5

                Monthly Report, Number 1, September, 1948

                Monthly Report, Number 2, October, 1948

                Monthly Report, Number 3, November, 1948

                Monthly Report, Number 5, January, 1949

                Monthly Report, Number 6, February, 1949

                Monthly Report, Number 7, March, 1949

                Monthly Graphic Report, December, 1948

        Monthly Personnel Report, December, 1948

        Monthly Status Report, February, 1949

Box 6

        Status of ECA Operations in Shanghai

        Summary of ECA China Aid Program, January 1949

        Trip report, Taiwan, May, 1949

Box 12

        Mutual Security Agency, 1951～1952

        Taiwan

3. U.S. Mutual Security Agency, Mission to China, *Economic Development on Formosa 1951～1952*, Taipei: s.n, 1953.

4. United States. Economic Cooperation Administration, *Report to Congress of the Economic Cooperation Administration, 1948*, Washington, D.C. : Economic Cooperation Administration.

5. United States Dept. of State, *United States relations with China: with special reference to the period 1944-1949*, Washington, D.C : U. S. Govt. Print. Off, 1949.

二、研究著作

1. Anderson, Helen Esther Fleischer., *Through Chinese eyes : American China policy, 1945～1947*, Charlottesville, Va. : University of Virginia, 1980.

2. Chen Yixin, *The Guomindang's Approach to Rural Socioeconomic Problems, China's rural cooperative movement, 1918～1949*, Thesis (Ph. D)——Washington University, 1995.

3. Feaver, John Hansen, *The Truman Administration and China, 1945～1950 : the policy of restrained intervention*, Norman, Okla. : The University Oklahoma, 1980.

4. Hawes, Grace M. , *The Marshall Plan for China, Economic Cooperation Administration, 1948～1949*, Mass., Schenkman Publishing Co., Inc., 1977.

5. Kozlowski, Francis Xavier, *Cold War influence on United Stated Taiwan policy, 1945～1952*, State University of New York at Binghamton,1990.

6. May, Ernest R., *The Truman Administration and China, 1945～1949*, New York: J. B. Lippincott Company, 1975.

7. Melby, John F. , *The Mandatw of Heaven: Record of a Civil War, China 1945 ～49*, Toronto, Canada: University of Tononto Press, 1968.

8. Miscamble, Wilson D., *George F. Kennan and the making of American foreign policy, 1947～1950*, Princeton, N.J. : Princeton University Press, c1992.

9. Stueck, William W., Jr., *The Road to Confrontation──American Policy toward China and Korea, 1947～1950*, Chapel Hill: The University North Carolina Press, 1981.

10. Wei C. X. George, *Sino-American Economic Relations, 1944～1949*, Westport, Conn. :Greenwood Press, 1997.

11. Wei C.X. George , "The Economic Cooperation Administration, the State Department, and the American Presence in China, 1948～1949," *Pacific Historical Review*, Vol. 70, No. 1, pp.21-53.

參、網頁及影音資料

1. 「Media Museum of North California」2012/07/24，網址：http://www.n orcalmediamuseum.com/index.php?option=com_content&view=article&id= 108&Itemid=104

2. 「Oberlin College Archives」2012/07/24，網址：http://www.library.yale.e du/div/colleges/oberlin/biographies/moyer_raymond.html

3. 國立臺灣大學圖書館出版，「美援臺灣與狄寶賽先生」紀錄片（臺北：國立臺灣大於圖書館，2006）。